人类正处于一个飞速发展的时代。当今的外语教育领域时而闪现新异理念，与常规的教学及其评价体系产生激烈碰撞。工作在基础教育第一线的广大外语教师，不时从教学模式的更替当中获得灵感，同时也能感受到矛盾纠结带来的困扰。大家对此进行深入思考与探究，发表了富有见地的研究成果。付向东是他们当中一名思学兼长的勤勉后生。从他已经刊发的文章当中，可见其涉猎领域之广泛；其研究内容的实证性，颇具学术范式。希望他的作品集能够为中学外语教师提供有益的启迪。

孔德惠（东北师范大学外国语学院教授、硕士生导师）

教书育人是教师的天职，而教师的角色是多重的。付向东老师的新著《基于语言测试的中学外语教学研究》，源于实践，理论丰富，量化与质化相结合，不仅具有继承性、独创性和规范性，而且注重学生的发展，牢固的师生关系。我相信这本书是广大中学英语教师及学者的重要参考。

李永大（国家基础教育实验中心外语教育研究中心常务委员、《基础教育外语教学研究》副主编、《外语教学法研究》执行主编、原全国英语"四位一体"教学法研究所所长）

向东老师的这本专著，着重呈现了他进行的高考英语测试研究的成果，同时还收录了他本人对基础英语教育的反思以及与学生的人生对话。作为他的好友，我很高兴他能在毕业不久出版此书。这本书是他多年来在学术道路上孜孜以求、不断探索的缩影，是作为一名一线中学英语教师在基础教育教学领域里不断反思的结晶，更是作为新一代的基础教育工作者承载教育使命、追求卓越的写照！

刘宏刚（北京大学博士、东北师范大学副教授、博士研究生导师。现为东北师范大学英语系副主任、学科英语教学中心副主任、中国基础外语教育研究中心副主任）

基于语言测试的
中学外语教学研究

On High School Foreign Language Teaching in Accordance with Testing

付向东 ◎ 著

中国出版集团
世界图书出版公司
广州·上海·西安·北京

图书在版编目（CIP）数据

基于语言测试的中学外语教学研究/付向东著.—广州：世界图书出版广东有限公司，2016.7
ISBN 978-7-5192-1665-8

Ⅰ.①基… Ⅱ.①付… Ⅲ.①外语教学—教学研究—中学 Ⅳ.① G633.402

中国版本图书馆 CIP 数据核字（2016）第 174610 号

基于语言测试的中学外语教学研究

责任编辑	宋　焱
出版发行	世界图书出版广东有限公司
地　　址	广州市新港西路大江冲 25 号

http:// www.gdst.com.cn

印　　刷	北京振兴源印务有限公司
规　　格	710mm×1000mm　1/16
印　　张	14.25
字　　数	246 千
版　　次	2016 年 7 月第 1 版　2016 年 7 月第 1 次印刷
ISBN	978-7-5192-1665-8/G·2123
定　　价	42.00 元

版权所有，翻版必究

在一线做教研
（代序）

谈起教育科研，人们总认为那是高校科研人员、教育专家做的事情，与基础教育一线教师关系不大。其实，这是一个严重误区。殊不知，研究要为改进教学而服务。一旦离开了教学主体，再谈研究还能有什么意义呢？

如今，随着课程改革进一步深入推进，五花八门的课堂改革也相继而来，这给一线教师带来了机遇，更提出了挑战。如何正确地应对长期困扰着教师们，也引发了学界争鸣。我认为原因有两个：一是教育行政部门过度重视教师教学业绩，而忽略一线教师专业的持续成长；二是高校教师侧重理论思辨，针对基础教育实证研究不足。那么，当下最应该做的事情就是进入课堂，关注教学发生的事情，然后找寻解决办法。那么，我们就应该遵循外语学习规律，根据学生实际去实施教学。在夯实语言知识基础的同时，更要将其转化成语言能力。近几年，随着外语高考新政策陆续出台，这会再一次给外语教师带来很大冲击，这就需要教师不断更新外语教育观念，树立长远的专业发展信念。

向东在中学执教已有十二年，他的专业成长无疑是中学教师专业成长的典型。他2004年专科院校毕业应聘到赤峰市"高考状元校"，我们能想到他一定会遇到许多棘手的教学问题。但是他并没有因身陷其中而苦恼，他研究学生、琢磨教学、注重反思。用自己的激情、智慧创造性地解决了一个又一个教学问题。他善于思考、整合教材、分类词汇、创建真题语料库，摆脱了那种为题海而教学的困扰，探索出一条适合于学生的英语教学方法——做适合学生的英语教学。他系统地研究高考不同题型的试题效度，提出了高考复习"包分到点"的教学策略，均在教学实践中取得了显著的效果。

　　那么，从向东的教学实践和教学研究来看，他走的是一条"在实践中研究，在研究中实践"的路子，这确实值得广大外语教师借鉴。此外，这也是教师专业持续成长的最佳途径，它会为教师提供专业源动力，也会降低教师职业倦怠。所以，我也建议基础教育的同行在扎实语言基本功的同时，更要利用好身边教育资源，从身边小问题入手思考，培养问题意识，养成研究习惯，为我国外语基础教育研究助力。教育科研教师是主体，是广大一线教师的实践，要搞大规模的实证研究，才能解决教育教学的实际问题。

包天仁

国家基础教育实验中心外语教育研究中心

2016 年 5 月 25 日

目　录

基础英语教育实证研究的现状 ··· 001

测试与评价 ··· 015

AntConc 在高考英语试题分析中的应用 ······························· 016
近十年（2006—2015）高考英语全国卷 II 阅读理解文本词汇研究 ······ 028
2014 年高考英语 18 套试卷阅读理解试题内容效度研究 ················ 041
2014 年全国高考英语完形填空试题文本分析 ·························· 058
2014 年高考英语语法填空试题命题质量探析 ·························· 068
2010—2014 年高考英语短文改错考查词汇情况分析 ··················· 078
高三学生语法填空和短文改错试题失分原因与对策 ···················· 094
高三学生书面表达中词汇错误例析及应对策略 ························ 106
例析"动词"在高三英语模拟卷书面表达中的误用 ···················· 117
高考英语真题书面表达范文中五个功能词及其词块实例分析
　　——以 be、that、have、of、in 为例 ····························· 122

课堂实践 ··· 135

自建真题文本语料库辅助高考词汇复习 ······························ 136
高中英语"生本课堂"教学问题探究 ································ 147
学生主体参与在高中英语课堂中的个案研究 ·························· 154

一节高中英语课堂教学元语言使用情况研究 …………… 163
　　《让学生作业不再是学生的负担》引发的思考 …………… 174

附录一：教学反思 …………………………………… **183**
　　合作学习的案例分析 ……………………………………… 183
　　把课堂还给学生 …………………………………………… 185
　　与东北师范大学外国语学院本科生交流 ………………… 188
　　聆听一节全国观摩课的反思 ……………………………… 191
　　见习感受：收获的不仅仅是怎样上好英语课 …………… 193
　　微格课反思 ………………………………………………… 200
　　做学生的学生 ……………………………………………… 208
　　我的课堂教学观 …………………………………………… 210

附录二：寄语 ………………………………………… **213**
　　一切才刚刚开始 …………………………………………… 213
　　你行，你一定行！ ………………………………………… 215
　　孩子，咱不说累？ ………………………………………… 217

后　记 ………………………………………………… **219**

基础英语教育实证研究的现状 [1]

在 20 世纪初,我国学者纷纷先后以专著的形式介绍和推广外语教学研究方法(刘润清,1999;李绍山,1999;韩宝成,2002;秦晓晴,2003;文秋芳,2004)。以我国学者高一虹(1999;2000)和文秋芳(2004)为例,她们先后对三十多年以来二语习得研究方法进行了系统的归纳和整理。另外,社会科学领域在实证研究方法上也取得了很大成绩。陈向明(2000;2008)编写的国内第一部系统评介"质的研究方法"的专著——《质的研究方法与社会学研究》,对当前国际社会科学界提出的有关理论问题以及最近发展出来的操作手段进行了深入的探讨,填补了我国实证研究方法的空白。其间,国内也有学者分别通过梳理文献对写作(姚兰、程骊妮,2005;王立非,2005)、汉英中介语(戴炜栋、蔡君梅,2006)、课堂话语(林正军、刘永兵、王冰,2009)等实证研究做过文献的梳理。加上近些年高校"外语教学研究方法"课程的开设及中小学教师的培训,实证研究从只注重定量研究已转向定性研究和综合研究上来,所以实证研究方法呈上升趋势(束定芳、华维芬,2009)。本文拟对我国近些年来基础英语教育实证研究进行分析,试图通过分析其现状及发展趋势,为我国基础英语教育实证研究的进一步开展指明方向。

一、研究设计

(一)研究对象

目前国内针对基础英语研究的权威刊物(指中国人民大学复印资料《中学外语

---

[1] 本文原刊于《基础英语教育》2013 年第 3 期,第 18—24 页。在收入本书后内容有所增加。

教与学》全文转载量排名靠前的基础英语教育刊物)分别是北京师范大学主办的《中小学外语教学（中学版）》、《中小学外语教学（小学版）》，华东师范大学主办的《中小学英语教学与研究》，外语教学与研究出版社和山东师范大学主办的《基础英语教育》，另外，北京大学核心教育类期刊《现代中小学教育》、《教学月刊》及《教学与管理》及一些社科类学报也常见基础英语研究。但是，专门设置"实证研究"栏目的只有《基础英语教育》（表1）。从2007年的第二期开始设置专栏，截至2012年第六期，该刊共刊发实证研究文章183篇。其中，"学生类"实证研究文章刊发最多，为41篇，其次分别为"写作"26篇、"阅读"23篇、"话语"17篇、"教学"16篇，这充分说明基础英语教育实证研究已取得很大进步。

表1 《基础英语教育》简介

创刊	主编	周期	专栏设置
1999年	程晓堂 张彩霞	双月刊	理论学习与探究，实证研究，教学实践与探究，评价与测试，教师专业发展，说课评课，课件交流

说明：《基础英语教育》现更名为《基础外语教育》。

（二）研究方法

本文借鉴以往学者对文献研究的方法（文秋芳、王立非，2004；高一虹、吴宏亮，2000；高一虹、李莉春，1999），参照戴炜栋和蔡君梅（2006）设定的三个纬度8项量化评估指标的实证研究三分法（定量研究、定性研究和综合研究），笔者在"研究背景"增加了"研究人员"、"研究对象"及"样本量"3项大指标，补充了10个小方向，共计25项，旨在全面地进行分析。

1. 量化评定

（1）量表项目界定

A. 研究人员，指参与课题的主要负责人。科研院所，指任职在高校的教授/教师或就读的研究生和省市教科研中心的教研员；中小学校，泛指一切中小学校；合作，指科研院所与中小学教师共同完成。

B. 样本量，指所研究对象的人数多少。小，指单独对某个班级；中，指对同一年级；大，指对同一学校的不同年级或同一年级的不同学校。

C. 文献研究，指是否对已有研究背景做出文献综述。

D. 文献数量，指文献研究中所参考的文献数量，并非本次研究中引用的文献数量。

E. 文献准确度，指所引文献内容与该研究的相关度。《基础英语教育》中文献引用采取的是夹注,我们便采取所引用文献与出处的标题相一致核实、同一文献夹注出处三处以上视为准确度为"准确",相反则视为"偏差"。

F. 调查工具。单一,指在研究过程中使用唯一的调查工具,使用两种及以上调查工具即视为多样。

G. 统计方法。单一,指的是简单的数据百分比统计或数量统计;多样,则指的是通过运用中国社科统计工具包 SPSS 进行的系列数据统计,比如研究人员使用的方差分析、T 样本检测、回归分析等。

H. 数据呈现方式。单一,指的是使用表格或图形一种方式;多样,指使用两种及以上的方式。

I. 研究建议,指研究人员对其研究的不足之处,研究自身的局限说明,对其研究在应用中的指导或对该研究的预测等。

(2) 量化评定(见表 2)

表 2 基础英语教育实证研究量化评定表

	研究项目		定量研究		定性研究		综合研究		合计	
研究背景	研究人员	科研院所	47	44.3%	11	64.7%	32	53.3%	90	183
		中小学校	52	49.1%	5	29.4%	21	35%	78	
		合作研究	7	6.6%	1	5.9%	7	11.7%	15	
	研究对象	高中	64	60.4%	11	64.7%	28	46.7%	103	183
		初中	26	24.5%	2	11.8%	14	23.3%	42	
		小学	4	3.8%	0	0	7	11.7%	11	
		其他	12	11.3%	4	23.5%	14	23.3%	30	
	样本量	小(班级)	39	41.1%	3	17.6%	23	37.1%	65	174*
		中(年级)	41	43.2%	8	47.1%	18	29.3%	67	
		大(学校)	15	15.7%	6	35.3%	21	33.9%	42	
	文献研究	有	88	83%	11	64.7%	42	70%	141	183
		无	18	17%	6	35.3%	18	30%	42	
	文献数量	少(0—10)	85	80.2%	14	82.4%	34	56.7%	133	183
		中(11—20)	17	16%	3	17.6%	13	21.7%	33	
		多(21—)	4	3.8%	0	0	13	21.6%	17	
	文献准确度	准确	69	65.1%	13	76.5%	41	68.3%	123	183
		偏差	37	34.9%	4	23.5%	19	31.7%	60	

续表2

研究项目			定量研究		定性研究		综合研究		合计	
研究手段	研究工具	单一	78	73.6%	13	76.5%	32	53.3%	123	183
		多样	28	26.4%	4	23.5%	28	46.7%	60	
	统计方法	单一	79	81.4%	8	72.7%	19	34.5%	106	162*
		多样	18	18.6%	3	27.3%	36	65.5%	56	
研究结论	数据呈现方式	单一	48	48.5%	6	54.5%	16	29.1%	70	165*
		多样	51	51.5%	5	45.5%	39	70.9%	95	
	研究建议	有	69	65.1%	9	52.9%	47	78.3%	125	183
		无	37	34.9%	8	47.1%	13	21.7%	58	

说明：标有*的数据为：①由于部分成果针对教师、教材、课程、词汇、试卷等，所以此样本不记入统计。②有的研究中有时候也提到所"界定"的统计方法，但是并未在成果中有所体现，所以表2中"统计方法"及"数据呈现方式"均未能与总样本（183）一致。

2. 研究方向划分

按照理论框架来说，二语习得研究主要包括中介语研究、学习者内部因素研究及学习者外部因素研究三大领域（文秋芳、王立非，2004）。其实，我国基础英语教育领域更侧重的是学习者内部因素研究（动机、策略、风格、个性）和学习者外部研究（社会环境、家庭环境、学校环境、课堂环境、教学方法），当然也有对教师展开研究。我们依据《普通高中英语课程标准（实验）》对183篇文章按照"语言技能"、"语言知识"、"学习策略"、"课堂"、"课程资源"分类，分别涵盖了13个方面。

表3 研究方向分类

年份	合计	语言技能				课堂			语言知识		学习策略		课程资源	
		阅读	写作	听力	口语	话语	教学	模式	语法	词汇	学生	作业	课程教材	其他
2007	29	3	5	2	0	3	1	1	1	2	8	0	2	1
2008	22	3	2	1	1	2	2	1	1	2	4	0	1	2
2009	31	2	7	1	1	1	3	3	2	3	5	1	2	0
2010	31	4	3	1	2	4	2	2	2	2	9	1	0	1
2011	34	3	7	1	0	2	6	2	1	1	7	1	3	0
2012	35	8	2	2	1	5	2	1	4	2	7	1	0	0
总计	182	23*	26*	8	5	17*	16*	10*	8	13*	40*	4	8	4

说明：标有*为研究的侧重点，这也与徐浩（2010）的调查结果很吻合。

二、研究结果

(一)研究背景

1. 研究人员

从科研院所来看,研究人员大部分来自各高等师范类外国语学院,也有的来自非师范院校或职业学院,另外还有部分是省、市教研员;从中小学校来看,研究人员大部分来自高中,初中和小学教师参与较少;从合作来看,共有57篇成果,其中高校和中小学合作完成14篇(见表2)。这就不仅仅是过去的同校研究人员(高校教师和学生,尤其是研究生)合作,它呈现出两个新特点:①省际或校际间合作明显;②大学与中小学合作意识加强。我们从图1还可以发现,科研院所在这六年间研究量有下降趋势,中小学则明显上升。从研究类型来看,科研院所和中小学教师还是青睐定量研究,分别占52.8%和57.9%;定性研究则分别占12.3%和7.9%;综合研究有很大改观,分别占34.8%和34.2%。

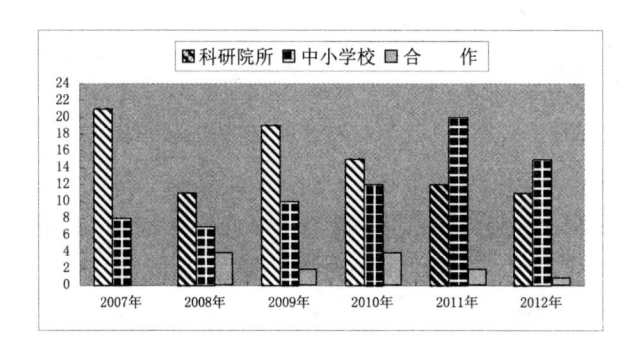

图1 科研人员数量年度分布图

从所承担课题或项目来看,校级课题共6项,其中大学5项,合作1项;市级课题共8项,高校2项,中小学4项,合作2项;省级课题共6项,高校和中小学各3项;国家级课题分为两类,其中属于教育部项目的有3项,高校1项,中小学2项;全国基础外语教学研究资助金项目等共11项,高校6项,中小学5项。在所有课题中,高校占多数,这也与高校教师科研意识及科研能力有直接关系。我们认为,这种高校和中小学合作研究的做法,不仅助推实证研究的真实性、可信性以及可行性,而且在科研方法上对于参与课题研究的中小学教师有很大的指导意义,也更利于教学实践。以东北师范大学外国语学院刘永兵教授所带领的"影响中学基础英语教学质量的多因素系统研究"课题组为例。该团队自 2007 年以来，认识到中学英语教育与研究在理论和现实两个层面存在的问题，于是将研究重点专注于中学英语课堂。截至 2012 年底，课题组共主办了 5 次全国性基础外语教学研讨会，10 余人次参加全国相关学术会议，在国内外有影响的学术期刊上累计发表学术论文 40 余篇，这给国内同领域研究提供了极大的参考价值（佟雪，2012）。所以，这种高校和中小学的成功合作的研究模式也是未来的一种趋势。

2. 研究对象

在新中国成立以来，我国外语教育走过了 63 年的历程。尽管在理论研究方面取得了一定成就，但基本还是在"拿来"阶段，没有形成中国自己独立的学派，多数的情况下还是在介绍和引进国外的理论和方法（胡文仲，2009）。正因为此，科研院所起到了很大作用，这也方便针对高等外语教育研究。但是，近些年研究对象有所转移，科研院所已将目光投向了基础教育。从表 2 中的数据得知，仅单独针对中小学展开的实证研究达 153 篇。但值得关注的是，研究对象的倾斜度依然很大，重点集中在高中，针对小学的研究还是很少。

3. 样 本 量

由表 2 可以看出，研究者习惯于以自己所带班级来展开研究，也就是我们所探讨的小样本，而大样本研究还是有点不足。陈冰（2011）以高三理科一个普通班的 85 名学生为调查对象，就教师书面反馈对高中学生英语作文修改进行研究；许民和姜明娟（2011）通过对高二年级的两个班级［（1）班 45 人，（4）班 46 人］进行实验组和控制组的实验设计，探究个别化教学对学生英语成绩的影响。我们认为，小样本的研究之所以比例很大，是因为其更方便中小学教师操作和控制，也更能提升教师自身的专业技能。值得挖掘的是大样本研究，这或许更有利于学校及地区英语教学的整体提高。韩宝成和许宏晨（2011）通过对城市和乡镇的 4 225 人进行问卷调查，并对问卷信度进行测量（$a > 0.7$），进而对中学生英语学习态度、动机及其影响进行比较。这对于我们当前英语教学的整体分析具有极大的指导意义。

4. 文献研究

任何门类的科学研究都离不开对已有成果的综述，当然也离不开利用已有文献来佐证，抑或伪证其命题。我们这里关注的是背景分析下的文献研究情况。表 2 中对定量、定性及综合研究的调查发现，大多数文章成果都有文献研究，只是文献参考数量稍有不足，其中 123 篇文章的参考文献不足 10 条，占总数的 72%。但是文献的准确度有了较大提升，其准确率约为 59%。分析其原因，大致有三点：①英文文献多，中文文献少；②过时文献多，新出文献少；③二次文献多，一次文献少。

（二）研究手段

表 4　研究工具的使用

年份	问卷法	实验研究	个案研究	访谈法	语料库	课堂观察	文献计量
2007	17	13	2	2	1	1	0
2008	12	9	1	3	4	2	1
2009	11	13	5	8	2	7	0
2010	17	8	4	2	6	7	0
2011	23	8	0	10	4	5	1
2012	18	12	6	6	4	6	0
总计/比例	98/38%*	63/24%*	18/7%	31/12%*	21/8%	28/11%*	2/1%

说明：在统计过程中，有些文章由于使用两次或以上的工具，所以研究工具的总量远远超出 183。* 为常用研究工具。

我们姑且按照研究过程中所使用的工具将其大致分成 7 类。在统计过程中，如果该研究中使用两组及以上研究工具，我们将其称之为混合工具。典型的混合工具有以下形式，分别是："问卷+观察（访谈）"、"问卷+访谈+观察"、"实验+问卷（访谈）"、"实验+访谈+问卷"、"个案+访谈（语料）"、"个案+观察"和"语料库+访谈"。由表 4 可以发现，问卷法是使用最广的一种方法，占总量的 38%，问卷法完成的研究占总体成果的 53.8%。其次是实验研究，占 24%。所以，我们这里仅分析问卷法和实验研究。

1. 问卷法

问卷量表分为自行设计和改编两类。自行设计，比如韩宝成（2011）在自编的《中学生英语学习调查问卷》基础上再次进行设计《态度量表》。改编问卷，比如依据布罗格的教师认知框架和舒尔曼对教师基础知识的界定框架、布朗在 2009 年的一项研究中所使用的问卷、诺斯和皮莱设计的作业情况调查表、霍维茨等人的外语课堂焦虑量表、休斯和贝利的反拨效应基本模式以及安德森和沃尔的 15 个反拨假设理论、马广惠的《词汇知识量表》和顾永琦的词汇策略问卷。事实上，问卷量表在改编中一些明显的问题已经显现。问卷的改编有水土不服的情况，而且大多数为二语环境下的问卷，专门针对我们学生实际情况研发的问卷还是稍有不足。另外，在多数的情况下，研究人员并未对问卷进行过前测，只是在文中简单地提及，这使得后续的验证研究或他人对于成果的使用会产生一种障碍性理解，自然地会使成果的受益率降低，于是会出现重复研究的情况。另外，我们发现问卷量表的发放数量明显不足。根据问卷量表的发放原则，以5级量表为例，调查项目为20项，那么最低发放量（S）应为200份，即"S=（20×5）×2=200"。那么，如果是4级量表的话，调查项目依然为20项，则最低发放量为320份，即"S=（20×4）×4=320"。

2. 实验研究

研究设计过程中，研究问题、研究对象及研究目的都很明确。不足之处是研究假设有所忽略，研究步骤不太完整，实验设计、过程及数据处理描述简单。有的研究分为实验班和对照班，还进行了前测、中测和后测。大部分研究都使用了SPSS软件对独立样本T检验，方差及相关性p值检验，较过去的百分比更为客观。但是，在研究中复杂的数据统计仍然不多见。王宗迎和蔡任栋（2011）分别通过一元线性回归分析和多重线性回归分析对母语阅读能力、外语语言水平和外语阅读水平与以往成果进行了对比、验证。我们认为，在实验研究中以访谈为辅助手段对实验对象进行回访是很有必要的，或许更能丰富成果。因为，在我们的英语研究领域中，我们的研究对象特殊、具体、复杂，即使我们很好地控制自变量，也会有一定误差。

（三）研究方向

研究方向在数量上比较突出的是：语言技能中的阅读和写作、课堂中的话语、教学及模式、语言知识中的词汇、学习策略中的学生和课堂中的话语、教学及模式。

1. 语言技能

（1）阅读方面。从六年间发表的23篇文章我们可以看出阅读方面重点关注的是：①理论运用，如图式理论和篇章图式在阅读课的运用；②现状调查，如对高中生的阅读现状、课外阅读、阅读策略进行了调查；③关系研究，如对阅读焦虑、母语阅读能力、持续默读对阅读理解及能力之间关系的探究；④实验研究，如对有效阅读策略、交互式阅读模式、学习策略培训，还有对阅读教学展开行动研究。但是在课外阅读上的研究显得很不足。韦兵（2011）对《初中生英文报刊阅读中附带词汇习得研究》；左小玉（2009）的《监控英语课外泛读的实效性研究》，通过60天的时间对北京市普通高中的学生进行对比研究，其阅读能力有显著差异。但并未引起人们的关注。

（2）写作方面。主要表现在应用研究和调查研究。应用研究——档案袋、任务型教学、写长法、同伴修改、学生自评或互评、词块教学、写作策略及模式等在教学中的使用；调查研究——对中学英语写作研究现状、写作教学模式和策略、语料库的应用等进行调查，进而调整教学。从研究角度出发，应用研究居多，调查研究较少；高中研究多，初中研究少，小学则几乎为零；研究因素上则多注重写作本省探究，少教师和学生主体参与的研究。

2. 语言知识

语言知识方面，语法关注度不高，主要是针对词汇研究。从研究方向来看，词汇研究更多地集中在策略方面，共有6篇成果，占总数（12篇）的46%。以罗娟（2011）为例，她以自己执教的两个平行班的90名学生作为研究对象，对他们进行30周的记忆策略训练，其结果说明高中一年级学生以重复策略为主，并发现重复策略与词汇水平呈现负相关。另外，也有人对词汇的教学现状、语块教学、词汇记忆进行了探究。我们认为，目前的词汇研究方向尽管较广，但是针对面不太具体，很难得到推广和应用，如若缩小到某个年级，效果可能更好。

3. 学习策略

表3显示，六年中对学生的研究一直占很大比例，累计41篇成果，占总量的22.3%。研究重点涵盖学生的学习动机、自主学习、学习信念、课程参与、元认知策略、课堂焦虑、词汇学习、学习风格、学习策略、语用能力及学生的主体参与等方面。但是对小学和初中、农村地区的学生的研究明显很少，我们认为这对整体提高我国基础英语教育是极为不利的。另外，更多地关注学生校内学习相关因素研究，而忽略了其他环境因素的研究，比如课外学习、家庭因素、社会因素对学生英语学习的影响和制约研究。张翠萍（2009）则通过对北京市城区的8位儿童及其家长的访谈、观察和相关实物分析，提炼出影响儿童英语教育的家庭因素，引起了学界的广泛关注。这对于探究我国基础英语教育有很大的启发。家庭因素的作用不仅仅只体现于英语教育上，它对学生其他各方面的学习都势必产生巨大作用。

4. 课堂教学

课堂教学涉及课堂师生话语、课堂教学及其模式三个方面。课堂师生话语属于近些年的热门研究。通过对17篇成果的分析，我们发现：大多数研究针对一节或数节课堂，采用课堂录音或录像形式，然后将其转化成文本（有些教师将其称之为语料），从师生话语的数量和质量、提问方式（展示性问题/参考性问题）、反馈上来看，都是从"所说"上下功夫，王平（2011）则通过对40节真实的高中英语课堂的"所说（to say）"和"所做（to do）"做了定性和定量研究。笔者认为此类将课堂师生话语及行为结合在一起进行研究，或许才能更大程度地解构课堂，并重构符合我们自身学生的英语课堂。当然，对于不同课型、不同年级、不同地区、不同教材的课堂话语研究及学生的语言和行为仍然值得进一步商榷，至于是否使用话语分析软件视研究者对工具的使用熟练程度而定。

课堂教学，主要是关注课堂上教师的课堂管理、教学模式的运用，以及教师的专业发展，此类研究占课堂教学成果的69%之多。从年度的量来看，此类研究有上升趋势，这当然也与我们在新课程标准下对教师专业素质的高要求是相一致的，说明我们今后课堂教学研究的重点不仅仅是学生，也有执教的教师。随着对课堂"生产力"的期望越来越高，社会从关注课堂的"有效"已经转到"高效"，这也无疑对教师提出了新的挑战。

三、问题与建议

结合以上分析，我们发现目前的基础教育实证研究还存在以下不足。

1. 地区差别明显

在研究中，研究人员及研究对象共涉及到23个省、直辖市。由表5可以看出，全国大陆范围内科研地区有明显差异。以浙江、江苏、北京、广东四个地区最为突出，其成果占到总量（170篇）的61%之多。而像内蒙古、黑龙江、贵州、西藏、新疆、青海、海南、江西八个省区基本为空白状态，云南、陕西、宁夏、广西、山东、上海、吉林、天津、重庆九个地区有零星研究，也是刚刚起步。所以，当务之急是要进一步鼓励和号召以上17个地区尽快在制度及政策上有所支持，解放一线教师的科研积极性和探索性思想，更好地为创设良好的教科研氛围服务，以使得我国基础英语教育实证研究体系更加完善，从而更全面地、更深入地推动我国基础英语教育的发展。

表 5　研究地区年度分布表

年份	安徽	北京	福建	甘肃	广东	广西	河北	河南	湖北	湖南	江苏	辽宁	宁夏	山东	山西	陕西	上海	四川	天津	云南	浙江	重庆	吉林
2007		2			1		1				8			1	2		1	3	1	1	8		
2008	1	4		1	2	1					2	1		1	1		1				6		
2009	1	6			4			1		2	3	3		2			1				4		
2010		5	1	2	2			3	3		5			1		1	1				6	1	
2011	4	2	1	2	5	1	1				4	2	1				1				4		
2012		3	3	4	7			1		1	6			2	1		2	2	1		5		1
总计	6	22	5	9	21	2	2	5	3	3	28	6	1	7	4	1	7	5	2	1	33	1	1

说明：由于有些研究为语料研究、教材研究等，所以排除了地区来源。所以在 183 篇文章中，累计涉及上述地区中的成果有 175 篇。

2. 研究手段单一

研究手段的单一在一定程度上会制约或影响科研成果，这一点是毋庸置疑的。我们应该结合实际研究需要，尽量使用多种工具辅助信息的收集与整理，加强对外语科研方法的学习，并适当地在教学实践中尝试并熟练掌握外语科研方法。但是从目前的情况来看，英语教师对待科研方法的态度并不是很积极，这就需要教师转变教学观念，当然也离不开学校领导及相关部门的配合和支持，真正地为科研型英语教师专业发展之路奠基。

有一点疑问的是，由于文献中未能呈现研究者的个人详细信息，我们未能进一步证实这些使用多种统计方法的教师是属于硕士学历的教师还是在读研究生。如果情况属实，那么说明这些教师或学生一定会在后期的科研方法中起到领头羊的作用。

3. 文献理解有误

增强文献意识会有利于科研成果向更新、更快的方向发展，否则就会出现重复研究泛滥，导致人力和物力投资的极度浪费。这就需要我们学界对研究人员进行文献知识的普及，更新文献观念，杜绝文献一边倒的现象。正确看待外国文献，及时了解国内该领域的最新成果，不能人云亦云（指二次文献的使用），坚决杜绝文献的假、大、空现象，这应该是今后一段时间内摆在我们面前的任务。

结　语

通过对《基础英语教育》的183篇实证研究论文进行统计分析，在一定程度上反映了我国基础英语教育实证研究的现状，也看到存在的一些不足。首先需要指出的是，由于笔者能力所限，对研究项目量化界定不一定非常合理，可能在数据统计时有个别差错（但大致情况不会改变）；其次，介于我们本次选择的研究对象仅为《基础英语教育》中的实证研究论文，不能反映我国基础英语教育实证研究的全部问题，但希望能为今后的基础教育实证研究提供借鉴。同时，也希望其他学者对此展开更深入的探究。

参考文献

[1] 陈冰. 教师书面反馈对高中学生英语作文修改的影响 [J]. 基础英语教育，2011（1）.

[2] 陈向明. 质的研究方法与社会科学方法研究 [M]. 北京：教育科学出版社，2000.

[3] 陈向明. 质性研究：反思与评论 [M]. 重庆：重庆大学出版社，2008.

[4] 戴炜栋，蔡君梅. 国内汉英中介语研究的述评 [J]. 外语研究，2006（1）.

[5] 高一虹，吴红亮，李莉春. 关于外语教学研究方法的调查 [J]. 外国语，2000（1）.

[6] 高一虹，李莉春，吕珺. 中、西应用语言学研究方法发展趋势 [J]. 外语教学与研究，1999（2）.

[7] 韩宝成. 外语教学科研中的统计方法 [M]. 北京：外语教学与研究出版社，2002.

[8] 韩宝成，许宏晨. 中学生英语学习态度、动机及其影响的城乡比较 [J]. 基础英语教育，2011（4）.

[9] 胡文仲. 新中国六十年外语教育的成就与缺少 [J]. 外语教学与研究，2009（3）.

[10] 罗娟. 高中英语词汇记忆策略训练的实证研究 [J]. 基础英语教育，2011（6）.

[11] 刘润清. 外语教学中的科研方法 [M]. 北京：外语教学与研究出版社，1999.

[12] 李绍山. 语言教学中的统计学 [M]. 西安：西安交通大学出版社，1999.

[13] 林正军、刘永兵、王冰. 国内英语课堂话语研究的现状与展望 [J]. 西安外国语大学学报，2009（3）.

[14] 秦晓晴. 外语教学中的定量数据分析 [M]. 武汉：华中科技大学，2003.

[15] 束定芳，华维芬. 中国外语教学理论研究六十年：回顾与展望 [J]. 外语教学，2009（6）.

[16] 佟雪. "找准"影响中学英语课堂教学质量的因素 [N]. 东北师大校报，2012（1）.

[17] 徐浩，齐姗，石弢等．改革开放三十年我国基础英语教学研究的定量分析[J].中小学外语教学（中学版），2010（12）．

[18] 许民，蒋明娟．个别化教学对学生英语成绩的影响[J].基础英语教育，2011（1）．

[19] 姚兰，程骊妮．我国20世纪80年代以来英语写作研究状况之研究[J].外语界，2005（5）．

[20] 韦兵．初中生英文报刊阅读中附带词汇习得研究[J].基础英语教育，2011（3）．

[21] 王平．新课程背景下高中英语教师课堂教学行为研究[J].基础英语教育，2011（1）．

[22] 文秋芳．应用语言学研究方法与论文写作[M].北京：外语教学与研究出版社，2004．

[23] 文秋芳，王立非．二语习得研究方法35年：回顾与思考[J].外国语，2004（4）．

[24] 王立非，我国英语写作实证研究：现状与思考[J].中国外语，2005（1）．

[25] 王宗迎，蔡任栋．母语阅读能力和外语水平对外语阅读的影响[J].基础英语教育，2011（5）．

[26] 左小玉．监控英语课外泛读的实效性研究[J].基础英语教育，2009（2）．

[27] 张翠萍．影响儿童英语教育的家庭因素[J].基础英语教育，2009（1）．

测试与评价
Test and Appraisal

AntConc 在高考英语试题分析中的应用 [1]

摘要： 英语高考考题特征一直引起学界的广泛关注。随着多款语料软件的开发和运用，语料库已经广泛地被应用到语言测试研究中。本文利用语料软件 AntConc，从定量和定性的角度对五年间（2009—2013）全国各地 100 套试卷的"从句"考题中名词性从句里的 that 和 what 及定语从句中的 which 和 where 进行了深入分析。研究结果表明，使用 AntConc 能够较准确地概括出从句中关系词考查的省份、考点分布及命题特征，这为高三英语复习教学更好地做到精选、精讲、精练提供了科学的依据。

关键词： 语料软件；高考试题；从句

自 20 世纪 80 年代初，计算机在外语教学上的探索研究已经开始（工峰，1982；黄人杰、杨惠中，1984），语料库逐渐创建（王婷，1985），语料库在外语教学及研究上的应用日益增多（桂诗春，2009；陈嘉婧，2010），它的开发和广泛应用对我国外语研究及教学发挥了很大的作用。已有研究表明，专用语料库研究发展迅速，自建语料库显著增多，这已经成为该研究的亮点（刘国兵，2012）。就测试方面而言，1996 年安德森（Alderson）首先大胆设想了语料库在语言测试开发、选材、编写、评分等各阶段中的潜能。经过十多年的努力，语料库在语言测试方面的应用研究已硕果累累（邹申、杨任明，2008；王春艳，2009；郭云云，2013；付向东，2013a；付向东，2013b）。词语搭配则又是当今语料库语言学最为活跃的领域（罗琴琴、周江林，2005）。为此，本研究结合从句已有的科研成果（蒋嘉娜，2008；解华，2013；马芳、王炳锡、李弭程，2007），借鉴以往研究对词语搭配的界定、框架、分析方法，

---

[1] 原文刊于《基础英语教育》2014 第 3 期，第 105—112 页。在收入本书后内容有所增加。

尝试将语料软件 AntConc 应用到高考英语命题中的"从句"的分析,并试图发现:

(1) 在高考命题上"从句"主要考查哪些关系词?命题上有何特征?

(2) 同一知识点考查中,各省份的命题情况如何?

一、研究设计

(一)语料对象

"从句"是每年各地高考试卷中的必考点,也是学生们在答题过程中的易错点和难点。所以本研究以此为例分析其考点的特征。为了将成果更好地用于指导高三备考教学,本研究选择了近五年(2009—2013)全国各地的真题为语料,并自建小型语料库。由于软件无法识别汉字,所以笔者分别对各地试卷进行编码(见表1),以便统一分析全国各地试卷。

表1　全国各地试卷编码

01 安徽	06 湖南	11 四川	16 课标Ⅱ
02 北京	07 江苏	12 陕西	17 浙江
03 重庆	08 江西	13 上海	18 海南
04 大纲	09 辽宁	14 天津	19 湖北
05 福建	10 山东	15 课标Ⅰ	20 广东

(二)语料分析

1. 收集语料

语料主要针对定语从句和名词性从句两类的命题。由于该类试题主要以单项选择形式出现,那么为了保证提取研究所需语料,本研究主要采集了对应试题的题干部分。

2. 处理文本

将所需文本按照年份顺序单独存放在一个 word 文档,笔者在所选的每个真题前面使用 <年份_省份> 编码。例如,若试题为2009年安徽卷,则在该试题前面标有 <2009_01>。待本年份的全部语料提取完成后,将文件名设定为相应年份。需要注意的是,为了方便 AntConc 有效地析出语料,在处理从句语料时,笔者将正确答案还原到题干中,并使用两斜杠(//)将其定义为考查项。以此类推,将所需要年份的对应语料整理完毕,将其存放在一个单独的文件夹(CLAUSE09_13)内。

3. 提取词汇

提取词汇对于准确分析指定词汇特征是非常重要的一步。首先,通过软件中FILE的"打开文件夹"功能导入所需文件夹。设置 Word List,之后点击 start 键,便自动生成词汇表。然后,根据词汇表的词频(Frequency)对指定词汇进行数据统计,并根据所形成的语境共现析出其完整的命题句子。当然,在研究中,为了发现词汇搭配的特点,笔者也使用了 AntConc 的搭配(Collocate)[1]功能。由于本研究针对从句,所以将名词性从句中涉及的13个词(that、what、What、where、who、when、which、whatever、whoever、whenever、whichever、wherever、if)和定语从句中的8个词(which、where、whose、that、as、when、who、whom)列为本研究词汇(见表2和表3)。

表2 五年真题中所出现的名词性从句数量分布情况

年份 词汇	2009年	2010年	2011年	2012年	2013年	总计
that	6	3	4	5	3	21
what	1	5	8	1	1	16
What		1	1		4	6
where	1	3				4
who						1
when					1	1
which		1				1
whatever	1	1		1		3
whoever	3			1		4
whenever					1	1
whichever				1	1	2
wherever					1	1
if	1					1

---

[1] 关于搭配(Collocation)的概念,英国著名语言学家 Firth 在20世纪50年代曾最早提出,并认为搭配就是词语之间的"结伴关系"。

表3　五年真题中所出现的定语从句数量分布

年份 词汇	2009年	2010年	2011年	2012年	2013年	总计
which	4	4	7	6	5	26
where	5	3	3	1	5	17
whose	3	4	1	1	1	10
that		2	1		1	4
as		1		2		3
when	2		4	1		7
who		1		2		3
whom	1	1			2	5

二、研究结果

从句的考查一直是高考命题的必考点。从表2和表3可以看出，名词性从句主要针对 that、what（What）、where 三个关系词，尤以 that 和 what 为主；定语从句则更侧重于考查 which、where、whose、whom、when 五个关系词，尤以 which 和 where 为主。下面将依据 AntConc 所析出的语料，分析名词性从句中 that 和 what 及定语从句中 which 和 where 的特征。

（一）名词性从句

1. that 的特征

由表4可知，that 在名词性从句命题时主要考查同位语从句，且每年在各地试卷中均有所体现。如在江西（2009）、四川（2009）、湖北（2010）、上海（2011）、辽宁（2011）、天津（2011）、重庆（2012）和浙江（2012 /2013）八个省份的命题中出现。从析出的语料来看，主要集中在 fact、news、evidence 这三个抽象性名词上。从名词（加黑字体）和关系词 that 的位置来看，主要有两类：一是就近 that，如2009年重庆卷中 "We should consider the students request /that/ the school library"（见例1）；二是名词前移，如2009年江西卷中 "The fact has worried many scientists /that/ the earth is becoming"（见例1），且名词在句中作主语或宾语。因为在同位语从句中，that 所引导的句子是对抽象性名词的解释和说明。

表 4 that 在五年真题中的命题情况

	2009 年	2010 年	2011 年	2012 年	2013 年	总计
同位语从句	3	1	3	2	1	10
宾语从句				1	1	2
主语从句	1		1	1	1	4
表语从句	1	2				3
其他	1					1
总计	6	3	4	4	3	20

例 1

<2009_重庆> We should consider the students request /that/ the school library ...

<2010_湖北> The news /that/ the housing price will fall has caused many ...

<2011_上海> There is clear evidence /that/ the most difficult feeling of ...

<2011_天津> Modern science has given clear evidence /that/ smoking can lead to man ...

<2013_浙江> The only way to succeed at the highest level is to have total belief /that/ you are ...

<2009_江西> The fact has worried many scientists /that/ the earth is becoming ...

<2009_四川> News came from the school office /that/ Wang Lin had been admitted ...

<2011_辽宁> When the news came /that/ the war broke out, he decided ...

<2012_浙江> I made a promise to myself /that/ this year, my first year ...

<2012_重庆> Evidence has been found through years of study /that/ children's early sleeping ...

通过上面例子，我们也可以发现在某些地区会以不同方式来考查同一考点。比如浙江卷在 2012 年和 2013 年都考查了同位语，但是一个是间接的考查，另外一个是直接的考查。类似的还有重庆卷，在宾语从句中，that 紧跟在其动词之后引导一个完整的句子。如例 2 中的两个句子：动词 felt 和 believe 后面跟接的宾语从句是一个意义完整的句子（即不缺任何成分），所以自然地使用 that。

例 2

<2012_北京> Jerry did not regret giving the comment but felt /that/ he could have expressed it differently.

<2013_北京> Experts believe /that/ people can waste less food by shopping

在表语从句中，如例 3 所示，that 也可直接出现在 be（was、is) 动词之后。

例 3

<2009_海南> One of the most important questions they had to consider was /that/ of public health.

<2010_上海> One reason for her preference for city life is /that/ she can have easy access to places

<2010_北京> Part of the reason Charles Dickens loved his own novel, David Copperfield, was /that/ it was rather closely modeled

在主语从句中，如例 4 所示，that 引导句子则是作真正主语，而将 it 放置句首作形式主语。

例 4

<2009_天津> It is obvious to the students /that/ they should get well prepared for ...

<2011_江苏> It was never clear /that/ the man hadn't reported the accident sooner.

<2012_江西> It suddenly occurred to him /that/ he had left his keys in the office.

结合以上特征，我们可以发现：在名词性从句的命题中，that 在同位语从句、宾语从句、表语从句和主语从句的考查中，后面所接句子均是一个意义完整的句子。不同的是，每个考点都有一定的标记语，如在同位语从句中，应该注意到像 belief、news、fact 等抽象名词以及常出现的两种位置关系；在主语从句中，往往是以 that 引导一个句子作形式主语出现，而用 it 来作真正的主语。

2. what 的特征

从命题情况（表 5）可以看出，what 连接的句子在从句中主要作宾语。如例 5 的第一个句子中 "/what/ it takes to start a business here" 作了 know 的宾语。同时 what 在其引导的名词性从句中以作宾语居多，如例 5 中的 2010 年山东卷的 "my kids will need for the coming season" 和 2011 年上海卷的 "others actually understand" 都作了介词 of 的宾语。我们把这种情况称作为"宾语+宾语"的搭配。结合语料来看，经常与 what 搭配且 what 在句中作宾语的十三个词/短语分别是：make a list of、the exact opposite of、uncertain、see、realize、make out、leave、known、know、believe in、have、found、loved for; 三个句式分别是："It is by no means clear ... "，"that's ... "和"it must be obvious ... "。

例 5

<2010_天津> As a new graduate, he doesn't know /what/ it takes to start a business here.

<2010_山东> Before the sales start, I make a list of /what/ my kids will need for the coming season.

<2011_上海> The message you intend to convey through words may be the exact opposite of /what/ others actually understand.

表 5　what 在五年真题中的命题情况

前后搭配	2009 年	2010 年	2011 年	2012 年	2013 年	总计
宾语 + 宾语		3	5			8
宾语 + 定语		1	2	1		4
宾语 + 主语	1				1	2
宾语 + 表语						
表语 + 宾语		1	1			2
主语					2	2
宾语		1	1		2	4
总计	1	6	9	1	4	22

以上特征表明：①不同于 that 的是，what 所引导的句子均是成分不完整的，或缺主语，或缺宾语，甚或缺表语等。②在同一省份不同年份的命题中，名词性从句中 that/what 复现率极低。以北京卷为例，2012 年和 2013 年都考查了宾语从句的连接词，使用的却是 felt 和 believe 两个不同的动词，但是同一考点会出现在同一年份或不同年份的其他命题中。这样，就需要教师在实施高三教学时密切关注考点并归纳其命题特征。

（二）定语从句

定语从句的命题点主要考查关系代词和关系副词，有时考查 as。其考查难点是确定关系词在从句中所作的成分。一般来说，which 在定语从句中常作主语或宾语，where 在定语从句中则更多的是作状语。下面笔者以两个主要的关系词 which 和 where 为例，分别呈现所析出语料的特征。

1. which 的特征

从表 6 来看，which 在定语从句中常出现的命题主要表现为作主语、作宾语和作状语三类，以作主语最为突出。其中，"介词 +which" 的搭配在命题中作主语（例

6)、作宾语（例 7），还可以作状语（例 8）。对比语料，我们可以发现，which 在定语从句中主要考查两类：一是限制性定语从句；二是非限制性定语从句。经统计，共有命题 26 个，其中限制性定语从句 8 个，非限制定语从句 18 个。其中 which 在非限制性定语从句中作主语的有 15 个。

表 6　which 在五年真题中的命题情况

	2009 年	2010 年	2011 年	2012 年	2013 年	总计
介词 +which	1	1	1	1	1	5
作主语	2	3	5	3	3	16*
作宾语	2	1	2	2	1	8
总计	5	5	8	6	5	29

说明：表中标记 * 的数据，包括"介词 +which"作主语功能的 3 个试题，所以总数（29 个）超出了 26 个。如 2012 年山东卷中 "Maria has written two novels, both of /which/ have been made into television series."。

例 6

<2011_ 江西 > She showed the visitors around the museum, the construction /of which/ had taken more than three years.

<2011_ 浙江 > English is a language shared by several diverse cultures, each of / which/ uses it.

例 7

<2009_ 陕西 > Gun control is a subject /about which/ Americans have argued for a long time.

例 8

<2012_ 湖南 > Care of the soul is a gradual process /in which/ even the small details of life should be considered.

<2013_ 辽宁 > He may win the competition, / in which case / he is likely to get into the national team.

通过对采集的语料进行分析，本研究发现，在定语从句中 which 作主语的命题共有 15 个。其中，右搭配的谓语动词共有 10 个（见表 7），主要以 be（was/is）为主（7

个），占总数的 46.7%。当然，也有这样的命题：2011 年福建卷中"She has a gift for creating an atmosphere for her students /which/ allows them to communicate freely with each other."（见例 9），which 在从句中作主语，但是左搭配词汇（her students）为表示人的名词，实则该从句中先行词为 atmosphere。这样的试题时常困扰着学生的思维，即先行词就近搭配。

表 7 与 which 在定语从句试题中作主语搭配的 10 个谓语动词

	was	is	uses	turned	made	have	has	had	are	allows
频率	4	3	1	1	1	1	1	1	1	1

例 9

<2012_四川> In our class there are 46 students, /of whom/ half wear glasses.

<2011_福建> She has a gift for creating an atmosphere for her students /which /allows them to communicate freely with each other.

<2010_湖南> I've become good friends with several of the students in my school / who/ I met in the English speech contest last year.

2. where 的特征

由表 8 可以看出，where 在定语从句中共有 17 个考题。其中 where 左搭配的地点名词共有 14 个（house 出现过 2 次），其他情况两个。对比语料，我们发现这两个先行词并未直接搭配关系副词 where，而是分别在主句中将伴随状语跟在了先行词（地点名词）之后，如例 10 中 2010 年江西卷和 2011 年陕西卷，以此来干扰学生答题的思维，学生容易将例子中的 with her sister 和 with my friend 中的名词（sister/friend）当成先行词，这样就容易选择 who 或 whom 为其关系代词。

表 8 五年真题中 where 的先行词位置情况

	2009 年	2010 年	2011 年	2012 年	2013 年	总计
左搭配词频	5	2	2	1	4	15
其他		1	1			2

例 10

<2010_江西> The girl arranged to have piano lessons at the training centre with her sister /where/ she would stay for an hour.（先行词应为 the

training centre）

<2011_陕西> I walked up to the top of the hill with my friend, /where/ we enjoyed a splendid view of the lake.（先行词应为 the top of the hill）

为了更详细地发现搭配 where 先行词（地点名词）的特点以及各省试卷的命题情况，笔者析出了近五年试卷中出现的 14 个地点名词（见表 9）。对比其考查的年份和省份，结果发现出现该命题的次数：北京卷 2 次（2009、2013）、重庆卷 2 次（2009、2012）、浙江卷 3 次（2009、2011、2013）、福建卷 2 次（2009、2010）。由此可以看出，where 左搭配构成的命题方式成为每年考题的命题点。

表 9　where 左搭配的 14 个地点名词

词汇	频次	年份 / 省份
house	2	2009 / 上海　2013 / 全国卷二
life	1	2009 / 浙江 *
situation	1	2009 / 福建 *
shop	1	2011 / 天津
race	1	2009 / 重庆 *
position	1	2012 / 重庆
platform	1	2013 / 浙江 *
planet	1	2010 / 福建
place	1	2011 / 浙江 *
parks	1	2013 / 北京 *
letter	1	2013 / 江西
job	1	2009 / 北京 *
environment	1	2013 / 四川

说明：标有 * 的为考点重复。

根据以上 that 和 where 在定语从句中的特征，笔者发现，which 在从句中充当主语的命题占主体，且在命题中有 10 个常跟接的谓语动词；where 在从句中作地点状语时，常考的地点名词有 14 个，约占所有命题的（16 个）88%。另外，笔者通过语料还发现，在定语从句中，无论是 which 还是 where 命题，有个别试题常常将先行词与关系词分离，以此来干扰学生对定语从句中关系词位置僵化的思维，所以像这样的试题应该引起教师的足够重视。

结　语

通过利用 AntConc 词汇表的词频（Frequency）、语境共现的 KWIC、搭配（Collocate）三个功能全面地对五年高考试题中从句进行特征分析，笔者发现在名词性从句中，that 和 what 为主要考查词，而在定语从句中，重点考查的则是 which 和 where。且通过 AntConc，从句中关系词及词语搭配关系的特征被完整地呈现。这样一来，考点的分布对于高三的教学来说无疑是一件事半功倍的事情。教师可以针对性地讲解并设计练习，学生也相应地减少了犯同样错误的次数，课堂教学必然也是成功的。

因此，我们可以充分利用该语料软件的词汇单（Wordlist）功能对试卷考查进行词汇析出，并按照形符和类符的数对试题出现的词汇进行分析，这样可以对试题中的动词短语、非谓语动词、冠词等进行逐一分析。

另外，也可以针对同一省份不同年度或同一年度不同省份的试题自行创建小型语料库，进行各类比较研究或历时研究。当然，在技术允许的情况下，我们也可以尝试创建一个高考试题语料库，归纳并总结历年高考命题中对语言知识点的考查，进而对重难点进行排查，对考点进行提取。这样一来，高三英语复习教学便能更好地进行精选、精讲、精练。

参考文献

[1] 陈嘉婧. 基于语料库的高考英语优秀作文中连接词的使用研究 [D]. 武汉：华中科技大学，2010.

[2] 付向东. 基础英语教育实证研究的现状——以《基础英语教育》为例 [J]. 山东师范大学外国语学院学报（基础英语教育），2013a（3）.

[3] 付向东. 高考英语书面表达范文中五个功能词及其词块实例分析 [J]. 基础教育外语教学研究，2013b（8）.

[4] 工峰. 看计算机正在研究语言——访上海交大科技外语系 [J]. 外国语，1982（3）.

[5] 桂诗春. 基于语料库的英语语言学语体分析 [M]. 北京：外语教学与研究出版社，2009.

[6] 郭云云. 基于语料库的高考命题分析——短语动词视角 [J]. 英语教师，2013（4）.

[7] 黄人杰，杨惠中. 计算机辅助科技英语词汇统计结果的初步分析 [J]. 外国语，1984（1）.

[8] 蒋嘉娜. 基于语料库的中国英语专业学习者三类从句错误情况研究 [D]. 上海：上海外国语大学，2008.

[9] 孔文，邹申. 语料库在语言测试中的应用 [J]. 外语电化教学，2007（4）.

[10] 梁茂成，李文中，许家金. 语料库应用教程 [M]. 北京：外语教学与研究出版社，2010.

[11] 刘国兵. 语料库语言学的多维视角——"2011 中国语料库语言学大会"综述 [J]. 中国外语教育，2012（4）.

[12] 罗琴琴，周江林. 基于语料库的词语搭配研究综述 [J]. 外语教育，2005（1）.

[13] 马芳，王炳锡，李弼程. 英语从句识别中的特征表示 [J]. 计算机应用研究，2007（2）.

[14] 王春艳. 免费绿色软件 AntConc 在外语教学和研究中的应用 [J]. 外语电化教学，2009（1）.

[15] 王婷. 利用微机建立英语语料库 [J]. 外语电化教学，1985（4）.

[16] 解华. 一项关于大学生定语从句错误分析的实证研究 [D]. 济南：山东大学，2013.

[17] 邹申，杨任明. 语料库在试题设计和验证中的应用研究 [J]. 外语电化教学，2008（9）.

近十年（2006—2015）高考英语全国卷 II 阅读理解文本词汇研究[1]

摘要：词汇是阅读文本的基础。本研究使用语料软件 AntConc 和 Excel 表格文件对 2006—2015 年全国英语 II 卷的 47 篇阅读理解文本词汇进行析出、处理、分类、统计，通过研究梳理了全国 II 卷阅读文本词汇的形符和类符、词汇分布及名词类形式复杂、非谓语动词功能齐全、功能词以"少"见"多"三个语法特征。同时，笔者就词汇教学提出了三点启示：拓展教学资源，复现目标词汇；加强词块教学，关注词汇语用；重视功能词，延伸讲解词汇。

关键词：阅读理解；词汇类形符；词汇分布；词汇语法特征

阅读理解试题一直是我国高考英语卷的一大题型，分值约占试卷总分的 35%，它主要考查学生"主旨要义、文中具体信息、上下文推断单词和短语、判断和推理、文章的基本结构、作者的意图、观点和态度"（教育部考试中心，2015：72）。近些年来，研究焦点已经从其答题技巧（杨延从，2007）转到试题效度（辜向东、王秋艳，2008；董曼霞，2011）及教学反拨（董连忠，2014）上来了，并取得了丰硕的成果。这对高考英语试题命制和复习备考都起到了积极的作用。但是它对于教学实践来说作用不是很大，尤其是对高三毕业班教学。

由于高考试题对实际教学的反拨，"为考试而教"的做法还是很普遍的。就笔者对本地区优质高中的高三英语复习的了解，整个高三便是一轮所谓的"炒剩饭"

---

[1] 原文刊于《基础外语教育》2016 年第 2 期，第 78—86 页。在收入本书后内容有所增加。另外，本文系 2014—2018 年度全国基础教育外语教学研究资助金项目青年课题"高考英语试题效度研究"的阶段性成果（课题编号 JJWYQN2015099）。

式备考，即知识点复习，整个复习阶段持续七个月左右。大部分教师在做两件事：一是以课本单元词汇为主线，复习重点词汇（加黑的词汇），适当拓展已在真题中出现的词汇；二是以试题为训练，通过作答阅读理解试题，处理试题文本中的语言知识点（即词汇）。然而，通过笔者访谈学生得知，学生觉得此种做法对于提高阅读理解成绩意义不大，又因为阅读理解分值较大，所以整个英语成绩不会有明显提升。我们都知道，细化语言点能帮助学生较好地完成试题Ⅱ卷中的"语法填空"、"短文改错"和"书面表达"，但是这对于较快速地理解阅读理解文本、捕捉相关信息来说还是有一定的困难。学生们认为，作答阅读理解题目最大的焦虑当属词汇和长难句的翻译，因此他们逐渐对此类题型产生反感。戴军熔（2012）认为深度分析文本是有效阅读的前提。语言知识点的处理只是属于文本语言分析的一部分，还应该包括词汇特征、句法特征、修辞特征等（张香平、徐国辉，2015）。已有研究证明，掌握好词汇句法特征的学生其阅读理解水平会相对较高（李俊，2003）。正基于此，本文尝试通过研究阅读理解文本词汇，解构文本词汇来探讨四个问题：①阅读理解文本词汇类形符是什么情况？②文本中不同类型词汇分布是什么情况？③这些文本词汇又有哪些语法特征？④这对高中词汇教学有什么启示？

一、研究方法

（一）文本来源及归类

本研究语料来源于 2006—2015 年普通高等学校招生全国统一考试Ⅱ卷中阅读理解部分，截至 2015 年它目前主要适用于全国 13 个省区（黑龙江、吉林、辽宁、内蒙古、宁夏、青海、甘肃、新疆、西藏、贵州、云南、广西、海南）（教育部考试中心，2015）。由于此套试卷适用范围较广、历时长，再结合笔者近几年探索并应用真题文本在高考复习教学中的实践，所以全国卷Ⅱ的词汇的研究具有很大意义。我们共收集到 47 个内容文本（不含问题部分），所有文本共计有 12 534 个词，其中频次大于两次（含两次）的共有 10 875 个，一次性词为 1 659 个。根据文本内容又将其按照不同体裁、题材进行归类，其中议论文有 16 篇、说明文 14 篇、记叙文 9 篇、应用文 7 篇，还有 1 篇新闻报道；题材包括社会生活 17 篇、家庭生活 10 篇、旅游 7 篇、自然环境 3 篇、校园生活 3 篇、文化生活 3 篇、科技 2 篇、语言类 2 篇。

（二）数据收集

首先，根据年份将每个文本建立为一个独立的 txt 文件，如 2006 年 A 篇命名为"YEAR2006_YD_A"，每一个年份单独设置一个文件夹，最后将十年的文件夹整体放入一个文件夹中，这样就形成了一个小型的阅读文本语料库。

其次，通过检索软件 AntConc 析出词单，分别计算类符、形符和类形比。然后将词单复制到 Excel 表格文件中，通过表格文件的"填充颜色"功能对名词、动词、介词、代词、冠词、形容词、副词、连词添加不同背景颜色，再使用筛选功能析出各类词汇，并单独将各类词汇存放到一个 sheet 文档，双击鼠标左键命名为"动词"、"名词"等。此时，根据每类词汇中单词字母的顺序重新排序，将首字母大小不同或单复数的同一单词处理成一个词，之后按频次排序得到新的词单。

再次，根据确定的研究对象，尤其是动词和名词。我们通过词汇标记 *s、*ed、*ing、*ly 等在 AntConc 中搜索目标词汇，然后手工辅助排除非特征性词汇（像 according、forced）或增加特征性词汇（像 ate、built、began、cost 等不规则动词的过去式）。

二、研究结果

通过研究，我们发现了近十年全国 II 卷阅读理解文本词汇的类形符、词汇分布及其主要的词汇语法特征。

（一）阅读文本中词汇复现率较高

1. 不同文本之间的类符、形符均有明显差别，但是在同一体裁文本中却相对一致

由表 1 可知，不同年份之间的文本类符、形符均不相同。单个文本类符最大的是 210 词（2010 年阅读理解文本 C 篇），最小是 105 词（2007 年阅读理解文本 D 篇）；而形符最大的是 375 词（2010 年阅读理解文本 C 篇），最小的是 163 词（2006 年阅读理解文本 B 篇）。但是，在同一体裁中文本类符、形符却相对一致。这里，以每年文本中形符最大值和最小值为例，结果发现每年的形符最大值基本为记叙文，除 2009 年、2010 年、2012 年、2015 年外。而形符最小值却多数为应用文，像 2006 年 112/163、2008 年 141/201、2011 年 158/240、2013 年 148/244、2014 年 151/252、2015 年 122/243。如表 1 所示。

表1　2006—2015年阅读理解文本词汇类形符分布

	2006	2007	2008	2009	2010	2011	2012	2013	2014	2015
A	140/258	183/283	180/339	175/291	159/275	178/311	129/234	171/298	157/283	160/270
B	112/163	118/214	167/263	125/237	168/275	162/280	119/284	167/256	164/238	189/307
C	187/325	175/312	177/300	184/329	210/375	163/251	176/328	150/211	157/267	136/252
D	148/221	105/201	139/243	184/285	166/312	189/305	136/216	148/244	151/252	122/243
E	171/278	116/213	141/201	147/243	136/231	158/240	209/315	/	/	/

说明：以2006年A篇"140/258"为例，140是类符数而258是形符数。

2. 每年的文本总量类形比有明显差异

整体来说，类形比最大的是51.04%（2013年），最小的是40.67%（2012年）。但由于文本数量不同，无法进行横向比较，所以笔者将其分成两个时间段。在2006—2012年，阅读理解一直为5篇，最大值为48.31%（2011年），最小值为40.67%（2012年）。而在2013年之后，阅读理解文本减为4篇，文本的类符和形符总量减少，类形比反而有所增加，其中2013年最为突出（51.03%）。当然，是否能说明词汇总量增加，这还有待进一步验证。调查同时发现，47个文本中共有类符3 021个，形符12 534个，类形比是24.19%，这比最低的文本总量40.67%低很多，由此可以看出不同年份文本中词汇有相当大的复现率。

3. "一次性词汇"[1]增加了类符量

以2015年为例，一次性词汇中有22个词是以其不同形式出现，它们大部分为单复数（像way/ways）、动词原形和时态（像build/built）、大小写不同（像Open/open和Then/then）及动词原形和非谓语动词（像give/given和choose/chosen），这就为一次性词汇无形中增加了22个类符。同样，二次及以上的词汇中也有部分词内含了一次性词汇，像at、began、buy、colors在一次性词中为At、Begin、buying、color。此外，仅仅13个高频词（$n \geq 11$）就共出现了307次，占总形符的25%。其实，同一词的"交叉"、"重叠"不仅是增加词汇类符，还额外附加了语法现象，像Open代表一个祈使句，began是过去式。像given这种过去分词就更复杂了，2015年卷"My color television has given me nothing but a headach"中given是表完成式的过去分词，2013年卷"Given that many people's moods are regulated by the chemical

---

[1] 指在词频统计时Fre.=1的词。

action of chocolate, it was probably only a matter of time ..." 中 given 是非谓语动词作状语，2008 年卷 "The team found that, when the volunteers were given theobromine ..." 中 given 则是被动式。

（二）高频词中频次排名最前的是功能词，而总量却是以名词、动词为主

表 2 显示，各年份的高频词中，前五个均为功能词，且 the 和 to 又是其中的最积极词。47 个文本中共有类符 3 032 个，频次排名靠前的以功能词为主。前 100 位高频词中仅出现 22 个实词，共计频次为 896 次，而剩余 78 个功能词的频次为 4 752 次。在前 50 位高频词中，则出现 10 个实词（s、is、are、was、be、have、had、has、people、year），共计频次 660 次，而剩余的 40 个功能词共计出现 3 902 次，其中介词 12 个共出现 1 433 次，分别是 to（346）、of（308）、in（248）、for（118）、with（78）、on（66）、from（64）、at（52）、up（44）、out（40）、by（36）、about（33）；冠词 3 个共出现 961 次，分别是 the（572）、a（319）、The（70）；代词有 13 个共出现 786 次，分别是 all（42）、he（42）、her（45）、his（40）、I（92）、it（93）、It（40）、one（48）、she（50）、that（124）、their（48）、they（41）、you（81）；连词 3 个共出现 353 次，分别是 and（275）、but（34）、or（44）；情态动词有 2 个共出现 86 次，分别是 would（32）、can（54）；其他 7 个词共计出现 283 次，分别是 as（57）、more（50）、not（36）、than（33）、when（32）、who（33）、t（42）。由此可见，高频次的功能词对于解构文本有一定意义。

表 2　全国 II 卷阅读理解文本中高频词（Fre. > 5）的分布情况

	2015	2014	2013	2012	2011	2010	2009	2008	2007	2006	总计
the	48	41	40	66	63	68	63	56	66	61	572
to	37	29	30	35	42	34	23	28	44	44	346
a	33	38	26	26	32	/	35	35	30	31	286
of	26	/	25	/	46	38	50	29	18	32	264
and	32	29	26	29	32	39	/	/	21	30	238
in	/	27	/	31	/	39	33	26	/	/	156
总计	176	164	147	187	215	218	204	174	179	198	

整体上来说，阅读理解文本词汇总量尤以实词（动词、名词和形容词）为主。

但是高频词中动词、名词数量并不是很多（见表3）。动词排名最靠前的是Be动词五个形式（'s/is/are/was/be），而名词在排名前50位中的仅仅有2个，分别是people（41位）和year（48位）。笔者以冠词（a/the）、所有格（of）、Be动词（is/are/was/were）等标记词为例进行搜索，结果证实每一个标记词都会同时附属一个名词，当然在一个句子中也必然会出现一个相应的动词。为了得到进一步的证实，我们细化词汇，将所有词汇归类、整理。以2015年为例（见表4），名词和动词占据所有词汇之首，其次分别为介词、形容词、冠词、代词、连词和副词等。对比类形比又发现，形容词的复现率最低，动词和名词有不同程度地复现。

表3 词频前100位出现的实词情况

序列	频次	词	序列	频次	词
9	114	's	52	30	said
10	113	is	69	24	like
14	80	are	82	19	do
15	79	was	87	18	way
20	63	be	88	17	children
21	61	have	91	17	person
32	43	had	92	17	says
40	37	has	95	16	home
41	37	people	97	16	know
48	33	year	99	16	work
51	31	time	100	15	get

表4 2015年全国II卷中词汇分布

	名词	动词	介词	代词	冠词	形容词	副词	连词	其他	总计
类符	170	199	20	17	3	52	12	12	22	507
形符	283	324	121	52	83	59	16	52	82	1072
类形比	60.07%	61.42%	16.53%	32.69%	3.61%	88.14%	75.00%	23.08%	26.83%	47.29%

就词汇而言，单数名词较多，复数名词较少（像2015年卷中：institution、period、exam、month、college、student等）；介词以to、of、for、in、on、over、at、up等为主；代词以人称代词I、you、your、their、my为主；连词以and、that为主。而动词就相对比较丰富，在47个文本中，作谓语的动词占有一定比例，尤以Be动词的频次最为突出。通过词单（Wordlist）发现，Be动词以's（114），is（113）和was（79）

频次最高，are（80）、're（13）和 were（26）次之，而像 'm（8）和 am（6）则稍显不足。其次以助动词 have 和情态动词为主，频次靠前（Fre. ≥ 5）的五个词分别是：have（61）、can（54）、had（43）、has（37）、would（32）。除了 have 的完成时态 have found、have gotten、have accepted、have put、had paid、has given 等以外，have 还具有其实义动词功能（像 2007 年卷中：Some people have the feeling that nothing can ... 中意为"有"）。另外，同样充当谓语的还有动词短语，像 2015 年卷中：fool ... into、sign off、get rid of、pick up、build up、wait for、end up、have an effect on、play a role in、keep ... off、turn ... into、turn up、turn on、tend to、keep track of、used to、put off、date back、rely on、think about、take a day off、depend on、set up。本案例中还有 7 个不及物动词（set、put、turn、sit、go、pick、switch），它们后接介词充当谓语动词，也有些动词后接 to do 或 doing，像 try、begin、keep、stop。在谓语动词中，大多数动词的过去式变化是规则的，只有 11 个词是不规则的，它们分别是：ate、built、began、cost、fit、found、got、left、lost、paid、said。

（三）词汇语法特征丰富

根据文本案例，我们经过归类、分析，发现名词类形式复杂、非谓语动词功能齐全、功能词以"少"见"多"这三类语法特征。

1. 名词类形式复杂

笔者通过提取词汇及其搭配发现名词有九类，分别是名词词块（见表 5）、名词化（像 education、admission、brightness、length）、可数名词（略）、不可数名词（像 trouble、effect、figure、diet、money、evidence、education）、复合名词（像 downsize、headache、mealtime、bathroom、timetable）、动词用作名词（像 set、repair、figure、help、record、increase、graduate）。此外，像机构专有名词（National Union of Students、Costume Museum、Anne Hathaway's house、University and College Admissions Service、University St Mary's Church Tower、Roman bathrooms）、姓名（Tony Higgins、Owain James）、时间或货币（＄62、26 March、two weeks、ten minutes）。

表 5　名词词块的 10 个形式

类别	? +n.					n.+ ?				
特征	n.+n.	adj.+n.	-ed+n.	-ing+n.	one's+n.	n.+-ing	n.+of	n.+to	n.+-ed	n.+pron.

下面，将名词词块出现的 10 类形式分别示例。

中心词位置后面的有五类，分别是：名词+名词（例如 color television / newspaper advertisement / repair shop / entrance exam）、形容词+名词（例如 loud noise/dark environment/warm color/blue room/ large spoon）、过去分词+名词（例如 discontinued model / lit place / chosen course / guided tour）、现在分词+名词（例如 relaxing music / serving bowls / running shoes / remaining weeks）、所有格+名词（例如 my set/your house）。

其二，中心词位置前面的也有五类，分别是名词+过去分词（例如 months left）、名词+of（例如 evidence of student hardship / city of dreaming spires / the feel of each pair）、名词+不定式（例如 my trip to the repair shop/ entrance fees to the ancient Roman bathrooms）、名词+介词（例如 Tony Higgins from UCAS/ city with over 2 000 years）。

由此我们可以发现，名词词块在一定程度上增加了句子的复杂度，使学生不容易断定其在句中的成分，这给文本的阅读带来了一定障碍，也再次与"名词使用过多会大大增加词汇密度，使文章内容更为紧凑，而且往往增加阅读难度（桂诗春，2009）"相吻合。

2. 非谓语动词功能齐全

动词的语法性不只作谓语，在文本中还有其他非谓语特征。以 2015 年全国卷为例，首先，文本中出现 27 个动词 ing 形式的词，它们在句中分别作前置定语（2010 年卷中 the sport has enjoyed an astonishing increase ... ）、作后置定语（2007 年卷中 Lieberman was a real college student showing his classmates how to do ... ）、作宾语（2008 年卷中 she stopped teaching reading）、作状语（2012 年卷中 Some owners will leave their animals outside for a long period of time, thinking that all animals are ... ）或作主语（2006 年卷中 Making friends can sometimes seem easy），这些词与它们前后名词或动词一起在句子中发挥作用。其次，to do 形式在句中作后置定语（例如 including entrance fees to the ancient Roman bathrooms）、作宾语（例如 try to make dinner）、作目的状语（例如 ... more students are taking a gap year to earn money to support their study for the degree）、作形式主语（例如 it is wise to take a day off to rest）。再次，done 形式在句中或作定语（例如 their chosen course），或用于被动句子结构（例如 It used to be called the "year off" between school and university 和 Students are forced to work during term time）。

3. 功能词以"少"见"多"

功能词本身没有什么意义，一直在词汇教学中未引起广泛注意。但是，在本语料库中，高频次功能词（像 to、of、in、that、for）的出现引起笔者关注。这里以 to 为例。从语料发现（见例1），在346次重现中 to 位于句首的仅有两次（作目的状语，翻译为"为了……"），位于句末1次（动词不定式，省略位于动词），和逗号隔开有1次（作目的状语，因为中间 in one way or another 为插入语），其余均位于句中，或作介词、或作动词不定式。在 to 作介词时，它不仅仅后接名词，像 companies that were devoted to the production of ads（2011年），而且还接动词 ing 形式，像 when it comes to understanding（2007年）和 all animals are used to living outdoors（2012年）。当然，与介词 to 所构成的搭配也是形式多样的。比如，与动词搭配作谓语（像 stick to/react to/lead to）、与 done 构成搭配（像 keep exposed to）。此外，在 to 作非介词时，主要后接动词原形，或作宾语，或作目的状语、或作形式主语、形式宾语，而前面的则多是不及物动词。由此，我们应该积极关注这些功能词在不同语境中的使用，关注它们在句中真正的功能。

例1

1. To be sure, people are different.（2007年）
2. To avoid missing the last train, please check the last train time posted in the station.（2014年）
3. But the truth is that you can have last night's leftovers in the a.m. if you want to.（2009年）
4. All we assume is that some early men invented certain sounds, in one way or another, to express thoughts and feelings, actions and things ...（2010年）

结　　语

本文使用语料软件 AntConc 和 Excel 表格文件对 2006—2015 年全国英语 II 卷的 47 篇阅读理解文本中的词汇进行了研究，结果表明：①不同文本之间的类符、形符均有明显差别，但是在同一体裁文本中却相对一致；每年的文本总量类形比有明显差异，但是整体上词汇复现率较高；类符中功能词形符频次最高；形符中语法性词汇增加了"一次性词汇"的量。②词汇分布以动词、名词为主。③名词词块形式复杂，非谓语动词功能齐全，功能词以"少"见"多"。通过本次个案研究，笔者就教学方面提出三点启示：

（一）拓展教学资源，复现目标词汇

研究表明，不少课标词汇和基本词汇在教材中未呈现或呈现率较低（谢家成，2010；周加林、李庆燊，2013），因此我们应该使用其他文本辅助并拓宽文本资源。但是，经过改编之后的文本容易弱化其原有语言的真实性，因此我们可以选择难度适当、题材丰富、语言真实、语料充足的文本。用真题阅读理解文本作为语料文本可以解决这一问题。我们可以借助语料库来搜索预设目标词，然后根据高频词的语境共现进一步熟悉词汇用法。当然，真题语料库是否能完全覆盖课表词汇或考纲词汇呢？这确实有待进一步验证，但是它能覆盖较大范围的词汇。下面以全国（含全国卷和自主命题卷）高考真题阅读理解文本语料库（2012—2015）为参照说明，总形符共计 102 748 个，类符共计 10 739 个。我们以人教版《必修1》第 1 单元的重点词汇（加黑）为目标词汇，在语料库中进行搜索，结果发现 28 个重点词汇中只有 at dusk 和 recover 没有复现，其余均在语料中复现。然后，我们又将带"△"的不要求掌握的词汇进行检索，结果发现 survey（6 次）、vet（1 次）、loneliness（1 次），spellbind、gossip、secondly 则没有复现。此外，笔者已有研究证明，使用真题文本语料库可以辅助词汇教学（付向东，2015），所以计算机驱动的语言研究方法将是未来研究方法的发展趋势（王立非、文秋芳，2007；转引自毕少琴，2013），更是外语基础教育教师应该尝试的一种授课方式。

（二）加强词块教学，关注词汇语用

动词和名词语法特征分析告诉我们应该培养多词词块（poly-words）和高频搭配学习意识，不是实词的随意拓展或延伸，更不是孤立地记忆和认知词汇。教师应该调整词汇教学策略，逐渐改变学生学习词汇的不良思维，引导学生关注文本中具体词汇的语用，消除学生对于词汇和长难句的心理障碍。文本阅读不仅仅是需要简单地认知词汇，更是一个词汇信息处理和转化的过程。通过各类词汇的数量及动词和名词的特点，我们可以发现单一的词汇认知对于阅读理解的作答没有很大意义，所以教师应该指导学生关注高频实义词（动词、名词、形容词），关注名词词块和非谓语动词，解构长难句，逐渐地把握不同题材或体裁，熟悉一定的文本词汇特点及所构成的句子特征。这样，大量的词汇及句子复现自然地会降低学生对文本阅读的焦虑。

（三）重视功能词，延伸讲解词汇

研究结果证明，功能词在整个文本语料库中是高频词。李建平、张晓菡（2015）认为"功能词在英语中的作用是应该得到特殊重视的，但是事实上对功能词的教学并没有引起中国英语教师的足够重视"。所以，教师应该改变过去"知识点教学就是动词/名词教学"的误区，逐渐重视功能词的教学。下面以2015年四个文本中长难句为例进行分析，以示功能词的重要性。

例2

I was able to buy it a little over a year ago because I had my relatives give me money for my birthday instead of a lot of clothes that wouldn't fit.

此句是一个because引导的主从复合句。在从句中，使用instead of连接了两个名词money和clothes，作give的复合宾语。另外，增加本句的复杂度就是使用that wouldn't fit作clothes的后置定语。

例3

Dark environments are more likely to encourage overeating, for people are often less self-conscious when they're in poorly lit places-and so more likely to eat lots of food.

此句也是一个主从复合句，使用for在从句中阐明原因，又由于在从句中出现了when引导的时间状语从句，所以就增加了从句的长度。

例4

This year, 25 310 students who have accepted places in higher education institutions have put off their entry until next year, according to statistics on university entrance provided by University and College Admissions Serbice (UCAS).

此句看起来很长，实则结构非常简单。逗号前的句子就是一个内含who定语从句的一个简单句。至于逗号后面的"长句"，实际是介词短语according to后接一个名词短语而已，只不过是在名词后面用provided by University and College Admissions Serbice (UCAS)作了后置定语。识别此类句子的关键在于找出句子的谓语，然后便迎刃而解。

例 5

Tour A-Bath & Stonchenge including entrance fees to the ancient Romanbathrooms and Stonehenge- £until 26 March and £39 thereafter.

此句是一个由 and 连接两个并列名词所构成的一个简单句。

参考文献

[1] 毕少琴. 自建小型语料库在高中英语教学与研究中的应用 [J]. 基础教育外语教学研究，2013（6）.

[2] 戴军熔. 高中英语阅读文本解读的基本框架与策略 [J]. 中小学英语教学与研究，2012（4）.

[3] 董连忠. 全国高考北京市英语考试对高中英语教学的反拨效应研究 [D]. 上海：上海外国语大学，2014.

[4] 董曼霞. 重庆市 2004—2009 年高考英语阅读理解测试内容效度历时研究 [J]. 教育测量与评价（理论版），2011（2）.

[5] 付向东. 自建文本语料库辅助高考英语词汇复习 [J]. 基础教育外语教学研究，2015（9）.

[6] 辜向东，王秋艳. 高考英语全国卷与各省市自主命题卷阅读理解试题内容效度分析 [J]. 考试研究，2008（3）.

[7] 桂诗春. 基于语料库的英语语言学语体分析 [M]. 北京：外语教学与研究出版社，2009.

[8] 李建平，张晓菡. 中美学生英语写作句子长度对比分析 [J]. 中学外语教与学，2015（12）.

[9] 李俊. 论词汇的深度和广度与阅读理解的关系 [J]. 外语教学，2003（2）.

[10] 教育部考试中心. 2015 年普通高等学校招生全国统一考试大纲及考试说明 [M]. 北京：高等教育出版社，2014.

[11] 教育部考试中心. 2016 年普通高等学校招生全国统一考试大纲（文科）[M]. 北京：高等教育出版社，2015a.

[12] 教育部考试中心. 高考文科试题分析 [M]. 北京：高等教育出版社，2015b.

[13] 王克非，文秋芳. "中国学生英语口笔语语料库"的建设与研究综述 [J]. 外语界，2007（1）.

[14] 谢家成. 中学英语教材词汇语料库分析 [J]. 外语教学理论与实践，2010（1）.

[15] 杨延从. 高考英语阅读理解题的特点及解题技巧 [J]. 中小学外语教学（中学篇），2007（3）.

[16] 张香平，徐国辉. 基于阅读文本多维深度分析的学生思维能力培养：以一节初中英语研究课为例 [J]. 中小学外语教学（中学篇），2015（11）.

[17] 周加林，李庆燊. 高中英语教材词汇对比研究 [J]. 英语教师，2013（1）.

2014 年高考英语 18 套试卷阅读理解试题内容效度研究 [1]

摘要：高考英语阅读理解试题分值一直占卷面总分的较大比例，所以研究其效度显得非常必要。本文通过语料软件 AntConc、易读指数工具 Flesch 及自行设计的量表对 2014 年 18 套高考试卷中的 78 篇阅读文本及对应的 318 个问题进行了共时研究。结果发现：从整体来看，题材主要涉及校园、家庭及人与动物等生活，体裁以记叙文和说明文为主，高频词主要是功能词，易读指数偏低，考查技能主要以细节信息和推理／判断为主；从局部来看，个别试卷体裁单一，推理／判断在各地试卷中也存在明显的差别，文章 A、B、C、D、E 并未按"由易到难"编排，部分试卷生词比例悬殊。这对于试题研究、命制以及对高三英语备考有一定的指导意义，所以教师在备考上需根据本地区考卷命制特点有选择地、灵活地选用真题。

关键词：阅读理解；文本特征；考查技能

高考英语测试成为全球语言测试的热门话题，这已经是一个不争的事实。在我国，高考作为选拔性考试一直被社会广泛关注，所以控制好较高的信度、效度，适当的难度和必要的区分度显得尤为重要（教育部考试中心，2013）。从已有成果来看，虽然我国学术界对此已开展过理论研究（韩宝成、罗凯洲，2013），但多数是一些分散性介绍（坤楠，2006），缺乏通过相关分析、因子分析、多特质多方法分析、回归分析、多层面 Rasch 模型和结构方程建模等展开的实证研究。大多数研究都是对效度的单一的数据统计。

---

[1] 原文刊于《基础教育外语教学研究》2014 年第 11 期，第 29—37 页。在收入本书后内容有所增加。

就目前高考英语测试题型来说，阅读理解无疑是高考中分值最大的一类，约占总分数 150 分的 20%—26.7%，它的考查在一定程度上决定了英语科考试的成功与失败。但从已有成果来看，学界分别从历时和共时展开研究，这基本能呈现出命题的整体特征。单就阅读理解的考卷而言，研究者大多数都是以全国卷为例，且以历时研究为主，像董曼霞（2007；2010；祖琴，2012）对 2003—2009 年全国卷 15 套试题中阅读理解的 75 篇文章和 300 道阅读试题进行了分析，并指出试题存在的布局不够合理、难度较大、阅读技能考查不够平衡和全面等问题。当然也有部分针对自主命题卷，比如重庆（2004—2009）（董曼霞，2011）、安徽（2005—2011）（贺静，2012）、陕西（2006—2011）（史昀，2012）、广东（2004—2010）（周奕群，2011）、江苏（顾正广，2012）、四川（唐利、杜平，2011）。综合以上研究，我们发现已有研究大多数是根据巴赫曼和帕姆的任务特征框架自行设定量表，集中对内容效度进行的研究。与以往研究不同的是，本研究则通过量表、辅以语料软件 AntConc 和 Microsoft Word 中的 Flesch 易读功能，对 18 套试卷中的 78 篇文章的效度进行共时研究，希望了解 2014 年高考英语阅读理解所呈现的各种特点，为今后试题的命制提供一定的参考，也为高三英语备考提供相关的信息。

一、研究设计

（一）研究对象

本研究将 2014 年全国 18 套高考试卷[1]的 78 篇阅读理解及 318 个对应问题作为研究对象。

（二）研究工具

本研究主要使用语料软件 AntConc 和 Word 中的 Flesch 的易读指数功能。AntConc 是一款免费且绿色的语料软件，从互联网上下载方便快捷，安装简单，运行稳定，且占用内存空间较小（约 3.67MB）。较 Microsoft Word 软件相比较，AntConc 能较准确地统计词汇频次，且当文本中含有标点符号或横线时，AntConc 依然能发挥它强大的词频功能，这样便于类形比（TTR）的统计。

---

[1] 指的是 18 套试卷中阅读理解中的第一节（即选择题部分）。其分布情况为：湖南卷考查了 3 篇，山东、四川、湖北、大纲（全国卷）、福建、重庆六个地区分别考查了 5 篇，其他 11 套试卷中均为 4 篇。

(三)项目界定

1. 题材、体裁

笔者参照刘润清和韩宝成(2004)并结合最近几年的命题情况,将题材分为科普、生活、人物传记、文教、家庭、旅游、环保和其他这八个部分。体裁主要以常用文体为主,即记叙文、议论文、说明文和应用文。

2. 考查技能

以《考试大纲》为指导,按照《普通高中英语课程标准(实验)》(以下简称《课标》)的综合性评价中对阅读技能的考查,试题设计中的 8 项测试要点以及语言技能目标中七级和八级对阅读的要求(中华人民共和国教育部,2003),确定了标题类、细节信息类、词/句猜测类、判断/推理类、结构/出处类、观点/态度类和意图类八个技能选项(教育部考试中心,2013)。

3. 形符、类符及类形比

形符指在文本中出现的所有词汇,类符指的是一次性词汇,类形比即指类符和形符的比例,常用此来衡量词汇的密度。

4. 生词及生词比

本研究中生词指的是用汉语标注的词汇,如新课标 1 卷中的"pigeons(旅鸽)";生词比即试卷中所出现的生词总量和总类符之比,如安徽卷的生词比(2.10%)=生词总量(16)/总类符(762)。

5. 易读度(见表 1)

表 1 Flesch 易读度数值参照表(参见杨惠中、韦尔,1998;李绍山,2000)

易读度指数	难度
0—30	非常难
30—50	难
50—60	比较难
60—70	标准
70—80	比较容易
80—90	容易
90—100	非常容易

（四）研究步骤

（1）收集样本。为了确保研究的信度，收集样本必须要确保所选试题的准确性，保证字母不能遗漏，句子必须完整。

（2）整理并处理样本。因为本研究只需要阅读理解部分的试题，所以需要单独将每套试题的阅读理解复制到一个单独的文件夹内。为了确保研究样本的可信度，需参照自行设计的量表，并指定两名有经验的高考毕业班教师按照量表对每套试题的体裁和题材分别进行统计。文本特征方面，需删掉多余的文字，像每篇文章的顺序号（A、B、C、D）、符号（▲）及汉语注释部分。然后对所有文章进行复查，直至影响研究的文字、符号等被全部清理完毕。

（3）统计信息。题材和体裁将逐卷逐篇进行统计（见表2）。词汇方面主要依靠语料软件 AntConc 对形符和类符进行统计（见表3），文章的难易度可依据 Flesch 工具计算得出。需要说明的是，文本需要做如下处理：将完整的文本（标点完整且无误，不包含问题及备选项）置于一空白的 Word 文档中，设置"工具"栏的"拼写和语法"项，勾选"随拼写检查语法"项和"显示可读性统计信息"项，点击"确定"键后便自动弹出一对话框，点击"全部忽略"键便自动显示"可统计信息表"。对照易读度系数，便能统计出该文本阅读的难易程度。

二、研究结果

（一）题材以社会生活为主，各试卷篇目间数量差异不大

表2中将18套试卷的阅读材料分别按照8种体裁进行了统计，结果发现，在78篇阅读理解中，生活类占34篇，科普类占13篇，家庭类占10篇，文教类和环保类各占6篇，人物传记类占4篇，旅游类占3篇，其他类占2篇。就阅读理解命题的顺序来看，A篇有8套试卷涉及生活方面，约占44%；B篇有6篇，约占33%；C篇有7篇，约占39%；D篇有11篇，约占65%，这就充分地说明了阅读题材在选择上是严格按照《考纲》所设计的。就生活方面而言，在18套试卷中，除安徽卷没有涉及，其他均有1—2篇，重庆、大纲、课标Ⅱ、浙江均为3篇。这就表明生活题材仍然是命题的主要方向，所以建议教师在复习和备考中应该对该类文章提高重视，经常性地指导学生阅读。在科普类中，共涉及机器人和手表遥控器广告（安徽A篇）、蜂窝的功能（安徽B篇）、漂浮物来研究洋流（广东D篇）、蜥蜴（重庆C篇）、旅鸽的消失（课标1B篇）。

表2　18套试题题材、体裁分布情况

		安徽	北京	重庆	广东	大纲	福建	湖北	湖南	江苏	江西	课标Ⅰ	课标Ⅱ	辽宁	山东	四川	陕西	天津	浙江
A	体裁	4	4	1	1	1	1	1	4	4	1	2	1	2	1	4	4	4	2
A	题材	S	T	L	P	L	F	C	C	F	F	L	S	L	L	L	E	L	L
B	体裁	2	1	4	1	2	2	2	1	3	4	2	2	3	1	1	1	2	4
B	题材	S	F	L	L	E	O	O	L	L	T	S	E	L	E	L	F	F	P · L
C	体裁	2	3	2	1	2	2	2	3	2	3	2	2	1	1	2	1	1	1
C	题材	C	L	S	L	L	L	S	E	S	L	L	L	P	F	S	F	E
D	体裁	3	2	1	2	4	3	2	\	\	\	2	1	1	2	2	3	1
D	题材	C	L	L	S	L	L	T	\	\	\	F	L	P	L	L	S	L	L	L
E	体裁	2	\	3	\	3	3	\	\	\	\	\	\	2	2	\	\	\
E	题材	C	\	S	\	L	E	L	\	\	\	\	\	C	S	\	\	\
备注	记叙文（1）说明文（2）议论文（3）应用文（4）							生活（L）人物传记（P）科普（S）文教（C）家庭（F）旅游（T）环保（E）其他（O）										

（二）体裁主要是记叙文和说明文，但部分体裁单一；各材料间体裁分布很不均衡

通过表3说明，在18套试卷中，阅读体裁主要以记叙文和说明文为主，记叙文24篇约占总数的31%，说明文28篇约占总数的36%。议论文和说明文分别为13篇，各占总数的16.5%，数量上相对不足，大纲卷、广东卷、山东卷、课标Ⅱ卷和浙江卷缺少议论文，湖北卷、课标Ⅰ卷、辽宁卷和山东卷则缺少应用文。部分试卷存在体裁单一的现象，像广东卷和山东卷均过多地考查议论文和应用文，则材料A、B、C连续三篇都是记叙文，D篇和E篇（山东卷）是说明文。当然，有些试卷在体裁上还是非常均衡的，像北京卷、重庆卷、福建卷、江苏卷、江西卷、陕西卷和天津卷在这四大体裁上基本是平均分配。

另外，就材料A、B、C、D、E的顺序来说，A篇中考查记叙文的有8篇，应用文7篇，说明文2篇；B篇中考查说明文的有7篇，记叙文6篇，应用文3篇，议论文2篇；C篇中考查说明文的有9篇，记叙文1篇，议论文3篇，应用文1篇；D篇考查记叙文、说明文和议论文的各有5篇，应用文2篇；E篇中考查说明文的有4篇，议论文3篇。由此可以看出，A篇多以应用文为主，约占54%，B篇和C篇均以说明文居多，占25%—32%，D篇中以议论文为主，约占38%。至于E篇，今年只有

安徽卷、重庆卷、大纲卷、福建卷、湖北卷、山东卷和四川卷 7 套试卷考查，所以无法与其他试卷做具体比较，但是以命题来看，议论文有 3 篇，说明文有 4 篇。

（三）试卷间词汇量和生词比差别较大，但类形符比比较一致

表 3　文本总长度和文章长度的类形符及生词量分布

地区	篇数	总类形符			文章类形符			生词	
		类符 T1	形符 T2	类形比 TTR	类符 T1	形符 T2	类形比 TTR	生词量	生词比
安徽	5	762	2052	37.13%	616	1337	46.07%	16	2.10%
北京	4	748	1948	38.40%	612	1419	43.13%	13	1.74%
重庆	5	836	2193	38.12%	648	1397	46.39%	10	1.20%
大纲	5	751	1932	38.87%	622	1328	46.84%	12	1.60%
福建	5	912	2471	36.91%	727	1687	43.09%	17	1.86%
广东	4	755	2220	34.01%	587	1377	42.63%	4	0.53%
湖北	5	918	2665	34.45%	743	1911	38.88%	10	1.09%
湖南	3	594	1512	39.29%	492	980	50.20%	8	1.35%
江苏	4	837	2347	35.66%	723	1513	47.79%	8	0.96%
江西	4	809	2133	37.93%	649	1513	42.89%	4	0.49%
课标 I	4	681	1591	42.80%	546	1149	47.52%	5	0.73%
课标 II	4	631	1515	41.65%	512	1047	48.90%	6	0.95%
辽宁	4	661	1645	40.18%	550	1170	47.01%	10	1.51%
四川	5	782	2128	36.75%	605	1367	44.26%	13	1.66%
山东	5	773	2407	32.11%	614	1432	42.88%	4	0.52%
陕西	4	579	1411	41.03%	484	963	50.26%	5	0.86%
天津	4	861	2204	39.07%	683	1428	47.83%	8	0.93%
浙江	4	1014	2681	37.82%	840	1945	43.19%	13	1.28%
总计	78			37.84%	4729	25191	45.47	166	1.18%

1. 形符、类符

18 套试卷中共有类符词汇 4 729 个，其中频数 Fre. > 2 的共有 2 401 个，频数 Fre. = 1 的是 2 358 个。为了发现高频词的特征，笔者抽取 18 套试卷中所有文章的词表前 50 位（Rank ≥ 50），结果发现，50 个词在文章中复现了 9 347 次，占了所

有形符的很大比例。其中，除 people（83 次）、do（63 次）外，其余 48 个词均为功能词。像定冠词 the 出现 1 135 次、介词 to 出现 774 次、不定冠词 a 出现 621 次、连接词 and 出现 593 次，人称代词 I 出现 253 次、you 出现 193 次、we 出现 98 次。

按照《课标》中每篇文段长度可在 100—300 词的要求，2014 年 78 篇阅读理解的词汇总长度应为 7 800—23 400 词。如果按照《考纲》要求每套试卷阅读理解总文段不少于 900 词，那么 18 套试卷应该是 16 200 词。这样看来，18 套试卷中的文本总长度（T2 = 25 191）均都高于《课标》和《考纲》的词汇。

2. 类形比（TTR/ttr）

通过表 3 中类形比可以看出，在总类形符方面，类形比最高的是课标 I 卷（TTR = 42.80%），其次是课标 II 卷（TTR = 41.65%）、陕西卷（TTR = 42.03%）、辽宁卷（TTR = 40.18%）、湖南卷（TTR = 39.29%）；类形比最低的是山东卷（TTR = 32.11%），其次是广东卷（TTR = 34.01%）、湖北卷（TTR = 34.45%）、江苏卷（TTR = 35.66%）、四川卷（TTR = 36.75%）。因为类形比的高低直接反映了文章的词汇密度，也就是说类形比越高意味着词汇密度高，阅读难度相对较大，反之亦然。由此可知课标 I 卷的阅读难度相对较大。

由于总类形符包括文章、问题及备选项部分，单一地依靠篇章的总类形比还不能完全对文章总体词汇密度做出判定，所以文章的类形比应该才能真正地反映词汇密度。在表 3 文章类形比统计中，我们发现 18 套试卷中，尽管有些试卷命题的篇数为 5 篇（安徽、重庆、福建、大纲、湖北、四川、山东）或 3 篇（湖南），但是类形比整体上都在 45% 左右。最高的陕西卷（TTR = 50.26%）较最低的湖北卷（TTR = 38.88%）多出 11.38%，这也能看出有些试卷之间确实也存在考查词汇不均衡的现象。

3. 生词量

表 3 中 18 套试卷中共出现生词 166 个，超过 10 个的是福建卷（17 个）、安徽卷（16 个）、四川卷（13 个）、浙江卷（13 个）、北京卷（13 个）、大纲卷（12 个），最高的是福建卷（17 个）。生词最少的是广东卷、江西卷、山东卷，它们分别是 4 个。但是就生词比[1]来看，最高的却是安徽卷（2.10%），其中 A 篇 2 个、B 篇 3 个、C 篇 3 个、D 篇 4 个、E 篇 4 个；最低的是山东卷（0.52%），其中 A 篇 1 个、C 篇 2 个、B 篇和 D 篇没有。对比安徽卷和山东卷，我们发现两套试卷在阅读理解命题篇数相同，且在总类符上，山东卷（T1 = 773）多于安徽卷（T1 = 762），但是安徽卷的生词

---

[1] 这里的生词比计算是按照生词量除以文章类符数而进行的。

比（2.10%）远远高于山东卷（0.52%），即两套试卷生词量控制非常不一致。按照《考纲》要求，生词量应控制在5%，所以2014年18套试卷中阅读生词量没有超标。但是以所出现的生词来看（见附录），有些单词并没有在《考纲》中出现，如安徽卷中的feature（特点）和solve（解决），它们应该是考生已知的词汇。

（四）易读难度整体偏高

在阅读理解测试中，所选材料的难易度应该适中，否则考生的水平很难被测出。在语言测试学领域，研究者通常用易读度来衡量文章的难易度（晏生宏，2004；晏生宏、黄莉，2005；辜向东、王秋艳，2008）。按照Flesch易读指数参照表，易读度为60—70是标准值。比对表4中18套试卷中的平均易度指数，我们发现共有9套"标准"试卷，占总数的50%，它们是安徽卷（64.01）、北京卷（65.25）、重庆卷（66.86）、福建卷（61.86）、广东卷（68.95）、湖北卷（65.10）、辽宁卷（69.75）、四川卷（64.40）、陕西卷（66.80）；共有7套"比较难"的试卷，占总数的39%，分别是大纲卷（53.80）、湖南卷（59.57）、江苏卷（53.00）、江西卷（57.33）、课标Ⅱ卷（50.83）、课标Ⅰ卷（51.90）、浙江卷（50.05）；"比较容易"的有2套，占总数的11%，它们是山东卷（71.74）和天津卷（70.30）。

表4 18套试题中各篇阅读文章的易读指数分布

	A	B	C	D	E	平均值
安徽	77.16	61.7	71.7	56.9	52.6	64.01
北京	48.8	81.4	62.5	68.3	\	65.25
重庆	82.8	68.0	56.2	72.1	55.2	66.86
大纲	74.8	27.6	53.1	47.8	65.7	53.80
福建	71.1	72.1	44.3	76.5	45.3	61.86
广东	65.3	78.4	70.0	62.1	\	68.95
湖北	80.1	74.3	50.2	82.4	38.5	65.10
湖南	54.9	72.5	51.3	\	\	59.57
江苏	51.0	53.3	33.6	74.1	\	53.00
江西	66.6	54.1	54.9	53.7	\	57.33
课标Ⅰ	51.8	53.0	73.4	29.4	\	51.90
课标Ⅱ	74.8	27.6	53.1	47.8	\	50.83
辽宁	68.0	69.7	63.6	77.7	\	69.75
四川	74.0	74.9	72.5	57.8	42.8	64.40

续表 4

	A	B	C	D	E	平均值
山东	82.8	80.3	61.3	71.0	63.3	71.74
陕西	\	67.8	58.4	74.2	\	66.80
天津	66.7	56.8	84.5	73.2	\	70.30
浙江	29.5	69.9	51.6	49.2	\	50.05
平均值						61.57

由平均易读度可知，各地高考试卷中阅读理解难度整体偏难。但是每套试卷中A、B、C、D和E篇之间的易读度还存在较大的变化。像福建卷中A、B和D三篇均为"比较容易"，C和E却是"难"；四川卷中A、B、C为"比较容易"，后两篇D和E则"难"，所以它们整体上是"标准"。按照高考试题阅读理解"由易到难"的命题原则，A、B、C、D、E篇的易读度应该是难度依次越来越高才对。但通过表4中的A的指数来看，除"非常难"的浙江卷（29.5）外，其余试卷A篇为"容易"的是湖北卷和山东卷，"比较容易"的是安徽卷、福建卷、大纲卷、课标2卷和四川卷，"比较难"的是湖南卷、江苏卷、课标1卷，其余7套全部是"标准"。

（五）考查技能以细节信息和推理/判断为主

由表5可以看出，除山东卷和天津卷每个小题2.5分，其余每个题2分，满分有的是30分（共6套卷），有的是40分（共9套卷）。在18套试卷中的78篇阅读理解文章所考查的7项技能中，仍然主要以考查细节信息和判断/推理为主，但也开始偏向像考查词/句猜测、意图类这些考查较高能力的类型。在所考查的331个试题中，细节信息占140个、判断/推理占95个、词/句猜测占34个、意图31个、标题占13个、观点/态度9个、结构/出处9个。下面主要分析以上七项技能具体命题情况。

表5　18套试卷中所考查技能试题分布情况

	篇数	标题	细节信息	词/句猜测	判断/推理	结构/出处	观点/态度	意图
安徽	5	72	56,58,60,64,65,66,67,68,69	70,73	57,61,62,63,74	59	75	71
北京	4		56,57,58,60,61,63,64,67	69	59,62,65,68		66	70
重庆	5	39	36,37,40,41,44,48,52	50	45,46,49,51,53,54	38	42,47	43,55
大纲	5	59	56,57,60,61,65,68,69,71,72,73	58,64	62,63,66,67,70,74			75

续表 5

	篇数	标题	细节信息	词/句猜测	判断/推理	结构/出处	观点/态度	意图
福建	5	59,71	57,62,65,66,67,73	58,60,69	61,70,72,74		64,75	56,63,68
广东	4	30	26,28,33,36,39,43	34,41	27,29,31,32,35,37,38,40,42,44		45	
湖北	5	58	51,55,56,57,60,64,69	61,67	52,53,54,62,63,65,66,70			59,68
湖南	3	65	56,57,58,59,60,62,64,66,69	61,67	63,68,70			
江苏	4		56,57,60,65,69	59,61,67	58,62,63,66,68,70			64
江西	4	69	56,60,61,62,66,67,70,73,74	71	57,58,59,63,72			64,65,68,75
课标Ⅰ	4		21,22,26,32,34	25,33	24,27,28,29,31,35	23	30	
课标Ⅱ	4	24	21,22,25,26,30,32,33,35	23,29	27,28,31,34			
山东	5		41,42,48,50,52,54,56,58,64	47	45,46,49,51,53,57,60,61,62,63		43	44,55,59,65
陕西	4		46,47,48,49,52,53,57,58	51	50,59	55,56	60	54
天津	4	50	36,37,38,39,40,41,42,43,44,46,47,51,52,53	48,54	45,49			55
浙江	4	54	42,44,47,48,49,51,55,57,59	43,53	41,50,56,58			45,46,52,60
共计	78	13	140	34	95	9	9	31

1. 细节信息

由表 5 中细节信息情况来看，细节信息类约占总试题数的 42%，且大多数在试卷 A 篇的第一题进行考查，四川卷和浙江卷除外（推理）。就命题量来看，天津卷是 14 个（最多），大纲卷 10 个，安徽卷、湖南卷、江西卷、山东卷、浙江卷各 9 个，最少的是课标Ⅰ卷、江苏卷、辽宁卷，各有 5 个。结合问题，我们归纳出 2014 年此类命题的问题特征：①补全信息。此类命题一直是命题的典型特点，补全的部分大致为：状语部分，如大纲卷 57 题 "The girl's parents got Rashid's phone number from ___"；宾语部分，如北京卷 57 题 "Getting to Sea Life Melbourne Aquarium, visitors can take ___"；仅给出主语，如北京卷 56 题 "Sea Life Melbourne Aquarium ___" ②特殊疑问句。在考题中考查的是 who、when、where、what 等提问的问题。如课标Ⅰ卷 21 题 "Who can take part in the Curiosity Challenge?" 和课标Ⅱ卷 21 题 "What did Rashid plan to do after his arrival in Sydney?"。

2. 判断/推理

18套试卷来看中，推理/判断类共计95个，约占总题数的29%。其中广东卷、山东卷各考查10个（最多），湖北卷8个、重庆卷6个、大纲卷6个、江苏和四川各6个，陕西卷和天津卷各考查2个（最低）；就单篇来说，推理/判断类占每套题（每篇15—20个题）的27%—50%，所以此类问题也是阅读理解中的一个重要板块。

就问题而言，题干中常包括动词means、infer、infer from、know about、learn from、learn about、how does。不同于"细节信息"类，此类问题大多数能直接定位段落或篇章，如广东卷29题"What can we infer about Samuel in Paragraph 4? "、广东卷35题"What can we infer from the last paragraph? "、辽宁卷35题"What can we infer from the passage?"课标Ⅱ卷31题"What can we infer from the text?"，旨在考查文中未提到的事实或某事发生的可能性等。

但是也有个别试题的设问较为笼统，如广东卷40题"What can we infer from the author's experiences in Nigeria?"、四川卷35题"What can be inferred about the author's family?"和江苏卷68题"What can be inferred from Mummy's Anglo family life?"，这样就使得考生在段落中不太容易找到相关问题。此类问题的设置也自然地增加了试题的区分度。

另外，也有个别试题的设问和"细节信息"相似，如山东卷46题"In which year did the author first live in a place with an air conditioner?"，似乎是直接问"时间（which year）"，但事实上是需要考生根据文章中的给定时间（1952、1962、1972及1982）来推断适合问题"the author first live in a place with an air conditioner"的一个。

3. 词/句猜测

由表5可以看出，在18套试卷中34个考题中，有5套卷分别考查了1个，如北京卷（69题）、重庆卷（50题）、江西卷（71题）、山东卷（47题）和陕西卷（51题）；共有3套试卷分别考查了3个，如福建卷（58、60和69题）、江苏卷（59、61和67题）、辽宁卷（27、29和31题），其余10套试卷中均考查了2个。

与判断/推理类相同的是，考生能够在在第一时间找准所问的词或句，此类问题在设问上也是直接明了，与问题相匹配的词汇常常是"underlined"和"paragraph X"。根据调查，在2014年18套试卷中所考查的4种情况，分别是"代词"类、"动词"类、"句子"类和"短语"类。"代词"类（见例1）包括不定代词it、人称代词them、指示代词this及关系代词which，尤以不定代词和人称代词居多，常见的备选项为单词;"动词"类包括熟词生义(如例 2 中的 restore、mismatch)和生词猜义(例 2 中 authenticated 和 intimidated),主要是考查动词在段落中特定的含义,常见的备选项为单词或句子;"句子"类(见例 3)主要考查某段落或划横线句子的特定含义,像江苏卷 70 题中"Your past is more complete than mine"和辽宁卷 29 题 "the opposite is true"都考查的不是句子本身的含义;"短语"类(见例 4),它和"句子"类一样,这里就不再赘述。

例 1

山东卷 47 题 What does the underlined word "It" in Paragraph 3 refer to?

辽宁卷 31 题 The underlined word "it" in the last paragraph refers to _____.

安徽卷 73 题 The underlined word "them" in Paragraph 3 probably refers to "_____".

福建卷 60 题 What does the underlined word "They" in the first paragraph refer to?

湖北卷 67 题 What does the underlined word "this" in Paragraph 1 refer to?

湖南卷 67 题 The underlined word "which" in Paragraph 2 refers to "_____".

例 2

陕西卷 51 题 The underlined word "authenticated" in Paragraph 2 probably means "_____".

课标 II 卷 23 题 What does the underlined word "restored" in the last paragraph mean?

湖北卷 61 题 Which best illustrates the "mismatch" mentioned in Paragraph 4?

  A. Some baboons are intelligent but slow in learning.
  B. Some baboons are shy but active in social activities.
  C. Some baboons observe others but don't follow them.
  D. Some baboons perform new tasks but don't concentrate.

福建卷 58 题 The underlined word "intimidated" in the fourth paragraph probably means "_____".

例 3

湖南卷 61 题 What does the underlined part in Paragraph 1 indicate?

辽宁卷 29 题 The underlined sentence "the opposite is true" in Paragraph 2 probably means that trees _____.

广东卷 34 题 Which of the following statements is closest in meaning to the underlined sentence above?

江苏卷 70 题 By "Your past is more complete than mine", Mummy means _____.

例 4

课标Ⅰ卷 33 题 What does "that tradition" in Paragraph 3 refer to?

安徽卷 70 题 By "move things forward" in the last paragraph, the author probably means "_____".

4. 意　图

由表 5 看出，共有 14 套试卷考查了此类试题，其中重庆卷（55 题）、四川卷（41 题）和山东卷（59 题）还考查了文章的大意，辽宁卷 28 题考查的是大意，其余 3 套试卷（湖南卷、课标Ⅰ卷和课标Ⅱ卷）并未涉及。从例 5 来看，有的是补全题，像北京卷（70 题）和湖北卷（68 题），有的还是直接问意图（purpose），这样就更显明了。

例 5

重庆 43 题 What is the purpose of the passage?

安徽 71 题 What is the main purpose of the passage?

北京 70 题 The main purpose of the passage is to _____.

湖北 68 题 The author's purpose in mentioning cars is _____.

广东 45 题 What is the purpose of the author in writing this passage?

山东 44 题 For what purpose did Peter call Tracy?

5. 标　题

此类命题的个数一般都是 1 个。在 2014 年 18 套试卷中，命题的个数同样是这个特点，共有 11 套试题考 1 个该试题，有 1 套试卷（福建卷）考了 2 个，其余 5 套试卷（北京卷、江苏卷、课标Ⅰ卷、四川卷、山东卷和陕西卷）均未考查。从问题上来看，该试题均放在最后一个问题进行考查，都是从备选项中选择一个最佳的标题（title）。

6. 观点／态度

从表 5 发现，此类命题占的比例非常低，大致的命题就像安徽卷 75 题"The author's attitude towards Ashoka's can be described as ___"。通过对照试卷，我们发现 2014 年已考过的共计 3 个，分别是批判性的（critical）（陕西卷 60 题）、持怀疑态度的（doubtful）（新课标Ⅰ卷 30 题）、感激的（grateful）（山东卷 43 题），未考过但出现在备选项的有 7 个，分别是中立的（neutral）、有积极性的（positive）、有野心的（ambiguous）、有同情心的（Sympathetic）、容忍的（tolerant）、尊重的（respectful）、支持的（supportive）。

7. 结构 / 出处

从表 5 看出，篇章结构类考题共出现 3 道，分别是重庆卷（38 题）、四川卷（40 和 50 题）及陕西卷（55 题）；出处类共有 4 道，分别是安徽卷（59 题）、课标 I 卷（23 题）、辽宁卷（24 题）和陕西卷（56 题）。在提问的时候，提问方式比较丰富，像安徽卷 59 题"Where would you be most likely to find the two texts?"、课标 I 卷 23 题"What type of writing is this text?"和辽宁卷 24 题"The passage is likely to appear in ___."。经研究我们还发现，在 2014 年 18 套试卷中文章的出处共涉及 10 个方面，分别是公告（notice board）/ 通知（announcement）、宣传册（brochure）、网站（website）、报纸（newspaper）/ 杂志（magazine）、指南（guide）、评论（review）、报告（report）、广告（advertisement）、教材（textbook）、访谈（interview）。有些试题在命题上非常一致，如四川卷 50 题与重庆卷 38 题都有"How is Paragraph 1 mainly developed?"。更值得关注的是，在出处类试题中其正确选项都是 C。这就需要命题者适当调整其选项，增加试题的信度，以防学生熟悉这样的"套路"。

结　　语

通过研究发现：

在文本特征方面，以生活类题材为主，主要关于校园生活、家庭生活和人与动物等，且在 A、B、C 和 D 篇均占很大比例；体裁以记叙文和说明文为主，但是总体来说体裁相对单一，个别试卷体现更为明显（如广东卷和山东卷），A 篇主要是应用文，B 篇和 C 篇多数是说明文；词汇方面，25 191 个形符中有类符 4 729 个，且高频词汇大多是功能词，试卷间的词汇密度稍不均衡，生词量远低于 5%，但是部分试卷生词比例相差悬殊；易读度方面，整体上 18 套试卷偏难，但是 A、B、C、D 和 E 篇之间易读指数并不是完全按照"由易到难"的梯度设计的。

在考查技能上，主要以考查细节信息和推理 / 判断为主。细节信息类主要在 A 篇考查，问题主要以补全信息和疑问为主；推理 / 判断在各地试卷中也存在明显的差别，最多的广东卷和山东卷比最低的陕西卷和天津卷多出了 8 个题。

以上 18 套阅读理解的共时研究结果对于命题人员、教研员及广大高三备考教师均有一定的指导意义。首先，各试卷间考查的共同点和不同之处能够较全面地析出，与《考纲》进行比对，为下一年的试题命制和复习备考指明了方向。其次，使用软件 AntConc 计算形符、类符和 Flesch 的易读指数能够科学地析出数据，这极大地提高了试题研究的信度，也方便教师针对性地、有效地为学生筛选真题。再次，研究试题并不是为了"考什么，学什么"，而是为了较大程度上对不同试卷间的同一考点进行分析，进而为下一步的试题命制、效度分析，乃至试题评价提供一些信息。另外，试题效度的研究最重要的是为高三课堂教学呈现了一面镜子，使得教师在实际教学中有意识地规避一些问题，远离题海战术，形成一种"哪里可讲、哪里可细讲"的意识，真正地熟悉重点和难点，灵活地调整解题思路，这不仅为学生赢得了宝贵的时间，还为学生增加了解题的成就感。

作为高三备考教师，我们应该熟悉高考真题中常见体裁及题材中常见的语言结构和现象，尽量把握住真题对于阅读策略、语言知识掌握、语篇能力和语用能力的考查，以便更好地进行针对性的备考。

参考文献

[1] Kunnan, A. J. Towards a model of test evaluation: Using the test fairness and the test context frameworks[C]. Paper presented at the International Conference on Language Testing, Guangzhou, 2006.

[2] 董曼霞. 普通高等学校全国统一招生英语考试阅读理解测试内容效度研究 [D]. 重庆：重庆大学，2007.

[3] 董曼霞. 高考英语全国卷阅读理解测试历时分析与研究 [J]. 中小学外语教学（中学版），2010（2）.

[4] 董曼霞. 重庆市 2004—2009 年高考英语阅读理解测试内容效度历时研究 [J]. 教育测量与评价（理论版），2011（2）.

[5] 辜向东，王秋艳. 高考英语全国卷与各省市自主命题卷阅读理解试题内容效度分析 [J]. 考试研究，2008（3）.

[6] 顾正广. 基于语料库的江苏高考英语（2008—2011）阅读理解试题效度分析 [J]. 牡丹江教育学院学报，2012（2）.

[7] 贺静. 安徽省高考英语阅读理解测试内容效度历时研究 [J]. 长江师范学院学报，2012（10）.

[8] 教育部考试中心. 2014年普通高等学校招生考试全国统一考试大纲（理科·课程标准实验版）[M]. 北京：高等教育出版社，2013.

[9] 韩宝成，罗凯洲. 语言测试效度及其验证模式的嬗变 [J]. 外语教学与研究，2013（3）.

[10] 李绍山. 易读性研究概述 [J]. 解放军外国语学院学报，2000（4）.

[11] 刘润清、韩宝成. 语言测试和它的方法（修订版）[M]. 外语教学与研究出版社，2004.

[12] 史昀. 陕西省2006—2011年高考英语阅读理解内容效度研究 [J]. 科技风，2012（18）.

[13] 唐利，杜平. 高考英语四川卷阅读理解试题内容效度分析 [J]. 内蒙古师范大学学报（教育科学版），2011（6）.

[14] 杨惠中，Weir. C. J. 大学英语四六级考试效度研究 [M]. 上海：上海外语教育出版社，1998.

[15] 晏生宏. 计算机辅助易读度研究 [D]. 重庆：重庆大学，2004.

[16] 晏生宏，黄莉. 英文易读度测量程序开发探索 [J]. 重庆大学学报（社会科学版），2005（2）.

[17] 祖琴. 高考英语全国卷（2007—2011）阅读理解测试内容效度研究 [D]. 桂林：广西师范大学，2012.

[18] 中华人民共和国教育部. 普通高中英语课程标准（实验）[C]. 北京：人民教育出版社，2003.

附录 18套试卷中生词分布情况

试卷	生词
安徽	feature, originally, beehives, waterfall, initial, tangible, reveal, serial, economic, dominate, spoilt, conservative, poverty, solve, compost, fertiliser
北京	aquarium, location, tram, route, sign, tripod, wrestling, resolution, input, incentive, scent, bricks-and-mortar stores, coconut
重庆	label, crawl, metabolisim, lizard, particle, patchwork, stripe, whereabout, disposition, compliance
福建	charity, paramedic, fable, hence, wicked, pluck, marrow, diagnose, transfusion, swab, sponsor, capacity, swap, mansion, subsidy, proportion, coalition
广东	Moonlight Sonata, tollbooth, current, beachcombing
大纲	passport, document, recycle, culture, trash can, emission, trend, expose, metrorail, agent, spy, technology
湖北	skyscraper, spire, mast, baboon, cognitive, blessing, toe, horizon, horizontally, vertical
湖南	squad, lyric, decimal, emission, efficiency, feedback, dimension, thermostat
江苏	duels, EFG, prefrontal, disposition, asymmetry, empathy, pregnant, orphanage
江西	expedition, circus, cooperation, handcraft
课标 I	Pigeon, flock, scatter, tamer, whip
课标 II	trash can, emission, trend, expose, metrorail, tips
辽宁	laptop, legibility, motion, respond, nitrogen, fungi, neuron, employee, profit, emotion
四川	barrel, sledder, wrap, allergic, stamp, compression, pyjamas, alerting, hormone oxytocin, interaction, participant, placebo, factor
山东	flier, sue, descendant, tablet computer
陕西	crise, attic, manuscript, retch, nightmare
天津	snack, shuttle, device, computer tablet, webcam, basement, granite, immune
浙江	strategy, potter, clay, efficiency, elbow, punctuality, craftsmanship, virtual, interpretation, impoverished, restore, stoop, ritual

2014年全国高考英语完形填空试题文本分析[1]

摘要：本文完形填空试题指的是选择式的完形填空模式，均采用合理删词，着重考查学生的综合运用语言能力。基于已有研究，本文通过语料软件 AntConc 对 2014 年 17 套高考试卷中的文本特征、考查词汇和考点分布进行了研究。结果发现：体裁上仍然以记叙文为主，14 套完形填空文本词汇高于《考纲词汇》，设空主要以"一句一空"为主；考查词汇主要以动词和名词为主，但是对于形容词的考查有所侧重，考点上更注重对语篇的考查。与以往研究不同的是，本文呈现了文本特征，还通过 AntConc 发现并析出部分高频词汇，这对于高三英语高效备考和今后的试题命制均有所启示。

关键词：完形填空；考点分布；考查词汇

选择式的完形填空试题（Multiple-choice Cloze）是一种考查学生综合运用英语知识的题型。根据已有文献，我国最早开始探索完形填空测试研究是在 20 世纪 80 年代中期（查尔斯、鲁曙明，1985），但多数是探讨完形填空的解题技巧，然而对试题的效度研究甚少。从发表成果所在的刊物来看，大多数集中在《中学生英语》、《中学生英语园地》、《英语知识》，尤以《英语知识》为主。由此可以看出文章的读者群体偏向中学生或教师，而专业测试研究方面的氛围还未形成。直到 20 世纪 90 年代末期，随着高校教师师资水平的提高和科研意识的增强以及社会对于高考的极大关注，外语测试研究更趋于专业化、科学化（徐昂，1998；周长银，1999）。2000 年开始已有学者探讨完形填空试题的命制（齐平昌，2001），并开始注重对完

---

[1] 原文刊于《基础教育外语教学研究》2014 年 12 期，第 30—35 页。在收入本书后内容有所增加。

形试题的效度分析（纪春，2001；聂建中、赵秀红，2005；兰春寿，2008；奚翠华，2011；顾吉斌，2013）。多数成果是基于李筱菊（1997）的考点层次（单词、词组、句子和语篇）和焦点因素（意义、惯用搭配和语法/结构）展开。本文则从已有成果的分析角度对文本特征、考点分布及备选项词汇进行分析，旨在探讨它们在17套试卷中的命题情况。

2014年17套试卷[1]总体上有以下四个特点：①完形填空分值多数是30分，其分值占整个卷面的1/5或更高，如山东卷（10分+30分）是40分；②每道试题的赋分大多数是1.5分，只有部分试卷是1分（江苏卷、浙江卷、湖北卷）或2分（广东卷）；③部分试卷完形命题是两部分，即A篇和B篇，像湖南卷（18分+12分）、重庆卷（18分+12分）、山东卷（10分+30分）；④新课标卷Ⅰ、新课标卷Ⅱ和辽宁卷试题结构与《2014年普通高等学校招生全国统一考试大纲的说明》一致，完形填空试题放在阅读理解之后考查，其余试卷均和往年一样。

一、研究设计

（一）研究对象

本研究主要将17篇完形填空文本（不包括备选项）作为研究对象。值得说明的是，对于包含两部分完形的试卷（湖南卷、重庆卷和山东卷），本研究仅分析其中分值较高的一篇。

（二）研究工具

本研究使用免费的绿色语料软件AntConc统计文本中的形符、类符、词汇。

（三）术语界定

1. 类符、形符、类形比

类符指的是文本中使用一次性词汇；形符指的是所有词汇；类形比指的是类符与形符的比例，也通常用此来衡量词汇的密度。以北京卷中"The first time I saw Suzy Khan, I knew I had to help her."为例，形符数是14，类符是the、first、time、I、saw、Suzy、Khan、knew、had、to、help、her，共计12个，类形比即是85.71%。

---

[1] 由于全国卷和新课标Ⅱ卷完形一样，所以总样本为17。

2. 生　词

按照《课标》要求，课本中带有"△"的词汇不要求掌握，如果在高考试卷中出现的话，则会用汉语注释。由此，本研究中统计的"生词"即指的是出现在文本中带有汉语注释的词汇，如课标Ⅰ卷中的 routine（常规）、complain（抱怨）和 licenses（执照）三个生词。

3. 非 谓 语

本文中的非谓语指的是动词 ing 形式。

4. 语篇、句子、词汇、单词

语篇指的是通过上下句之间的意思，补全句子使内容更完整、更合理；句子指的是备选项的作答通过单句可以完成；词汇指的是备选项是短语或空格处需要借助短语来完成；单词则指的是单词的词汇辨义。

二、结果分析

在 2014 年 17 套试卷中，体裁仍以记叙文为主。其中，记叙文占 14 篇、夹叙夹议占 2 篇（天津卷和北京卷）、说明文占 1 篇（课标Ⅰ卷）。题材上主要以"I"为主，分别讲诉自己（江苏、福建、山东、湖北）、母子（湖南、陕西、天津）、邻里（重庆、江西）、丈夫（全国Ⅱ卷、四川）、家庭教育（广东）、同学（北京）、夫妻（辽宁）、师生（浙江）及工作（安徽）。下文主要介绍文本特征及考点考查情况。

（一）试卷间文本特征整体上保持一致，但个别特征差异较大

1. 词汇总数和词汇密度分布不均衡

通过表 1 可以看出，每篇完形文本平均词汇约为 282 个，已经超出《考纲说明》中明确规定的 250 个词汇。但是就单独试卷来说，低于考纲词汇的仅有重庆卷（246 个）、课标Ⅱ卷（236 个）和课标Ⅰ卷（216 个）。在其余 14 份试卷中，远远高于平均数的有北京卷（386 个）、浙江卷（325 个）、天津卷（309 个）和湖北卷（290 个），尤以北京卷和浙江卷最为突出。

已有研究表明，类形比在一定程度上能反映文本用词的变化性（杨惠中，2002），亦即类形比的大小可以衡量词汇的密度。由于《考纲》中一直没有明确完形填空的类形比，所以我们只能将其与已有研究做比对。有学者发现全国卷在 2004—

2008年完形填空的类形比的平均值是53.93%（兰春寿，2008）。但在表1呈现的各试卷类形比中，平均值为56.52%，这就说明2014年完形填空的词汇密度较过去有新的变化。在17套试卷中，类形比超过60%的是课标Ⅰ卷（64.81%）、湖南卷（61.89%）、江苏卷（60.38%）和福建卷（60.00%）；类形比较低的是山东卷（51.89%）和北京卷（51.55%）。

表1　2014年17套试卷中完形填空文本特征情况

试卷	分值	题数	形符	类符	类形比	生词	体裁	一句一空	一句两空	一句三空
课标Ⅰ	30	20	216	140	64.81%	3	说明文	4	5	2
课标Ⅱ	30	20	236	134	56.78%	3	记叙文	9	4	1
湖南	18	12	265	164	61.89%	2	记叙文	12	/	/
重庆	30	20	246	147	59.76%	2	记叙文	9	1	/
江西	30	20	364	191	52.47%	/	记叙文	20	/	1
福建	30	20	280	168	60.00%	4	记叙文	11	2	1
山东	40	20	264	137	51.89%	/	记叙文	10	5	/
湖北	20	20	290	168	57.93%	3	记叙文	9	4	/
安徽	30	20	267	149	55.81%	1	记叙文	11	5	1
广东	30	15	273	143	52.38%	/	议论文	11	2	/
陕西	30	20	254	141	55.51%	1	记叙文	7	5	/
天津	30	20	309	165	53.40%	1	夹叙夹议	12	4	/
北京	30	20	386	199	51.55%	2	夹叙夹议	14	3	/
辽宁	30	20	263	146	55.51%	/	记叙文	12	4	/
四川	30	20	284	160	56.34%	3	记叙文	14	3	/
江苏	20	20	265	160	60.38%	1	记叙文	8	6	/
浙江	20	20	325	177	54.46%	3	记叙文	12	4	/

2. 生词量存在较大差异

按照《考试大纲》要求，生词量不超过5%，指的是阅读理解，并没有对完形填空有生词的限定。通过表1可以看出，2014年17套试卷中共出现17个生词，它们是湖南卷（ironing board, wrinkled）、重庆卷（faucet, chore）、江西卷（spanner, bolt）、福建卷（recital, mutter, melody, bait）、湖北卷（canyon, ranger, skunk）、安徽卷（protest）、陕西卷（stall）、天津卷（grade）、北京卷（orphan，mystery）、四川卷（grouse，contact，peck）、江苏卷（complex）和浙江卷（palm，nurture，stunned）。其中，山东卷、广东卷和辽宁卷没有生词，福建卷最多（4个）。

3. 留空基本合理，仍以一句一空为主

由表1可以发现，除湖南卷和广东卷外，其余15套试卷留空均为20个。根据留空统计，"一句一空"的平均数约为11个，占总数（20）一半之多，这就说明留空在整体上是以"一句一空"设置。但是就每套试卷单独来说，其内部留空依然有一些差别。比如，课标Ⅰ卷中"一句一空"明显不足，仅仅4处，"一句两空"5处，"一句三空"的有2处。例如小段落："And then, how many _52_, who now complain about the long drives to work, _53_ drove for hours at a time when they first _54_ their driver's licenses（执照）? Before people retire, they usually _55_ to do a lot of _56_ things, which they never had _57_ to do while working."共有两个句子，则留空6处，这就一定程度上增加了学生的答题难度。

（二）考查词汇以动词和名词为主，但试卷间略有差别

如表2所示，词汇考查仍然以动词、名词和形容词为主。其中动词最多，共计102个，名词84个，形容词53个。就各套试卷来看，试卷间动词和名词的总体考查比例很大。其总量超过整体4/5的有山东卷（16个）、安徽卷（16个），未超过整体一半的有重庆卷（6个）、陕西卷（7个）、天津卷（9个）、浙江卷（9个），其余11套试卷均超过总数一半。就动词而言，山东卷最多（11个），其次是福建卷（9个）、安徽卷（9个）、北京卷（9个）、课标Ⅱ卷（8个）、辽宁卷（8个），最少的是课标Ⅰ卷、广东卷、陕西卷，均为3个。就名词而言，课标Ⅰ卷最为突出（9个），安徽卷、江西卷各7个次之，最少的是重庆卷和辽宁卷，分别考查了2个，课标Ⅱ卷（3个）也较低。另外，笔者在名词和动词考查的不足的试卷中发现，其对形容词的考查比较明显，像陕西卷（5个）、天津卷（5个）和四川卷（5个）。但是，个别试卷较侧重考查副词，像课标Ⅱ卷（5个）、浙江卷（4个）。

表2 考查词汇情况分布

试卷	题数	名词	动词	非谓语	形容词	副词	连词	介词	代词
课标Ⅰ	20	9	3	1	4	2	1	/	/
课标Ⅱ	20	3	8	/	3	5	/	1	/

续表2

试卷	题数	名词	动词	非谓语	形容词	副词	连词	介词	代词
湖南	12	4	4	/	3		1	/	/
重庆	12	2	4	1	3	2	/	/	/
江西	20	7	7	/	4	1	/	/	/
福建	20	4	9	/	2	2	1	1	1
山东	20	5	11	1	2	/	/	/	/
湖北	20	6	5	1	4	1	1	2	/
安徽	20	7	9	/	2	/	/	/	/
广东	15	6	3	2	3	1	/	/	/
陕西	20	4	3	2	5	1	2	1	2
天津	20	4	5	3	5	2	/	/	/
北京	20	5	9	/	3	/	/	/	/
辽宁	20	2	8	1	2	1	3	1	2
四川	20	5	5	/	5	2	3	/	/
江苏	20	6	5	1	1	2	2	3	/
浙江	20	5	4	2	2	4	3	/	/
总计		84	102	16	53	27	22	10	5

为了更为细致地分析词汇，笔者尝试通过 AntConc 软件对备选项词汇进行处理，结果发现在 17 套试卷中词汇存在重复考查的现象。在共计 319 道试题 1 276 个词汇中（实际上词汇远远超过 1 276 个，因为有的选项是由两个或三个词构成的词组），一次性词汇共计 777 个，二次性以上为 237 个。像江西卷、课标Ⅱ卷、山东卷和浙江卷中的动词 accept 和北京卷、广东卷、江苏卷、课标Ⅰ卷和山东卷中的名词 interest。然而，值得注意的是，在一次性词汇中，笔者发现这样一种现象，譬如湖北卷的 responsibilities、课标Ⅰ卷的 responsibility、浙江卷的 responsible 都是词汇的单复数以及形容词、副词之间的变化。再比如江西卷的 explain、福建卷的 explained、天津卷的 explaining，这些其实都是动词 explain 的时态、非谓语形式的变化。原则上来说，在统计的时候以上词汇都应该属于一个词汇，但是限于笔者技术有限暂且这样统计，姑且亦能呈现词汇的整体状态。

下面以形容词为例，将其高频词汇列出，以供大家参考。17 套试卷中共计 53 个考题，所以应该是 212 个形容词。但是经过统计发现一次性词汇共有 106 个，二次词汇为 35 个，三次词汇为 14 个（见表3）。

表 3　高频形容词分布情况

频次	词汇
三次	aware/comfortable/different/difficult/expensive/free/funny/guilty/important/popular/practical/special/strange/tired
两次	amazed/anxious/awkward/broken/concerned/confident/convenient/crazy/criticized/crowded/curious/dangerous/desperate/easy/extra/final/impossible/independent/innocent/intended/light/lucky/moving/normal/pity/poor/proud/puzzled/same/satisfied/similar/successful/suitable/weak/worried

（三）考点侧重语篇和句子，淡化单纯的词汇和单词辨义

完形填空一直注重考查语篇，主要是"使补足后的短文意思通顺、前后连贯、结构完整"（教育部考试中心，2013）。通过表4可以看出，在17套试卷中语篇的总量远远超过其他项目的考查。非常明显的是福建卷和北京卷，其语篇考查分别是13个，占到总量（20个）的65%，其余6套试卷（课标Ⅰ、湖南、江西、湖北、安徽、广东）也超过了50%，但是也有部分试卷低于30%，像陕西卷（20%）、江苏卷（25%）。

表 4　2014年17套试卷中四个考点分布情况

试卷	语篇（D）		句子（S）		词汇（P）		单词（W）	
课标Ⅰ	11	55%	7	35%	2	10%	/	/
课标Ⅱ	8	40%	9	45%	2	10%	1	5%
湖南	6	50%	3	25%	2	17%	1	8%
重庆	6	30%	5	25%	1	5%	/	/
江西	12	60%	6	30%	2	10%	/	/
福建	13	65%	6	30%	1	5%	/	/
山东	9	45%	8	40%	3	15%	/	/
湖北	10	50%	8	40%	2	10%	/	/
安徽	12	60%	5	25%	3	15%	/	/
广东	9	60%	6	40%	/	/	/	/
陕西	4	20%	10	50%	4	20%	2	10%
天津	6	30%	12	60%	2	10%	/	/
北京	13	65%	5	25%	/	/	2	10%
辽宁	6	30%	11	55%	3	15%	/	/
四川	9	45%	8	40%	3	15%	/	15%
江苏	5	25%	14	70%	1	5%	/	5%
浙江	7	35%	11	55%	2	10%	/	10%
总计	146		134		33		6	

对比淡化语篇的试卷来说，它们注重考查句子，像江苏卷（70%）、天津卷（60%）、辽宁卷和浙江卷（55%），其余 13 套试卷大约为 40%。下面以江苏卷为例进行说明："His dad couldn't afford the __38__ at college, so Dale had to ride horseback 12 miles to attend classes."，在这个句子中，可以根据连接词 so 后面的"骑马上学"得知"他的父亲不能负担起学校的伙食费"。又如句子"He tried __42__ the football team, but the coach turned him down for being too __43__."，通过"但是教练拒绝了他"可以得知他做此事的目的是"为了足球队"，同时也可以推测出拒绝他的理由是"他太瘦了"。

对比语篇和句子的考点，词汇和单词两个考点比例相当小。下面以词汇为例进行说明。17 套试卷中共考查 33 个词汇，陕西卷最多，占 4 个，广东卷和北京卷均未考查，其余的均为 2 个左右。经过统计，现将词汇搭配排在前 5 位的逐一列出。与 on 搭配的有 concentrate on、live on、rely on、hold on、operate on、on the contrary、depend on、insist on；与 up 搭配的有 come up with、face up to、turn up、look up、make up、grow up、sit up、give up；与 in 搭配的有 in return、in time、in short、in turn、in brief、in fact、in spite of；与 for 搭配的有 ask for、head for、leave for、applied for、pray for、as for、for long；与 with 搭配的有 come up with、deal with、check with、satisfied with、supplied with、faced with。

三、建　议

高考的社会关注程度之大已经毋庸置疑。虽然高考试题的命制和评价越来越科学、合理，但是近些年也存在"命题权下放，很多省市自主命题，但很多命题者不是很专业"的现象（包天仁，2014），但是这却很少引起教师们的关注。这样的话，也势必会出现盲目备考，甚至跟风式备考，结果导致"投入较多，收效较低"，甚至还会落下个"英语学科抢占了其他学科的时间"的罪名。基于此，笔者结合本次对 2014 年 17 套完形填空的分析，将本人一些不成熟的看法拿出来同大家交流，以期引起关注。

（一）对高考英语完形填空命题的建议

（1）促进考试公平，保障考生利益。试卷命题须参照《考试大纲》，使各地试卷间的完形填空在文本词汇、类形比、生词、留空等方面保持一致，尽量促进各地试卷间试题效度的平衡。

（2）合理布局考点，平衡试卷间差异。应该针对语篇、句子、词汇及单词考点，适当借鉴历年试卷命题的反馈意见及质量分析进行合理命题。调整正确选项 A、B、C、D 的分布，增加试卷的信度。根据近几年高考真题中答案的稳定性（5 个 A，5 个 B，5 个 C 和 5 个 D），即使英语学科较差的学生也很容易利用这个特点蒙猜选择，进而会不同程度地影响到整个试卷的信度。

（3）加强命题中心和考试中心的配合。各地教育行政主管部门应该成立专门的高考命题质量分析小组，在试卷评阅完毕后，及时地调取试卷所在考区范围内的学生作答情况的数据统计，召集负责试卷命题的相关人员、英语高考命题专家等，结合学生作答情况进行会诊，为下一年的命题提出可行性建议。

（二）对高三英语备考教学的建议

首先，要客观地评价学生大型考试的成绩。完形填空试题属于离散性题型，主要是客观评分，这样很难通过成绩来检测学生对知识的掌握及运用情况，所以教师要结合学生的平时情况，正确分析学生的历次模拟考试成绩，并针对共性的问题进行重点讲解且适时地做针对性训练。

其次，要关注历年真题完形文本及备选项词汇，并使用软件析出动词、名词、形容词、副词、介词、连词。对于重点单词或短语要重点突破，在立足语境的情况下提高词汇学习的效果。

再次，注重语篇，培养学生综合运用语言的能力。在试卷讲评或试题训练时，可以采用分段式训练，直接关注试题焦点，不要一味地做完整套题，这样就规避了"眉毛胡子一把抓"的现象。另外，不要以题练题，还应该加大对记叙文的阅读量，在阅读中感知句内或句际之间的文本。

结　语

本文通过语料软件 AntConc 对 2014 年 17 套试卷中文本特征、考查词汇、考点分布三个部分进行了比较详细的调查，发现试卷之间整体上较为一致，但在一些方面仍然存在较大的不平衡；试卷间词汇及考点的侧重点有所差别。同时，本文的亮点是，较系统地梳理了 2014 年 17 套试卷的文本特征，分析了备选项词汇并呈现了部分高频形容词。对于后续的研究，笔者认为如果抽查各地区现在高三年级的学生作答试题的成绩，并访谈学生对试题的作答情况，将会在更大程度上提高该研究的信度。

参考文献

[1] Charles A J.，鲁曙明. 完形填空测试与英语作为外语能力的水平 [J]. 国外外语教学，1985（4）.

[2] 包天仁. 再访李静纯老师（二）[J]. 基础教育外语教学研究，2014（9）.

[3] 顾吉斌. 2010—2012 年高考英语湖南卷完形填空题难度分析 [J]. 教育测量与评价，2013（4）.

[4] 纪春. 完形填空的效度研究 [D]. 武汉：华中科技大学硕士学位论文，2001.

[5] 教育部考试中心. 2014 年普通高等学校招生考试全国统一考试大纲（理科·课程标准实验版）[M]. 北京：高等教育出版社，2013.

[6] 兰春寿. 高考英语完形填空题的效度分析 [J]. 山东师范大学外国语学院学报（基础英语教育），2008（5）.

[7] 李筱菊. 语言测试科学与艺术 [M]. 长沙：湖南教育出版社，1997.

[8] 聂建中，赵秀红. 高考英语完形填空的考点分析 [J]. 教育理论与实践，2005（3）.

[9] 齐平昌. NMET2000 完形填空的试题命制与解题思考 [J]. 考试，2001（3）.

[10] 奚翠华. 英语测试中影响完形填空难度因素的实证研究 [J]. 外语教学理论与实践，2011（4）.

[11] 徐昂. 多项选择完形填充与传统完形填空的信度和效度之研究 [J]. 外语与外语教学，1998（2）.

[12] 杨惠中. 语料库语言学导论 [M]. 上海：上海外语教育出版社，2002.

[13] 周长银. 98 年高考英语完形填空题的效度分析 [J]. 外语与外语教学，1999（4）.

2014年高考英语语法填空试题命题质量探析 [1]

摘要：本文参照《考试大纲》和李筱菊的考点效度，结合语法填空命题的特点自行设计了研究量表，分析了2014年语法填空题型的试题设计、考查词汇和考点效度。通过研究发现：试题设计较为合理，篇章长度、空格设置方面较为一致，文本内容真实性较强，但是试题"提示语"有待进一步商榷；考查词汇以动词、名词、形容词为主，多以"提示词"命题，而"非提示词"则多为虚词，即介词、连词、代词、冠词，且"提示性词"的形式变化有一定的规律；考点效度方面比较关注句子和词汇层次，仍是以考查语法和搭配为主，而所谓的语篇考查不太明显。此外，笔者建议下一步试题的命制中应该规范"提示语"、调整动词、名词和形容词的个别考点、增加语篇考点；同时也建议在复习教学中注重语篇阅读、关注语言现象、精选习题和关注词汇拼写。希望这些建议对今后的语法填空题型的命制和教学有所启发。

关键词：语法填空；试题设计；考查词汇；考点效度

随着新一轮课程的改革，高考作为一种高风险考试被广大民众所关注。有关于英语测试技术层面的问题已经引起了学界的广泛关注（盖丽娃，2014：8；鲁子问，2014；张连仲，2014：12）。英语试卷中，由于客观题（选择题）分值过高，主观题严重不足，加之高考英语试题对教学的反拨，所以英语试卷结构进行了调整。2014年全国I卷、全国II卷和辽宁卷在保持分值（15分）不变的情况下用语法填空题取代了过去的单句型语言知识题（单选部分），且试题结构顺序发生了变化，原先在I卷中是位于"听力"之后，现变成了II卷中的"英语知识运用"部分。这一

---

[1] 本文已刊于《基础教育外语教学研究》2015年第2期，第27—32页。在收入本书后内容有所增加。

变化，无疑对广大一线高三教师及高三学生们带了一定程度的不适应，甚至引发心理上的焦虑。针对此问题，刘庆思和程蒙蒙（2013：1—5）曾及时地通过实证研究对4个省份、8所中学的2 375名高三学生进行了试测，验证了该题型的信度、效度、可操作性、难度和区分度。为了进一步提高试卷的命题质量，笔者从试题设计、考查词汇和考点效度三方面对2014年三套试卷进行质量分析，希望对试题的命制和高三年级的备考有一定的启发。

一、研究方法

本文参考《考试大纲》（教育部考试中心，2013）和李筱菊（1997：289—320）的考点效度，同时结合语法填空试题的特点，确定了分析项目。为确保分析数据的可信度，量表由本学科对高考试题有研究的教师独立统计，外部一致性为97%。对于个别有争议的考题，我们采取"一边靠"的做法，使该词汇的归属有一个合理的定位，这也进一步提升了该研究的信度。众所周知，考点效度与考点层次和焦点因素有着非常密切的关系，因此我们重点对这两个部分的相关项目进行统计。下面，将本研究量表中需要分析的几个试题效度项目进行说明。

词组层次（P），指的是所填词汇和前后词汇有着一定的搭配关系，像全国 II 卷的 "worried about 61 (be) late for school" 中 about 介词后一定跟接的是名词或动名词。当然，像全国 I 卷中 "The river was so polluted that it 62 (actual) caught fire and burned" 的 caught 前应该只能是 actual 的副词形式。

句子层次（S），指的是所填词汇需要依据句内关系进行判断，无须对他句进行分析。像全国 I 卷中 "It 61 (be) unimaginable that it could ever be cleaned up." 中 be 动词的谓语形式需要根据从句中的 could 来确定。

语篇层次（D），指的是所填词汇应该通过句际之间解决，或是连系动词，或是谓语动词。像全国 II 卷 "A boy on a bike 65 (catch) my attention." 中的 catch 的形式无法通过本句判断，这就需要借助上下句子来确定时态。

二、分析与讨论

（一）试题设计较合理，但是试题"提示语"表述仍有待商榷

首先，篇章在文本特征上较为一致。《考试大纲》中建议语法填空的语篇词汇

在 200 词左右，且留出 10 处空白。我们由表 1 可以看出，除辽宁卷（206 个）外，全国 I 卷（181 个）和全国 II 卷（187 个）其他均低于建议词汇 20 词。或许这也是出于题型的陌生考虑，命题者适当减少语篇词汇。就文本的类形比和句子数量来看，三套试卷中的差距也并不明显。全国 I 卷和全国 II 卷的类形比分别是 61.33% 和 58.82%，句子数量分别是 14 个 18 个。在全国 I 卷中，最短的句子为 3 个单词，如句子 "Just be __70__ (patience)"，最长的句子为 30 个单词，如句子 "While there are __68__ (amaze) stories of instant transformation, for most of us the __69__ (change) are gradual and require a lot of effort and work, like cleaning up a polluted river."；在全国 II 卷中，最短的同样也是 3 个单词，如句子 "It's __69__ (I). "，最长的句子为 23 个单词，如句子 "Everyone on the bus began talking about what the boy had done, and the crowd of strangers __70__ (sudden) became friendly to one another."。值得注意的是，最长的和最短的句子，均为被考查词汇所在句子，且该词汇为提示性词汇。就空格设置来看，三套试卷是非常一致。三套试卷中 "一句一空" 均为 8 个，"一句两空" 均为 1 个。且从题号来看，"一句两空" 要么放在篇章或文本的开头，像全国 II 卷 62 和 63 题，要么放在篇章或文本的末尾，像全国 I 卷 68 和 69 题以及辽宁卷 69 和 70 题。但是全国 I 卷和全国 II 卷中的 "一句两空" 中均是一个给定提示词而另一个没有提示词情况。本文研究的三套试题中，其中全国 I 和 II 卷为篇章式结构，而辽宁卷则为对话式。全国 I 卷为记叙文，讲述了就某河流污染而恢复原貌的事件，进而探讨保护环境也是力所能及的事情；全国 II 卷为议论文，描述了作者在搭乘公交车的过程中目睹男孩拾金不昧，且努力地将手提箱还给车上物主的整个过程；辽宁卷中则通过皮特和强尼的对话，讲述了学习太极（Tai Chi）的基本动作和用途。以上三个话题都极具正能量，这对中学课堂英语教学来说是一个有效的反拨，也很吻合《课程标准》中的情感态度目标。

表 1　语法填空文本特征

	类符	形符	类形比	句子数量	一句一空	一句两空	题号起止
全国 I 卷	111	181	61.33%	14	8	1 (68, 69)	61—70
全国 II 卷	110	187	58.82%	16	8	1 (62, 63)	61—70
辽宁卷	132	206	64.08%	26	8	1 (69, 70)	61—70

其次，篇章 "提示语" 的措辞有待商榷。原文表述为："阅读下面材料，在空

白处填入适当的内容（不多于 3 个单词）或括号内单词的正确形式。"，笔者认为，表述中有三处值得重新措辞：①关于"阅读下面材料"这个祈使句。这意味着考生需要先阅读材料，后作答试题。但是以试题中第一道题（61 题）为例，实际情况并非如此。全国卷 I 中"It __61__ (be) unimaginable that it could ever be cleaned up."是文本中的第三个句子，61 题中 be 动词的填空无须阅读前两个句子的"材料"。同样，全国卷 II 中"One morning, I was waiting at the bus stop, worried about __61__ (be) late for school."的 be 动词也无须阅读后面的"材料"，它只是一个句子搭配而已。再如辽宁卷中的对话结构试题，对话中"OK. Don't laugh __61__ me."为双方第二个话轮，61 题处需要填入的词 at 也是一个意义的搭配短语而已。②关于"不多于 3 个单词"中单词数量的问题。这意味着所填词汇不能超过 3 个，但是就已考试题来看，最多词汇为 2 个，分别是全国 I 卷中 65 题（to reduce）、全国 II 卷中 66 题（to stop）及辽宁卷中 66 题（is called）。③"不多于 3 个单词"的位置。即便这个词很恰当，但是当它放在此处，就容易让考生想到的是"不多于 3 个单词"仅仅是针对无提示词而言，而事实上这个"不多于 3 个单词"是针对提示词而言。

（二）考查词汇倾向性明显，且具有一定的规律

语法填空主要体现在将过去对词法和句法单一的考查提高到语篇层次，进而较全面地、真实地考查学生岁语法知识的运用情况。试题中所填空词汇出现了"提示词"和"无提示词"两种情况。表 2 表明，这两类填空的比例是 7:3（全国 I 卷和全国 II 卷）和 5:5（辽宁卷）。下面，笔者就填空中所涉及的词汇进行分析。

（1）词汇类型的范围有所限制。"提示词"中有动词、形容词、代词、名词；而"非提示词"中有连词、代词、介词、冠词、名词和助动词。"提示词"中频次最多的是动词，其中全国 I 卷 3 个、全国 II 卷 5 个、辽宁卷 2 个，分别占到"提示词"总量的 43%、71% 和 40%。其次是形容词，全国 I 卷和 II 卷各 1 个，辽宁卷 2 个。而"非提示词"中最多的是连词（见表 3），全国 I 卷和全国 II 卷中各 1 个，辽宁卷中 2 个，分别占其总量的 33% 和 40%。

（2）"提示词"形式变化全是"一变"，注重词汇功能。由表 2 可知，在 19 个"提示词"中，"一变"词汇都是在形式上发生了变化，意义并未发生改变。但是除 be 动词和名词之外，其他词汇在功能上有很大变化，像变化后的全国 I 卷中 amazing 作定语、to reduce 作主语、patient 作表语。

（3）"提示词"词汇变化特点。从表 2 可以发现，在"提示性"词汇中，动词

变化为时态（像全国 I 卷中 be → was、全国 II 卷中 catch → caught）、语态（辽宁卷中 call → is called）和非谓语（像全国 I 卷中 amaze → amazing，全国 II 卷中 be → being、disappoint → disappointed、stop → to stop 和 ride → riding，辽宁卷中 hold → holding）。

表 2 "提示词"在试卷中的变化情况

	全国 I 卷		全国 II 卷		辽宁卷	
	提示词	答案	提示词	答案	提示词	答案
动词	be reduce amaze	was to reduce amazing	be disappoint catch stop ride	being disappointed caught to stop riding	hold call	holding is called
形容词	actual clean	actually cleaner	sudden	suddenly	soft hard	softly harder
代词	/	/	I	me/mine	/	/
名词	change patience	changes patient	/	/	pain	painful
总计	7		7		5	

表 3 "非提示词"在试卷间的分布

	全国 I 卷	全国 II 卷	辽宁卷
连词	or	and	as if
代词	that/which	/	it
介词	/	to	at
冠词	the	/	/
名词	/	/	breath
助动词	/	Did	/
总计	3	3	5

（三）考点效度上仍以考查语法和搭配为主，语篇考查不太明显

考点效度是试题命题质量的主要指标之一（李筱菊，1997）。在 2014 年三套试卷中，不同层次考点分布不平衡，尤其是辽宁卷、全国 I 和全国 II 卷。表 4 表明，语法填空试题更加注重考查词组和句子层次及语法和搭配因素。

表4 2014年三套试卷中考点效度统计

	类形	全国Ⅰ卷		全国Ⅱ卷		辽宁卷	
考点层次	D	64	1	65, 69	2	65, 68, 69	3
	S	61, 67	2	63, 68	2	62, 63, 66, 70	4
	P	62, 63, 65, 66, 68, 69, 70	7	61, 62, 64, 66, 67, 70	6	61, 64, 67	3
焦点因素	M	64	1	62, 65, 68, 69	4	65, 66, 69	3
	G	61, 65, 66, 67, 69, 70	6	61, 63, 64, 70	4	63, 64	2
	C	62, 63, 68	3	66, 67	2	61, 62, 67, 68, 70	5

就考点而言，全国Ⅰ卷中句子层次（2个）和词组层次（7个）占总题数（10个）的90%，全国Ⅱ卷中句子层次（2个）和词组层次（6个）占总数的80%，辽宁卷中句子层次（4个）和词组层次（3个）占总数70%；就焦点来说，全国Ⅰ卷中语法层次（6个）和搭配因素（3个）占总数的90%，全国Ⅱ卷中语法层次（4个）和搭配因素（2个）占总数的60%，辽宁卷中语法因素（2个）和搭配因素（5个）占总数70%。从表4还可以发现，考点层次和焦点因素有相对一致的地方，即词组层次的考点主要包括语法和搭配，句子层次更多地倾向于语法，语篇则倾向于意义方面。下面以全国Ⅰ卷为例，就考点的三个层次分别以试卷中的实例进行分析。

首先，先来看一下词组层次。

例1

The river was so polluted that it _62_ (actual) caught fire and burned.

例2

Now, years later, this river is one of _63_ most outstanding examples of environmental cleanup.

例3

It took years of work _65_ (reduce) the industrial pollution and clean the water.

例4

Finally, that hard work paid off and now the water in the river is _66_ (clean) than ever.

例5

While there are _68_ (amaze) stories of instant transformation.

例 6

For most of us the __69__ (change) are gradual and require a lot of effort and work, like cleaning up a polluted river.

例 7

Just be __70__ (patience).

以上 7 个句子中均是词组层次。其中例 1 的 actually caught（副词位于动词前）、例 2 的 the most outstanding（形容词最高级前加定冠词）、例 5 的 amazing stories（形容词修饰名词）属于搭配方面，涉及到语用搭配；而例 3 的 to reduce（动词不定式作真正主语）、例 4 的 cleaner than ever（形容词的比较级）、例 6 的 changes are（复数名词作主语）、例 7 的 Just be patient（形容词作表语）均为语法方面，涉及名词、形容词、动词的用法等。

其次，再来关注句子层次和语篇层次。

例 8

It __61__ (be) unimaginable that it could ever be cleaned up.

例 9

Maybe you have a habit __67__ is driving your family crazy.

例 10

But the river wasn't changed in a few days __64__ even a few months.

在以上 3 个属于句子层次的试题中，例 8 的 was（be 动词的时态需要借助从句中 could 得知）、例 9 的 that/which（所填词汇依据横线后的 is 可知缺少主语，或是缺少指示代词，或是缺少关系代词，然而横线前面有名词 habit，所以缺少的是关系代词）属于语法方面，而例 10 的答案 or 则是根据并列名词短语 a few days 和 a few months 以及句义得知的。

三、对命题和备考的启示

（一）对语法填空下一步命题的几点建议

（1）试题设计方面，建议规范"提示语"。提示语对作答试题的考生来说至关重要，一旦发生误读，就对试题作答造成很大的影响。关于修正的理由，笔者在"结果与讨论"部分已做过解释。建议"阅读下面材料，在空白处填入适当的内容（不多于3个单词）或括号内单词的正确形式"修正为"请结合文下中材料，在空白处填入适当的内容或括号内单词的正确形式"。这样的话，考生可以根据空缺的位置或"提示词"自由选择阅读材料。当然，也可以借鉴2012年广东卷语法填空的提示语"阅读下面短文，按照句子结构的语法性和上下文连贯的要求，在空格处填入一个适当的词或使用括号中词语的正确形式填空"进一步规范该试题的提示语。

（2）考查词汇方面，建议调整个别词汇考点，增加试题信度。笔者认为"提示词"为动词、形容词和名词，更改形式之后往往是非谓语+ing、+ly和+es形式，这就在一定程度上降低了试题本身的信度。因为学生一旦熟悉这些答题"规律"，就能很轻松地答对试题。这样的话，试题的得分在一定程度上蒙蔽了学生对知识点真正的掌握情况，这无疑不利于高考人才的选拔。所以，建议我们命题专家要对此类考点做适当处理。比如全国I卷61题提示词为be，而它是位于It之后，这就对学生的作答增加了一定的难度。然而，同样是提示词be，它却放置在about之后，这就很直接告诉学生答案只能是动词ing形式（介词后接动名词）。

（3）考点效度方面，建议增加语篇考点。由2014年三套试卷考点可知，涉及语篇考点的数量较少，全国I卷为1个（64题）、全国II卷为2个（65题、69题）、辽宁卷为3个（65题、68题、69题）。这略有悖于《普通高中英语课程标准》（中华人民共和国教育部，2003）"突出语篇，强调运用"的思路，也与《考试大纲》的说明不太一致。《考试大纲》明确地提出该题的"目的是考查考生理解语篇的能力、分析句子结构的能力及熟练运用语法知识的能力"（教育部考试中心，2013）。这就说明应该通过考点的设置来平衡对其能力的考查，但是以目前全国卷I和卷II来看，由于数量较少，恐怕不能达到其测试目的。至于语篇考点数量究竟设置几个为合适，仍希望有语言测试方面的相关专家学者能对此进行进一步论证。

（二）对复习备考的建议

（1）注重语篇阅读。随着《课程标准》在全国范围内实施了十年，高中课堂教学在一定程度上受到了某种所倡导的教学法的严重影响。尽管课堂教学也受到了高考试题的反拨，但是课堂上还是比较单一地传递着支离破碎的语言，像讲解单词、操练句型、讲解习题等。这种程度的教学达不到《课程标准》对技能的要求，更有悖于高考试题的反拨。在目前英语科高考试题题型结构发生改变的环境下，我们应该意识到语言教学的整体性，应该切实加大对语篇的阅读力度，回归语言真实性的本质。

（2）关注语言现象。我们建议关注语言中的标记语（markers）现象，这样会进一步地提升学生对于文段语篇的衔接（cohesion）和连贯（coherence）的理解，更能有助于学生解构文本和内化文本。这里，我们以2014年全国Ⅰ卷中的个别考点为例进行说明。

例11

In 1969, the pollution was terrible along the Cuyahoga River near Cleveland, Ohio. It __61__ (be) unimaginable that it could ever be cleaned up. The river was so polluted that it __62__ (actual) caught fire and burned. Now, years later, this river is one of __63__ most outstanding examples of environmental clean-up.

61题处的谓语动词缺失是由于"__61__"位于主语It后面，62题中的"__62__"位于主语it和动词caught之间，由此可知答案是actual的副词形式，63题的"one of __63__ most outstanding"结构，most前必须加定冠词the。

（3）精选习题。进入高三，作答试题的量明显较基础年级有所增加，但是切记陷入题海。这就要求教师不能盲目地将题随便"拿来"，一定要从《考试大纲》及历年考题角度选择试题，真正要限制题量（包天仁，2014：13）。但是，依笔者在教学中的实践来看，高考真题的"一题多变"或许更有利于学生对知识点的熟悉或掌握。以2014年全国Ⅰ卷中的一题为例（见例11），我们对"terrible"、"cleaned"、"later"进行再次命题，变为"In 1969, the pollution was ___ (terribly) along the Cuyahoga River near Cleveland, Ohio. It was unimaginable that it could ever ___ (clean) up. The river was so polluted that it actually caught fire and burned. Now, years ___ (late), this river is one of the most outstanding examples of environmental clean-up."

（4）关注词汇拼写。在教学实践中，我们发现有些试题丢分的主要原因是单词拼写错误。比如在笔者曾经讲评的一篇语法填空中，共有33人将提示词center的形容词形式（central）写错，共有8种写法，它们是centery、center's、ceneral、centered、centerly、centering、centary、centerary。所以教师要对学生在词汇使用过程中出现的错误进行整理，也要引导学生对自己容易拼写错误的词汇进行及时的整理。

结　　语

本文参照《考试大纲》和李筱菊的考点效度，结合语法填空试题的特点，自行设计了量表并对2014年高考英语三套试卷中语法填空试题进行了研究。通过研究，我们认为该试题特征主要有：①在试题设计方面较为合理，在篇章长度、空格设置方面较为一致，文本内容真实性较强。②考查词汇以动词、名词、形容词为主，多以"提示词"命题，而"非提示词"则多为虚词，即介词、连词、代词、冠词，且"提示性词"的变化主要是有规律性的"一变"。③考点效度方面比较关注句子和词汇层次，仍是以考查语法和搭配为主，而所谓的语篇考查不太明显。

另外，笔者建议在语法填空试题命题中，要规范"提示语"、调整个别词汇考点、增加语篇考点。同时建议教师在高三英语备考中注重语篇阅读、关注语言现象、精选习题和关注词汇拼写。

参考文献

[1] 包天仁. 坚决跳出高考英语题海 [J]. 基础教育外语教学研究，2014（4）.

[2] 盖丽娃. 2014年高考英语试题题型改革的启示—包天仁教授访谈录 [J]. 基础教育外语教学研究，2014（2）.

[3] 鲁子问. 直击英语中高考英语新题型：评价运用能力的新技术 [J]. 英语学习，2014（3）.

[4] 李筱菊. 语言测试科学与艺术 [M]. 长沙：湖南教育出版社，1997.

[5] 刘庆思，程蒙蒙. 关于高考英语科启用语篇型语法填空题的研究 [J]. 中小学外语教学(中学篇)，2013（12）.

[6] 教育部考试中心. 2014年普通高等学校招生考试全国统一考试大纲（理科·课程标准实验版）[M]. 北京：高等教育出版社，2013.

[7] 张连仲. 敢为天下先：英语高考改革和英语教育改革的思考 [J]. 英语学习，2014（2）.

[8] 中华人民共和国教育部. 普通高中课程标准（试验）[Z]. 北京：人民教育出版社，2003.

2010—2014年高考英语短文改错考查词汇情况分析[1]

摘要：本文基于笔者自行创建的高考真题语料库，将短文改错中的增加、删减和互换三类分别进行标注，然后通过语料软件AntConc对294个考查词汇进行了共时和历时研究。研究结果表明，短文改错考查词汇存在以下特征：①词汇替换主要以实词为主，像动词、名词、可数名词的单复数、第三人称代词主格变化和形容词；②删减或增加词汇主要是功能词，以介词（to和for）、冠词（a和the）为主；③考点方面，侧重对"句子"的考查；焦点方面，则侧重考查语法。这为高考英语短文改错技能训练在提取语料、使用真题和解题方法上提供了一些启示。同时笔者建议今后可以继续对其试题效度进行进一步研究，也希望通过短文改错的词汇分析为今后的高考英语试题题型设置提供一些参考。

关键词：真题语料；短文改错；词汇

短文改错试题最早出现在1991年，它是"以拨正为追求升学率按照题型进行教学和复习或沉湎于做选择题，不重视写作能力培养的教学倾向"而设置的（平克虹，2006），然后经过两年推广（1993年和1994年）及调整（1996年）。2003年，随着英语试卷结构的变化，它再次进行了调整，在保持原有10个小题不变的情况下，分值由15分降到了10分，这种结构一直沿用至现在。随着高考命题制度的改革及对英语学科能力新要求的提出，加之自2004年起自主命题省份范围不断地扩大，部分地区试卷将已有的短文改错换成了其他的题型，比如北京卷改为情景作文、江苏

---

[1] 该文刊于《基础教育外语教学研究》2015年第1期，第26—35页。在收入本书后内容有所增加。

卷则改为对话填空。截至 2014 年，课标范围内共有六套试卷（课标 I 卷、课标 II 卷、辽宁卷、陕西卷、四川卷、浙江卷）设置了短文改错试题。

研究表明，短文改错试题容易引发学生的考试焦虑，甚至部分学生是高焦虑（王晓红，2007）。这种情况下学生在该试题的得分自然不会理想。所以短文改错试题究竟有没有必要考查一直是学界争论的问题。我们姑且不谈该试题的取舍，相反，我们要进一步地研究试题的命题特点。笔者随机地抽调了 C 市某高中在 2014 年全市某次统一模拟考试中 1 586 名学生的短文改错作答情况（见表 1），结果发现及格分以上（≥ 6 分）的共计 332 人，约占总人数的 21.17%，0 分的学生共计 485 人，占总人数的 30.58%。这一结果也确实地呈现出了学生的"短板"，至于焦虑是否完全是由试题本身引发的，这里不做过多赘述。

表 1　某校高三学生全市模拟考试短文改错得分情况

分值	人数	比例 %
0.0	485	30.58
1.0	222	14.00
2.0	152	9.58
3.0	128	8.07
4.0	142	8.95
5.0	125	7.88
6.0	132	8.32
7.0	101	6.37
8.0	63	3.97
9.0	26	1.64
10.0	10	0.63

结合已有研究，我们发现了大多数探究短文改错的命题规律（刘本龙、周旋，2010；王彩青、于万锁，2012；名金仓，2013）。杨宏波、辜向东、杨志强（2013）则从短文改错文本选材和试题设计对 2010—2012 年的 8 套试卷（课标 I 卷、课标 II 卷、课标卷、重庆卷、四川卷、陕西卷、辽宁卷、浙江卷）的命题质量进行了分析，并建议个别试卷应适当增加句法、语篇层次和意义层次的考查。然而，随着语料库在英语学科教学研究范围的不断扩大，也有的开始进行真题语料库研究（白雅，

2005）。通过创建小型高考真题语料库，并使用语料软件的频率（Frequency）、联接（Collocate）和语境共现（key word in context）等功能，提取并析出相关词汇。本研究则通过语料软件析出并整理了 2010—2014 年的 30 道短文改错中的 294 个考查词汇，试图通过研究发现考查词汇的命题特征及各年份的考查情况，为高考英语复习教学提供指导。

一、研究设计

（一）研究对象

2014 年课标 17 套试卷中共有 6 套试卷考查短文改错，它们分别是课标 I 卷、课标 II 卷、辽宁卷、陕西卷、四川卷和浙江卷。需要说明的是，由于部分试卷短文改错试题一样，名词不一样，为了保持试卷的一致性，这里将课标 I 卷和新课标卷统一为课标 I 卷，将课标 II 卷和课标卷统一为课标 II 卷。

（二）研究工具

本研究使用日本早稻田大学开发的语料软件 AntConc 析出词汇。

（三）研究步骤

1. 确定研究内容

参阅《考试大纲》和《课程标准》，结合已有成果，本研究将考查词汇名词、动词、冠词、代词、介词、连词、形容词、副词作为研究对象。

2. 研究方法

（1）收集并整理文本

首先，利用网络资源下载以上连续五年的 6 套试卷的（2010—2014）短文改错文本，为了整理的方便，每套试卷需单独创建一个 word 文件，然后将同一年份的文件放在一个独立的文件夹，文件名例如"10_gaicuo"。其次，对所有的 word 文本（raw text）进行整理，将一部分汉语标注词汇、标有题号的数字及含"＿＿＿"的删掉，将其整理成一个完整的文本。然后对文本中的标点符号进行核查。这样就形成了研究所需要的干净文本（clean text）。

（2）考查词汇标注

为了能够通过语料软件 AntConc 完整地呈现考查词汇及正确词汇，我们将不同符号附在了所考词汇的右边，同时将替代词汇也一并列出。

表 2　词汇标注情况

	删词	替换词汇	增加词汇
标注符号	\	/	^

（3）文件转换

语料软件 AntConc 只能识别文本文件（.txt），所以要将 doc 文件全部转换成 txt 文件。

（4）词汇析出

参照话语分析的方法将有意义的小句作为分析单位析出。比如我们要分析副词（+ly）作状语的句子，则将句子"Similarly, if you want to spend more time with your ..."列出。

二、研究结果

（一）动词：时态变化和非谓语形式比例最大

由表 3 和表 4 可以看出，短文改错中动词形式的变化非常丰富。通过统计，我们发现考查"v → ed"类的最多，其次是"v → ing"类。

首先，修改后的词汇多以动词过去式为主，像课标 I 卷 4 次（2010、2011、2012、2013）、课标 II 卷 3 次（2010、2011、2013）、辽宁卷 3 次（2010、2012、2013）、四川卷 2 次（2010、2013）、浙江卷（2010、2011、2012、2013）、陕西卷（2012、2013、2014）。结合句子，我们发现过去式有的是规则变化，像 notice → noticed（2010 年浙江卷）、passes → passed（2013 年课标 I 卷）、step → stepped（2013 年辽宁卷）、starts → started（2014 年辽宁卷）；有的是不规则变化，像 become → became（2011 年课标 II 卷）、begin → began（2010 年辽宁卷）。从考点焦点来看，动词的时态变化大多数通过句内动词形式的提示可以得到解决，比如 2012 年陕西卷中"My father and I stayed at the South Lake Hotel for a week when we visit/*visited* Beijing last month."的 visited 就可以通过本句主句中的 stayed 可知，类似的还有 2013 课标 I 卷"I was only four when she passes/***passed*** away."等。值得注意的是，辽宁卷在2010年、2013年、2014年连续三年都出现此类命题。当然，也有通过时间状语来完成的情况，像2013年浙江卷中"Do you want to know why we move/***moved*** last week."的 last week，但是这样的命题已不多见。

表3 不同的动词形式变化考查情况

	v→ed	v→ing	ed→v	ing→v	ed→ing	ing→ed	其他	总计
2010	5	2	2	1	/	1	1	12
2011	3	4	1	1	/	2	/	11
2012	4	1	1	/	/	3	3	12
2013	6	2	/	2	1	1	3	15
2014	1	1	/	2	/	/	5	9
总计	19	10	4	6	1	7	12	

其次，动词原形和动词ing形式的互换尤以动词原形向动词ing转换为主。从析出的语料来看，动词ing出现的共有四种情况：一是跟接在介词后面，像2010年课标Ⅱ卷的"I look forward to see/***seeing*** her again in the near future."和2013年四川卷的"After think/***thinking*** for some time"。二是作状语，有的位于句中，例如2011年课标Ⅰ卷的"I was at the Shanghai Railway Station buy/***buying*** a ticket to Hangzhou."；有的位于句首，例如2013年陕西卷的"Felt/***Feeling*** hungry, we built a fire by the lake and barbecued the fish."；还有的就是放在逗号后面，像2010年浙江卷的"she said, put/***putting*** her arm around the unhappy old woman ..."。当然，也有动词ing形式不是作状语的，像2013年课标Ⅱ卷的"Have/***Having*** tea in the late afternoon provides a bridge between lunch and dinner."中动词ing作主语。同样的情况，在动词ing向动词原形的转换中更多的是考虑到"to"的功能特性，即动词不定式to和介词to，例如2011年辽宁卷的"decided to making/***make*** his findings known"和2014年辽宁卷的"It is difficult to understanding/***understand*** why she barks."。

再次，在动词ing和动词ed形式的转换中主要以动词ing向动词ed的转换为主。但是对比语料发现，它有两类动词：一类是变化前后的词汇均是形容词，像2010年陕西卷的"embarrassing/***embarrassed***"、2011年四川卷的"pleasing/***pleased***"和陕西卷的"disappointing/***disappointed***"、2012年浙江卷的"interested/***interesting***"及2013年浙江卷中的"tiring/***tired***"；另一类则是现在分词和过去分词的互换，常作后置定语，像 2012 年陕西卷的 "I also shared for/***with*** my friends many photos taking/***taken*** in Beijing." 和 2012 年课标 II 卷的 "We should find ways to reuse the water using/***used*** in washing."。当然，也有特殊的情况，像 2013 年四川卷的 "Suddenly Mary, my best friend, asking/***asked*** me to ..."，句子中间被同位语 my best friend 分隔开来干扰了学生的思维。

表 4 do 动词和 have 动词命题分布

	had	have	was	is	were
2010		/had 课标 I 卷	\陕西 \四川		/was 课标 I 卷
2011	/have 陕西	/had 陕西	/were 课标 I 卷 \课标 II 卷		/was 辽宁
2012	/have 四川	/had 辽宁			
2013		/has 辽宁		/are 浙江	/was 陕西
2014	/have 课标 I 卷 \浙江	/has 辽宁 /having 陕西	/were 陕西		\陕西
总计	4	6	5	1	4

就单独词汇而言，be 动词和 have 动词均考查了 10 个，占整个动词考查词汇的较大比重。表 4 集中呈现了 be 动词和 have 动词五类形式的变化情况，就语言错误而言，替换词汇是考查的主要形式；删词主要集中在 was，像 2010 年陕西卷的 "It was\ turned out to be her own cup" 中动词 turn out 误作被动化；had 和 were 分别在 2014 年浙江卷和 2014 年陕西卷出现一次；而增加词汇为零。就替换词汇来说，have 类主要涉及三种形式的变化（have、has 和 had）（见图 2、图 3 和图 4），而 be 动词除了删词外就是单复数的变化（见图 1）。

```
Hit   KWIC                                                              File
1     of winning the prize . What were/was better , I had useful help   10_QG1.txt
2     big bath. What I liked best were/was the free high-speed Interne  12_SHANx.txt
3     ttle longer. Finally, there were/was a sudden pull at the pull    13_SHANx.txt
```

图 1 were/was 语境共现的句子

```
Hit   KWIC                                                              File
1     and present it. My teachers have/had been telling me how great    10_QG1.txt
2     y the time I got back, they have/had finished the scene and act   11_SHANx.txt
3     k you for the lovely day we have/had with you. It was so kind f   12_LIAOn.txt
```

图 2 have/had 语境共现的句子

```
Hit   KWIC                                                              File
1     . The early morning barking have/has been disturbing us as we a    14_LIAOn.txt
2     orning till night.Hard work have/has made him very ill.;°He has    13_LIAOn.txt
```

图 3 have/has 语境共现的句子

```
Hit   KWIC                                                              File
1     or all these year/years;ªwe had/have been allowing tomatoes to :   14_KB1.txt
2     ieve my luck-not only did I had/have my photo taken with him, bu   11_SHANx.txt
3     erson.Thank you for all you had/have done for me. Momf-though ;    12_SIch.txt
```

图 4 had/have 语境共现的句子

（二）名词：单复数之间转换，可数名词占主体

由表 5 看出，可数名词变化是名词考查的重点。可数名词中，单数变复数的较多，共计 19 个。通过语料我们发现该类名词复数的变化有明显的标记词汇，一类是名词前的限定词，如 2012 年陕西卷 "several local dish/*dishes*" 中的 several、2013 年陕西卷 "the next few minute/*minutes*" 中的 few 以及 2014 课标 II 卷 "one and a half hour/*hours*" 中的 one and a half；另一类是 "one of+ 可数名词复数" 结构，像 2010 年课标 II 卷的 "one of my best friend/*friends*"、2011 年课标 II 卷的 "one of my unforgettable memory/*memories*" 和 2013 年陕西卷的 "one of my favourite actor/*actors*"。

而在不可数名词中，名词的错误也是不同程度地受到"标记语"的影响。像 some advices/*advice*（2010 年课标 I 卷）、much troubles/*trouble*（2011 年四川卷）、any luggages/*luggage*（2011 年课标 I 卷）中不可数名词 advice、trouble 和 luggage 前增加的 some、much 和 any。

表 5 名词考查分布情况

年份	可数名词		不可数名词	
	单数变复数	复数变单数	单数变复数	复数变单数
2010	2	1	1	1
2011	3	4		
2012	6	1		
2013	5	2		
2014	3	1		
总计	19	9	2	1

（三）冠词：侧重"增加"

由表6可知，试题主要考查a和the的"增加"。在五年试题中a共计考查17次，其中"增加"8次、"删除"3次、"修改"6次；the共计考查9次，其中"增加"5次、"删除"3次、"修改"1次。就试卷而言，课标I卷先后出现"增加"2次、"删除"2次；课标II卷/课标II卷先后出现"增加"3次、"删除"1次、"修改"1次；陕西卷"增加"2次（2012、2013）、"删除"1次（2011）、"修改"2次（2010、2014）；辽宁卷"增加"2次（2012、2013）、"修改"2次（2011、2014）；四川卷"增加"2次（2010、2013）、"删除"1次（2011）、"修改"1次（2014）；浙江卷"增加"2次（2010、2013）、"删除"1次（2013）、"修改"1次（2014）。

表6　a和the的考点分布情况

	a	the
2010	∧（课标I卷、课标II卷、浙江）/the（陕西）	∧（四川）
2011	\（课标I、四川）	/an（辽宁）\（陕西）∧（课标II）
2012	∧（辽宁、陕西）/the，this，that（课标II）	\（浙江）
2013	\（课标I）∧（辽宁、陕西）	∧（课标II、四川、浙江）
2014	/an（辽宁、陕西）/the（四川、浙江）∧（课标I）	\（课标II）
共计	17	9

在图5中a∧的语境共现的8个句子中，我们也可以看出不定冠词a"增加"的时候有两种情况：一是短语搭配，如2013年辽宁卷中的pay a visit to和2014年课标I卷的as a result；二是意义匹配，如2010年课标II卷的a long time，2012年辽宁卷的a car等。同样的情况，图6中的the∧也符合这个特点，the特指的像2011年课标II卷的the lunch time，2012年浙江卷的the truth及2013年课标II卷的the day等。短语搭配的较少，像2010年四川卷的on the right。另外，也发现同一考点在试卷间的侧重点不一样，像辽宁卷和陕西卷在2012年和2013年都考查了a∧，四川卷在2010年和2013年考查了the∧。同时还发现，所有的考点在同一试卷间连续性不大。在a/an的语料中发现，不定冠词后接的词均以元音节开头，像a/*an* average of six hours a day（2014年辽宁卷）和a/*an* impressive lesson（2014年陕西卷）。

```
Hit  KWIC                                                              File
1    help . There was Uncle Chen , a^ gentleman living near my hous    10_QG1.txt
2    rds, we would be separated for a^ long time. Before her leaving    10_QG2.txt
3    cupied by an elderly woman and a^ young couple. They are silent    10_ZHEj.txt
4    ina nearly got knocked over as a^ car drove out far too quickly    12_LIAOn.txt
5    local dish/dishes. It is such a^ great hotel that I would reco    12_SHANx.txt
6    ay.Yesterday afternoon, I paid a^ visit to Mr.Johnson.I was eag    13_LIAOn.txt
7    ll at the pull at the pole and a^ fish was caught. Within the n    13_SHANx.txt
8    elf-seed where they please. As a^ result, the plants are growin    14_KB1.txt
```

图 5　a^ 在 KWIC 中的情况

```
1    of the business of driving on the^ right.;± She said, ¡°I have    10_SIch.txt
2    school in Xinjiang is that of the^ lunches we brought from our    11_qg2.txt
3    zil. As a result, nobody knew the^ truth. I still think that it    12_ZHEj.txt
4    ecomes/became another meal of the^ day. Interesting/Interesting    13_KB2.txt
5    cher was angry because we had the^ same answers in the tests/te    13_SIch.txt
```

图 6　the^ 在 KWIC 中的情况

（四）介词：试卷间权重不一，考查词汇以 to 为主

表 7 呈现的是 6 个高考真题中常见的介词考查情况。考查最多的是 to（12 个），最少的是 out（1 个）。试卷中命题最多的是辽宁卷（8 个），最少的是课标 II 卷（3 个）。就考查方向来看，主要以替换词汇为主，出现 19 个，删除词汇 8 个，增加词汇 5 个。结合语料，我们发现在删除的 8 个词汇中，有 6 个词是 to（见图 7）。增加的 5 个词汇中，有 4 个是 to（见图 7），1 个是 out（2014 年辽宁卷）。

部分试卷考查两个介词，如 2012 年辽宁卷（It was so kind for/*of* you to let us bring Anne's friend 和 for/*as* a result, there was a long line）、浙江卷（Then everyone in the carriage began searching for^ the ticket 和 If we could show concern to others on/*in* need）。

表 7　介词分布情况

	to	out	on	for	with	by
2010	^（辽宁、陕西）\（浙江）		/in（课标 I）/by/at（浙江）	/but/yet/while（陕西）		/in/with（四川）
2011	/from（辽宁）\（课标 I、浙江）^（四川）		/in（课标 I、浙江）		/for（四川）	
2012	\（课标 I、辽宁）/for（课标 I）		\（四川）	/of（辽宁）/as（辽宁）\（课标 II、浙江）		/for（四川）
2013					/on 辽宁	/with/to（课标 II）
2014	\（辽宁）^（课标 II）	^（辽宁）	/in（浙江）/at（陕西）	^（四川、浙江）	/for（课标 II）/about（四川）	/of（课标 I）
总计	12	1	7	8	4	4

Hit	KWIC	File
1	miled happily as she accepted to\ it. After we left, I said, ¡":	10_ZHEj.txt
2	t my friend/friend¡"¯s he lent to^ me lots of clothes. I feel/fe	11_QG1.txt
3	would never be able to enjoy to\ playing with the toy or faced,	11_ZHEj.txt
4	parents' and made our own way to\ home.	12_LIAOn.txt
5	nce I must/could make my toys to\ last. My attitude changed fro	12_Qg.txt
6	settle something that bothers to\ us. In a word, your dog;²Cleo	14_LIAOn.txt

图 7　KWIC 中增加 to 的情况

Hit	KWIC	File
1	ctively, and she never seemed to^ care what the rest if us thou	10_LIAOn.txt
2	hocked face! My sister wanted to^ get out of the shop as fast	10_SHANn.txt
3	kfast and was still the first to^ reach the factory.;"Boss,¡the	11_SIch.txt
4	at/ sit by the lake listening to^ music. The teachers here are	14_KB2.txt

图 8　KWIC 中删除 to 的情况

在替换中常常是以搭配为主，其中所搭配的介词稳定性较强。共有两类：一类是左搭配，像 Thank you so much by/*for*（2012 年四川）、shared for/*with*（2012 年陕西）、with the help by/*of*（2014 年课标 I 卷）；第二类是右搭配，像 by/*in*/*with* surprise（2010 年四川卷）、on/*in* particular（2011 年浙江卷）、for/*as* a result（2012 年辽宁卷）和 on/*in* need（2014 年浙江卷）。

另外也有的是利用汉语思维出现的介词冗余定势命题，如 2012 年四川卷 "But on\ today, at this special time"；还有及物动词后接介词的情况，如 2012 年浙江卷 "I traveled to Brazil and I rented for\ a car"。

（五）代词：第三人称代词复数主格

代词是短文改错中的必考试题。它常以人称代词为主要考查类型，主要涉及同一人称功能上的变化。表 8 呈现了常见代词的命题情况，但是指示代词（如 it、this）和关系代词（that、which）并不多见。另外，在 AntConc 语境共现的 129 个 "I" 中，未见与其相关的命题。那么，在人称代词的考查中，常出现以下三种情况：一是反身代词的误用，像 2012 年浙江卷的 "I knew that they will/*would* be worried about myself/*me*" 和 2013 年课标 I 卷的 "He had a deep voice which set himself/*him* apart from others in our small tow"；二是同一人称 "格" 的变化，第一人称宾格与主格之间，像 2010 年浙江卷的 "Neither did me/*I*"，第二人称像 2012 年四川卷的 "I'm sorry that I am abroad and can't send your/*you* flower"；三是性别代词的误用，像 2010 年课标 II 卷的 "Before her leaving off, I prepared a gift to show my best wishes to him/*her*"；四是代词指示不明，像表 8 中 2014 年四川卷的 us/you、辽宁卷的 our/your 以及辽宁卷中的 they/we（2010、2012）、they/he（2011）、they/there（2014）。就其

试卷来看，辽宁卷考查最多且连续三年都考查了 they 的转换。

表 8 代词考查情况

	us	Our	they	his	ours	her
2010			/we 辽宁	/her 陕西		
2011			/he 辽宁			
2012			/we 辽宁			
2013		/	/		/our 陕西	/his 辽宁
2014	/you 四川	/your 辽宁	there	/its 浙江		

（六）连词：关注句子间的并列和转折关系

常见的连词一般功能为并列、转折、递进。表 9 表明，转折连词（but）和并列连词（and）考查最多。我们平时遇到的 therefore 和 however 在五年真题中并未出现。整体看来，除 2010 年和 2012 年外，其他年份均较注重对连词的考查。就试卷而言，除课标 II 卷和辽宁卷没有考查外，陕西卷在五年间对 and、but 和 so 考查得较为全面，共出现了 4 次，四川卷考查了 3 次、课标 I 卷 3 次、浙江卷 3 次。

表 9 连词命题分布情况

	and	but	so
2010			/but 浙江
2011		/and 课标 I 卷 /so 四川 /so/and 陕西	
2012			/but 浙江
2013	^ 课标 I 卷 /but 陕西	/	\ 陕西 /or 四川
2014	/or 四川	/and 陕西 /and 浙江 \ 课标 I 卷	
总计	3	6	4

（七）形容词和副词：功能性区别

表 10 可以看出，在形容词和副词的互换中，以形容词变副词为主，占 10 个。

该类形式的试题在陕西卷和浙江卷中均出现了 4 次，但是陕西卷侧重副词变形容词（2010、2012、2013），浙江卷则侧重形容词变副词（2011、2012、2013）。对比语料，我们发现在"形容词/副词"类型中，就副词的位置而言，分为三种类型：句首且作状语（像 2012 年辽宁卷的 Unfortunate/*Unfortunately* 和 2013 年课标 II 卷的 Interesting/*Interestingly*）、动词前（像 2014 年陕西卷中的"My uncles immediate/*immediately* jumped up"）和动词后。在这三类中，当属"动词后"最容易混淆，有的是依据系动词而定，如 2013 陕西卷"I was beginning to get impatiently/*impatient*"中的 get 和 2014 年辽宁卷"considering how closely/*close* the houses are"中的 be 动词；有的是依据不明显的副词而定，如 2013 年四川卷的"but I tried hardly/*hard* to do it"中 hard 副词意思为"努力地"，而 hardly 恰恰是利用了动副结构的基本特征，实际上 hardly 副词的意思为"几乎不"。

表 10　六套试卷中形容词和副词互换在五年中的出现情况

	课标 I 卷	课标 II 卷	辽宁卷	陕西卷	浙江卷	四川卷
2010	much\		attractive/ attractively many/much	hardly/hard	clearly/ clear many/much	
2011		specially/ special			slow/slowly	properly/ proper
2012	little/less		Unfortunate/ Unfortunately	comfortably/ comfortable	Unfortunate/ Unfortunately	
2013	much/well, clearly	Interesting/ Interestingly	many/much	impatiently/ impatient		
2014	wonderfully/ wonderful much/many	helpfully/ helpful many/much	closely/close	Immediate/ immediately	previous/ previously	calmly/ calm
总计	5	4	5	4	5	2

三、教学启示

通过研究近五年 6 套试卷中的考查词汇，笔者认为对高考复习教学有以下几点启示。

（一）提取语料

通过提取语料，我们能够真实地把握词汇的语用情况，真正明白"短文改错具体改什么",这样就避免了教师在高考复习教学中进行主观判断。就语料提取过程中词汇的标记来说,这要视所提取的信息而定,否则不能穷尽该词的语料,就会影响到进一步的推测。同时,应该参照话语分析中的"小句"呈现样式对特征性语料进行析出,切勿将与分析不相关的一一列出,避免累赘。

(二)使用真题

关于真题的使用,仁者见仁智者见智。笔者认为,真题只是说明了考试的方向,明确了考查词汇类型,但并不能替代语言知识点。对于短文改错来说,主要考查的就是词汇的准确性和得体性,建议不仅仅要阅读短文改错真题而且要加大对阅读理解文本语料的利用度。假如要从2014年阅读理解文本语料库中调取副词作状语的使用情况,我们可以发现如表11示例。同样,我们还能析出其他词汇的相应语料。这一定程度上既能丰富课本中"语言点",又能较为直观地发现语言使用情况。

表11 副词位于句首作状语实例

实例	出处
Similarly, if you want to spend more time …	北京卷
Obviously, that was something she should not go …	重庆卷
Gradually, the tension slipped from our bodies …	重庆卷
Equally, supporters must argue their case by acknowledging …	福建卷
Recently, Samuel performed a piece during a special event …	广东卷
Most importantly, build confidence and have fun while …	湖南卷
Interestingly, this asymmetry lessens if the angry person …	江苏卷
Similarly, his father had taken him along on one of his …	江西卷
Sadly, the abundance of passenger pigeons may have been …	课标Ⅰ卷
Obviously, students are terrible at adjusting their sleep …	四川卷
Eventually, Mumbet won her freedom¡ªthe first slave in …	山东卷
Eventfully, he found himself in Des Moines, meeting with …	陕西卷

(三)解题方法

结合语言错误,我们认为正确解答短文改错需要做到以下两点:第一,切忌"汉语翻译"式作答。因为通过汉语翻译,文本中的时态、名词单复数、冠词、代词、介词无法直接呈现,这就遮蔽或影响到学生们对于此类语言现象的认识。第二,切忌按行改错。由于试卷中短文改错均为110词左右,大约9行,这样的话学生会下意识地按行进行找错并更改。介于此,笔者认为合理的作答方法应该是定位错误类型。实际上,错误类型无非是句内错误和句际错误两种。而句内错误常常是时态、名词单复数、冠词、代词、介词的错误,句际错误最突出的就是连词。所以建议教师要鼓励学生加大阅读量,坚持从泛读到精读的原则,这样既能克服大部分学生畏惧生词的心理,还能在一定程度上培养他们的阅读兴趣。当然,学生的自我纠错意识也会随着这种自由式阅读慢慢形成,并在后续的阅读中不断地强化。

结　语

首先,本文使用语料软件 AntConc 分析了 2010—2014 年六套试卷短文改错中 294 个词汇,并比较细致地对各年份、各考点进行了梳理(见表12),还析出了相应的语料。同时,短文改错中的"语言错误"基本为"1-8-1式"[1],且"删词"和"增词"中以介词(to 和 for)、冠词(a 和 the)为主(见表13)。"删词"中共有9个词出现1次,它们是 but、far、had、much、not、of、off、were、whom;"增词"中共有10个词出现1次,它们是 although、and、in、is、it、of、out、that、was、that、was、what。在转换词汇中,主要涉及动词时态和非谓语、可数名词的单复数、第三人称代词主格变化、并列连词和转折连词。由于篇幅所限,涉及的其他转换词汇就不在此一一列出。

表 12　2010—2014 年六套试卷词汇考查情况

试卷	类别	2010 年		2011 年		2012 年		2013 年		2014 年		总计
课标 I 卷	删词	1	much	1	to	1	to	1	a	1	but	5
	转换	6		8		7		8		8		37
	增词	2	a, what	1	a	1	on	1	and	1	a	6
课标 II 卷	删词	1	off	1	was	1	for	1	of	1	the	5
	转换	7		8		7		8		8		38
	增词	2	a, in	1	the	1	my	1	the	1	to	6

---

[1] 1-8-1 式,即"删词"1处,"转换"8处和"增词"1处。

续表 12

试卷	类别	2010年		2011年		2012年		2013年		2014年		总计
辽宁卷	删词	1	for			1	to	1	so	1	to	4
	转换	8		8		8		8		8		40
	增词	1	to	2	was/is, although / though/but/yet	1	a	1	a	1	out	6
陕西卷	删词	1	was	1	the	1	to	1	so	1	were	5
	转换	7		8		8		8		8		40
	增词	2	to, it	1	of	1	a	1	a	1	to	5
四川卷	删词	1	was	1	a	1	not	1	to	1	whom	5
	转换	7		7		7		8		8		37
	增词	1	the	1	to	1	on	1	the	1	for	5
浙江卷	删词	1	to	1	to	1	for	1	far	1	had	5
	转换	8		8		8		8		8		40
	增词	1	a	1	it	1	the	1	the/my	1	for	5
总计		58		59		57		60		60		294

说明：加底纹颜色的试卷为"按行改错"，即在10行中其中有一处是正确的；其余的为"篇章改错"，即有10处语言错误。

表 13　短文改错中高频"删词"和"增词"情况

	to	a	the	for	was
删词	8	2	2	3	3
增词	5	9	6	2	1

其次，就词汇考点效度归属来看，它呈现出以下特征：①考点层次方面。"句子"上注重对动词、名词、形容词和副词的考查；"词组"上侧重考查介词、冠词；而"语篇"上则侧重考查连词和代词。②焦点因素方面。"语法"多为动词、名词单复数、代词、形容词和副词；"惯用搭配"多数是考查介词；"意义"方面则是考查连词、代词等。这就要求教师在复习教学中加大对学生错误的分析，然后进行针对的训练，以取得事半功倍的复习效果。否则只会陷入题海找不着方向。

再次，介于本研究只对考查词汇进行了分析，主要分析词汇考查的特征，并未对其试题效度做出任何评价。此外，我们也没有对短文改错答题的"指示语"、考查词汇的属性以及考查词汇的布局（每行出几个题）进行讨论。在此，笔者希望相关教研员或教师对此进行深入研究。

参考文献

[1] 白雅. 基于语料库方法的高考短文改错的真实性研讨 [D]. 广州：广东外语外贸大学硕士学位论文，2005.

[2] 刘本龙，周旋. 2009年高考短文改错的设置和解题技巧 [J]. 英语知识，2010（7）.

[3] 名金仓. 弄清错误设置规律把握错误改正方法——短文改错解题方法揭秘 [J]. 试题与研究，2013（1）.

[4] 平克虹. 高考英语试卷结构与题型的发展与演变 [J]. 中小学外语教学（中学篇），2006（11）.

[5] 王彩青，于万锁. 高考英语短文改错题型设错类型及归因探究 [J]. 教学与管理，2012（9）.

[6] 王晓红. 799名高中生英语考试焦虑状况的调查研究 [J]. 中国健康心理学杂志，2007（2）.

[7] 杨宏波，辜向东，杨志强. 2010—2012年高考英语短文改错题命题质量 [J]. 教育测量与评价（理论版），2013（7）.

高三学生语法填空和短文改错试题失分原因与对策 [1]

摘要：本研究以内蒙古自治区 A 市一所较好高中的两个文科班共 83 名学生为例，结合全市某大型模拟考试的答题情况，通过收集并统计学生语法填空和短文改错的失分试题，试图找到其失分原因。结果发现：冠词丢分最大，the 和 a 容易混淆；动词时态、语态难分辨；非谓语动词与谓语动词易混淆；介词匹配短语模糊；连词与关系词混淆。对此，笔者建议教师应该在高三备考复习中积极发挥导向作用，加大语篇输入，避免词汇过分讲解；关注学生作答过程，找到问题根源；注重研究试题，科学指导备考。

关键词：语法填空；短文改错；词汇混淆

目前，高考英语试卷仍然以四选一的选择题（阅读理解、完形填空）考查为主，"题海现象"在高考英语复习中尤为突出，也导致了"英语高考与常态教学错位（许凤，2015：1）"。如何让复习备考走出"题海"误区，这也一直成为学界所关注的焦点。本着"让教师回归教学正途，让学生摆脱题海困惑"（包天仁，2012：i）的目标，国家基础教育实验中心外语教育研究中心联合广大外语教育教学专家、学者、教研员以及一线教师研究并已取得了一定成绩，特别的是已经实验了近 20 年的"四位一体"中高考复习教学方法。此外，针对高考复习教学模式，一线教研员及教师也积极地展开了多种形式的探索（何闵娥，2013；赵钰莲、赵连杰，2014；林才回，2015；潘云梅，2015）。他们从学生实际出发，探究并尝试词汇、阅读的适切方法，在一定程度上解决了教学中的困惑。但是这些成果及经验的积累仍还没有引起一线

---

[1] 该文刊于《基础教育外语教学研究》2016 年第 5 期，第 44—49 页。在收入本书后内容有所增加。

教师的重视，倒是所谓的试卷"答题策略及技巧"深受一线教师追捧。因此，"为选择题而练"便成了很多一线教师的教学目标。

此外，随着机器阅卷的普及，英语教师更喜欢用此形式来当堂检测或进行阶段性检测，这既节省阅卷时间，又提高阅卷效率，同时能较快地得到相关数据（如正答率、标准差、平均分、区分度等），这为试卷的有效讲评提供了很好的保障。但是由于语法填空和短文改错试题的特点，阅卷机只能统计分数段，并不能直观地呈现学生每道试题的作答情况，所以它一直以来仍然是教师试卷讲评方面的一个盲区，并不能对学生及试题做出客观评价。

就分值来看，语法填空和短文改错共计25分，它占整个非选择题部分的50%（即试卷第三部分"英语知识运用"中的第二节"语法填空"和第四部分"写作"中的第一节"短文改错"），可实际上学生卷面得分非常低（见表1），这不得不引起任课教师的关注，究竟学生的失分原因是什么？基于语法填空和短文改错的题型特点，分数统计时不能准确定位试题作答，所以教师往往只关注这类试题的整体分数而忽略其丢分的具体情况，这极大地降低了教师试卷讲评的效果，也无益于下一步的授课。所以，我们试图通过本次的个案研究，来帮助教师真正地找到学生在这两类试题上失分的原因。

表1　语法填空和短文改错中分数统计

试题	班级	人数	最高分	最低分	平均分	标准差	得分率	满分率	零分率	难度
语法填空	3	43	15	0	5.55	3.47	37	2.3	4.7	0.37
	4	40	12	0	5.29	3.95	35.3	0	20	0.35
短文改错	3	43	6	0	1.47	1.67	14.7	0	39.5	0.15
	4	40	5	0	1.6	1.55	16	0	37.5	0.16

一、研究设计

（一）调查对象

本次试卷由市教研室教研员组织并命制。语法填空中给定提示词的为5个，没有提示词的也为5个。其中5个提示词均为动词，考查时态的有2个、非谓语的2个、形式变化的1个；没有提示词的题中考查连词的有2个、冠词1个、不定代词1个、介词1个。短文改错中词汇替换8处、删除1处、增加1处。选择的学生来自两个文科普通班，他们均在历次大型考试（全市统考或模拟）中成绩稳定，平均分为65左右。学生的英语科成绩呈正态分布，且均为同一名任课教师执教。

（二）自然情况

考场布置完全按照高考考场标准化要求，即每个考场30人，且学生桌椅按照"七七八八"进行摆放，考生前后、左右距离适当。每个考场配备两名监考员，主监考在讲桌前台负责发放试卷，副监考在考场后面就座监视监督。待考试时间终了，试卷由副监考收齐并送至教务处进行装订，然后将试卷分配给非本年级的任课教师进行阅卷。阅卷之前，教师需熟悉试题及答案，在无异议后开始按照评分标准给分。值得注意的是，"短文改错"中以下情况不予给分：铅笔作答、横线处使用"～～"、斜线用"/"、增加词使用"∨"。

（三）数据收集

笔者根据研究需要，分别对学生的作答情况逐一做出如下处理：首先，将学生"语法填空"的错题情况使用Excel统一手工输入（如表2）。考虑到学生的隐私，学生姓名则用考号替代。然后分别利用表格文件中的"筛选"功能选择研究所用的数据。短文改错也是采取同样的办法。其次，使用表格中的"排序"功能将学生答错的题目进行归类，这样更方便下一步数据的分析。再次，根据学生的"分数"，我们可以发现"高分"和"低分"学生的相同点和不同之处。

表2　语法填空答题信息采集表

班级	学生	分数	61题	62题	63题	64题	65题	66题	67题	68题	69题	70题

二、结果与讨论

由表1可知，本次试卷中短文改错的试题难度高于语法填空，这也与笔者曾经做过的调查结果相一致（付向东，2015a：26），学生得分过及格线（≥6分）的比例相当低。再由表3和表4可知，学生改错失分的人数远远多于语法填空失分的人数。就失分情况来看，冠词、动词时态等在短文改错中更容易丢分。

表 3　语法填空学生答错统计

题号	61 题	62 题 *	63 题 *	64 题 *	65 题	66 题 *	67 题	68 题 *	69 题	70 题
答错（人）	48	45	33	53	45	29	21	60	39	38
未答（人）	6	3	12	2	5	2	5	4	6	5

说明：标 * 的为有提示词，其他为无提示词。

表 4　短文改错学生答错统计

试题	答错（人）	试题	答错（人）
with 去掉	73	followed 改为 following	55
in 改为 on	58	when 改为 where	76
warm 改为 warmly	65	performance 改为 performances	78
attend 前加 to	75	had 改为 have	71
The 改为 A	81	good 改为 better	77

（一）冠词丢分最大，the 和 a 容易混淆

通过调查发现，冠词的失分率为最高，其中语法填空中失分率是 50.6%，短文改错中是 98.8%。通过试题例 1 和例 2 可以看出，例 1 中考查的是与定冠词 the 搭配的短语 the moment（一……就），而例 2 中则是考查不定冠词 a 的泛指。就学生作答来看，高分学生基本熟悉 the moment 的匹配，但也有个别学生下意识填为 a。

例 1

You can imagine how terribly shy I was 61 moment I thought of that …（语法填空）

例 2

Soon we went to Westminster College to attend a presentation about the school. The professor gave us a vivid and interesting introduction …（应该将 The 替换为 A）（短文改错）

表 5　例 1 中 61 题答错学生所填的高频词情况

	a	at	in	for
人数	18	8	4	2

经过统计发现，除表 5 的高频词外，答错学生还填写了 after、before、real、some、that、then、to。由此，笔者认为学生对冠词搭配存在三点误区：一是"只见树木不见森林"。仅仅通过感觉搭配就潦草作答，根本没明白句子的特点。该句"You can imagine how terribly shy I was 和 I thought of that … "分别为两个句子，所以 61 处应该为下句的引导词（the moment），并不表示时间段。二是"胡编乱造"。在"语法填空"中，非提示词一般为功能词，并非实词。此外，冠词常常位于名词前，介词用于搭配，连词位于两单句中间。三是 the 的"特指"。据学生反馈，很多人认为例 2 中 the professor 一定是 Westminster College 的教授，所以必须填 the。但是上句中根本没有提及任何一名教授，所以此处应该指的是该学校的某位老师。

（二）动词时态、语态难分辨

动词时态、语态考查是语法填空和短文改错的必考项目之一，又是学生丢分较多的试题。通过研究发现，此试题对于高分段和低分段学生来说仍有困难。本次个案例 3 中 64 题丢分的共 42 人，68 题丢分的有 55 人，分别占到总人数的 51% 和 82%；例 4 中丢分人数共 72 人，占到总人数的 87%。就 64 题和 68 题来看，两者均考查时态，不同的是 64 题以其形式 lie 出现则增加了试题难度，容易让学生对其过去式 lied 和 lay 产生困惑，而 68 题则是既考查了时态，又考查了前缀否定 dis-。

例 3

… But the hardest part __64__ (lie) in my oral presentation from memory …（语法填空）

… From then on, my fear of talking before a big audience __68__ (appear).（语法填空）

例 4

from the study tour, not only had we improve our speaking skills, but also we've got a far better understanding of British culture.（应该将 had 替换为 have）（短文改错）

通过观察学生试卷发现，64 题有 11 人误认为是非谓语形式 doing 和 to do，其余 31 人按谓语时态作答。其中 18 人填为 lied，5 人填为 lies，这就说明学生误解了文中 lie 为"撒谎"之，忽略了"lie in（在于）"的搭配。同时，我们发现在答错学生当中，也不乏有高分学生，像考号为 4004（10.5 分）、4016（9 分）、4019（9 分）和 4022（9 分）的四位学生。

在 68 题答错的 55 人中，21 人认为是非动词形式，其中 9 人填 appearance，

3 人填 appearence，3 人填 appearly，2 人填 appearent，4 人填 appearation，1 人填 appearing。其他 34 人作答为时态形式变化，其中填写 appeared 的 12 人，had appeared 的 2 人，was appeared 的 3 人，appear 的 3 人，appears 的为 4 人，有 7 人均将 appear 误看作 appreciate 来作答，另外作答 disappear 的为 3 人。由此看来：首先，学生划分句子成分依然是一大障碍，学生将 "before a big audience" 理解为 "在许多观众……之前"，于是便填写为名词形式；其次学生只关注形式而忽略表达意思，就误填为 appeared 或 had appeared 等动词形式。所以这一问题值得任课教师进行反思。

（三）非谓语动词与谓语动词易混淆

通过研究发现，学生在短文改错中的非谓动词上更容易丢分，在语法填空中非谓语动词与谓语动词容易混淆。本次调查答错学生中，62 题有 42 人答错（见例 5），66 题有 26 人答错（见例 6），例 7 有 76 人答错，例 8 有 56 人答错，分别占总人数的较大比例。

例 5

... with so many eyes __62__ (fix) upon me.（语法填空）

例 6

Gradually I found myself back, __66__ (give) out my speech with difficulty.（语法填空）

例 7

Soon we went to Westminster College attend a presentation about the school.（在 attend 前加 to）（短文改错）

例 8

In the followed days we visited some famous scenic spots ...（应该将 followed 替换为 following）（短文改错）

对比学生的作答情况可知，在例 5 的 62 空处填写 fixing 的有 15 人，其余 27 人均填写为 fixes、fixed 和 are fixing 等；在例 6 的 66 空处有 10 人填为 gave，其余 16 人则填为 giveing（5 人），given（11 人）；答对的例 7 的 7 名学生全部为高分段学生，而答对例 8 的既有高分段的也有低分段的学生。从试题来看，影响学生作答的难点就是无法识别句子的谓语。从失分严重的例 5 和例 7 来看，学生没有注意到

with 的复合结构和 "fix eyes upon sb" 的搭配，直译为 "眼睛看着我"，所以就出现了 fixing 的非谓语及其他谓语动词形式。其实，要是学生明白了 with 复合结构，知道了 eyes 和 fix 的被动关系，那问题就简单了。而在例 7 中的错误又恰恰是学生在书面表达中最为常见的错误，即谓语动词叠用（付向东，2015c：39）。学生并未意识到动词不定式表示目的。例 8 中，动词 ing 形式做前置定语的说法应该不是很陌生，但是丢分人数同样较多。由此，我们发现学生对谓语和非谓语还是很模糊，需要教师指导并彻底将其概念澄清，然后通过文本中的语法现象渗透并强化它们的概念。

（四）介词匹配短语模糊

介词数量虽然较少，但是它们在名词和动词构成的语块却非常丰富，又很不稳定，这就加大了学生对其记识和应用的难度。在本次调查中，例 9 和例 10 的错答率分别为 61% 和 89%，它们都是考查学生对短语搭配的掌握。

例 9

... I know the greatest difficulty on my way 69 success is our fear.（语法填空）

例 10

I was selected to go on <u>with</u> a study tour to Britain.（短文改错）

例 9 是 "on one's way to + 名词" 的形式。但是笔者访谈学生得知，很多学生在答题过程中因处理整个复杂句子而忽略了已知短语的搭配。这就说明，长难句的处理仍然是学生一个非常薄弱的环节，需要教师指导。学生之所以较难解构句子，是因为对定语后置缺乏关注，学生们基本都这样翻译 "我知道最大的困难在成功的路上是我们的恐惧"。此时若学生在教师指导下重新认识介词短语 "on my way to success" 为 difficulty 的后置定语，并适当做相关的句子训练，学生便会形成正确的定语思维。但是有些学生还是填写 in（6 人）、with（4 人）、of（2 人）。更多低分段学生填写 which、and、where、that、a、the。

例 10 考查学生对短语 go on 和 go on with 的意思区分。根据句子大意，此处应该为 "进行" 而不是 "继续"，所以应该去掉 with。但是共有 74 名学生丢分，这就说明多数学生重形式搭配，以为 "搭配的就是正确的"，从而忽略了文本所包含的确切含义。

（五）连词与关系词混淆

已有研究证明，语法填空中非提示词中最多的是连词，像 or、and、as、if、so、but 等（付向东，2015b：29），短文改错以考查 and 和 but 为最多（付向东，2015a：33）。本次调查中仅调查语法填空命题，但结果证明这一考点仍为学生的丢分点。

例 11

Overcome it, _70_ we will be able to achieve our goals.（语法填空）

例 11 考查的是祈使句后接简单句时所需的连词。一般来说，根据句子的前后关系，表示"顺承、递进"使用 and，表示"转折"则用 or。丢分学生共计 43 人，约占总人数的 52%，其中 11 人没有作答，32 人作答错误，分别是 which（8 人）、so（7 人）、that（4 人）、then（4 人）、because（3 人）、as（2 人）、and（2 人）、how（2 人）。调查还发现，在丢分学生中也有本题的高分段学生，像考号 3016 学生（10.5 分）填为 that、考号 4007 学生（9 分）填为 then、考号 4022 学生（9 分）填为 which。从答错情况来看，学生之所以误解是因为缺乏对句式的操练及不能辨识句子成分。

三、教学启示

通过对"语法填空"和"短文改错"中学生失分率较高的六个考点的逐一分析，笔者认为对高考复习备考有以下三点启示。

（一）加大语篇输入，避免词汇过分讲解

单一的词汇及语法讲解已经不能满足目前英语学科教学。且不论社会对英语的切实需求，就高考英语试卷对教学的反拨而言，"英语高考在考试内容和题型上也在不断调整，直接考查语法和词汇的试题有所减少，听力和阅读的比重在加大"（林清华等，2016：7），所以单一的词汇讲解更会让学生陷入孤立的词汇辨义，而忽略文本中的语境词汇。笔者认为，通过大量地接触阅读文本，才能感受到规范的语言输入，在文本内容第一位的情况下，进而再处理学生常出现错误的词汇及语法，或许效果会更好。

笔者曾做过这样的尝试：首先，分发给学生指定的阅读文本（源于高考阅读理解文本），归纳出文章段落大意并熟悉其篇章结构。其次，让学生找出他们易错的

语法性词汇（如例12、例13、例14）。然后，仔细分析其划横线词汇，例12中sets是谓语形式，因为主语是The market，而which was founded in 1979是主语的后置定语；例13中是主语"I"感觉到失望（be disappointed by ...），所以作状语时为"Disappointed by ... "；例14中left作months的后置定语，翻译为"剩余的"。通过语境中呈现的句子，学生能够较好地认识动词（set）和非谓语动词（disappointed和left）的位置特点，而且也熟悉了动词的语法特征。实际上，学生一旦能够识别句子中的谓语动词，其他的非谓语问题就会迎刃而解。所以教师在选择语篇时，要根据学生的实际情况选择恰当的文本，否则不但达不到预订效果，还会抑制学生文本阅读的兴趣。同时，笔者还发现此类做法对理解冠词、时态、连词均有积极的作用。

例12

The market, which was founded in 1979, sets up its tents every Saturday ... （2015年全国卷Ⅰ阅读理解B篇）

例13

Disappointed by many a broken, vine-ripened promise, I've refused to buy winter tomatoes for years. （2015年全国卷Ⅰ阅读理解B篇）

例14

The gap year phenomenon originated with the months left over to Oxbridge applicants ... （2015年全国卷Ⅱ阅读理解C篇）

（二）关注学生作答过程，找到问题根源

就目前中小学研究领域来看，学生领域研究严重不足（林清华等，2016：7），在外语测试方面亦然。根据学生的作答情况才能真正找到学生答错的原因。特别的是，专题性的训练应该当堂限时完成，这样教师才能直观地了解到学生的解题情况并"面批面改"，及时纠正问题，这对于高三学生来说是非常有必要的。因为学生的学科时间分配较少，不可能再腾出更多时间靠积累错题经验获得新知识。在教学实践中，笔者发现学生在谓语动词时态、语态、非谓语等方面的问题较为严重。

例15

Seldom do we remember __61__ one variety of mosquito, the anopheles mosquito, carries a serious illness called malaria. The anopheles mosquito __62__ (grow) in wet areas or in small ponds.

... The first person __64__ (discover) the cause of malaria was Laveran ...

... He examined __67__ a microscope the blood of malarial patients and __68__ (see) clear transparent bodies within the red corpuscles.

笔者根据学生情况，选取某套联考试卷作为训练卷，给学生一定的时间去作答部分试题。结果发现，大部分学生能够按照教师的指导作答，先选择提示性词汇中的形容词 eventual（形容词变副词），然后完成例15中的64题（确定 was 为动词后，观察 the first+ 名词可知后面接 to do 形式），再作答时态62题和68题。关于时态的选择，一般都需要借助句际关系，像62题中 grows 可以通过上句的 carries 得知，68题中 saw 需要通过本句连接词 and 前的 examined 判定。值得注意的是，学生有时候会出现这样的情况：学生也知道语法填空或短文改错中某词时态有问题，但是却又不知道怎么去拼写。依笔者观察来看，学生比较薄弱的是不规则动词的 ABC 形式类词汇（原形、过去式、过去分词不一样）、形容词后加 ly、不定冠词（a 还是 an）、名词单复数（-s 还是 -es）以及个别词汇的异化形式，像 anxious（名词为 anxiety）、admit（名词为 admission）、deadly（形容词）、species（名词）等。因此，这就需要学生对此类词汇多加关注并强化记忆，减少教师授课的一些随意行为，提高复习课堂的效率。

（三）注重研究试题，科学指导备考

一般认为试题研究要选择典型性、代表性样卷，像教育部考试中心命制的全国卷I和卷II以及其他省份试卷，这样才能更有效地反拨实际教学。实际上，各市、区、校单独组织命制的阶段性测试卷及学年统考卷或高考模拟卷同样值得关注。一线英语教师研究试题并不是为了评价试题，而是要为教学服务，为了真正地跳出题海而去选编或命制一套属于本班级、学校、地区的高质量的试题。众所周知，试题对教学的反拨越来越明显，一些名校试卷、地区试卷，甚至是某命题中心或机构的考前压轴卷、密卷等遍地都是。更为严重的是，每年高考结束之后，有些教辅机构严重申明"压中某卷某题"等。题海的泛滥给广大师生带来巨大考验，究竟什么才是好题？所以教师要在分析试题中炼就一双火眼，从学科本身的考题类型、命题侧重点以及试题区分度等进行甄别，为学生把好试题关。语法填空考查以提示词为主，且多数为动词,然后依据句子中残缺成分填写动词的适当形式,常见的像谓语变化(过去式或完成式)、非谓语(动词 ing 或动词 ed);非提示词以功能词为主,主要是冠词、介词、代词、连词。短文改错主要考查动词(时态、语态、非谓语)、名词单复数、形容词和副词的转换、功能词的缺失或互换。

结　　语

本文通过研究内蒙古 A 市一所较好学校里的两个普通文科班 83 名学生的语法填空和短文改错的答题情况,发现学生在以下五个方面失分较为严重:①冠词丢分最大,其中 the 和 a 容易混淆;②动词时态、语态难分辨;③非谓语动词与谓语动词易混淆;④介词匹配短语模糊;⑤连词与关系词混淆。此外,学生不按要求作答(用铅笔作答,短文改错没按要求更正)、放弃作答也是低分学生失分的主要原因。为此,笔者建议教师:加大语篇输入,避免词汇过分讲解;关注学生作答过程,找到问题根源;注重研究试题,科学指导备考。

最后,通过本次个案研究发现及其教学启示,笔者认为教师应该在整个高三复习备考中发挥积极的导向作用,在研究高考试题的前提下还应该认真关注教学主体(学生),发现并思考他们存在的不足,进而较快地调整教学方向。囿于本研究样本(试题及学生)特殊,本文中学生语法填空和短文改错中的失分原因有一定的局限性,但是期望本次探索性的研究会给一线教师带来某些思考。

参考文献

[1] 包天仁. 中高考英语复习教学与测试研究成果专辑: 高考英语探索之路 [M]. 沈阳: 沈阳出版社, 2012.

[2] 付向东. 2010—2014 年高考英语短文改错考查词汇情况分析 [J]. 基础教育外语教学研究, 2015a(1).

[3] 付向东. 2014 年高考英语语法填空题命题质量探析 [J]. 基础教育外语教学研究, 2015b(2).

[4] 付向东. 高三学生书面表达中的词汇错误例析及应对策略 [J]. 基础教育外语教学研究, 2015c(5).

[5] 何闵娥. 诊断·突破·反馈·提升·运用——以人教版高中英语模块 5 Unit5 First aid 复习为例探索高三英语复习课教学模式 [J]. 中学外语教与学，2013（3）.

[6] 林才回. 群文阅读——高三英语复习新常态 [J]. 中小学英语教学与研究，2015（5）.

[7] 林清华，罗先慧，蒋澍，沈琰琰，张海龙. 中小学学科教学研究新动向 [N]. 中国教育报，2016（4）.

[8] 许凤. 英语高考与常态教学错位分析及校正策略 [J]. 中小学外语教学（中学篇），2015（12）.

[9] 潘云梅. 基于 SCORE 的高三英语复习教学实践 [J]. 中小学英语教学与研究，2015（1）.

[10] 赵钰莲，赵连杰. 高考阅读理解语料在高三英语复习中的有效使用 [J]. 中小学英语教学与研究，2014（11）.

高三学生书面表达中词汇错误例析及应对策略 [1]

摘要：本文通过对高三年级55份书面表达文本中词汇搭配、单词拼写及英文书写中的三处错误进行了调查，结果发现：学生基本词汇搭配不当对书面表达成绩有较大影响，主要为词性混淆、谓语动词叠用、介词误用、不定冠词误用和情态动词后接错误。此外，拼写错误中"减音"，"等音值形符置换"和英文书写不规范对书面表达也有一定影响。对此，笔者建议应该重视学生对常见词汇错误的归类，阅读规范文本，并明示学生词汇书写方法。

关键词：词汇搭配；单词拼写；英文书写

书面表达在高考试卷中的分值比重一直较大。就2014年全国19套试卷来说，分值为25分的有11套（全国Ⅰ卷、全国Ⅱ卷、上海卷、湖南卷、辽宁卷、江苏卷、天津卷、大纲卷、江西卷、福建卷、安徽卷），分值为30分的有4套（陕西卷、浙江卷、湖北卷、山东卷），分值为35的有3套（四川卷、北京卷、重庆卷），分值最高的是40分（广东卷）。从命题来看，大多数试卷设置了一个书写任务，个别试卷有两个任务，像北京卷、广东卷和重庆卷则是大作文和小作文。近些年，虽然针对书面表达展开的研究成果层出不穷，但多数集中在策略层面。当然，也有的学者基于詹姆斯（James）的错误分析方法对大学生（何华清，2009）和中学生（朱营，2011）进行实证研究，他们更多的是通过自建小型语料库对学生书面表达中的错误进行定量和定性分析。结果显示，不同类型的学生在错误类型上较为一致，词汇错误最为严重。基于此，考虑到高考试题中对书面表达语言准确性的要求，笔者在高

---

[1] 原文刊于《基础教育外语教学研究》2015年第5期，第37—42页。本文被中国人民大学报刊复印资料《中学外语教与学》2015年第9期全文转载。在收入本书后内容有所增加。

三学期针对所教学生做了一次书面表达词汇错误调查,希望能为学生今后在书面表达备考方面扫清一些学习障碍。

一、研究设计

(一)调查对象

参与本次调查为 C 市某高中三年级 55 名学生的书面表达文本,其中包括男生 34 份,女生 21 份。

(二)调查方法

1. 样本收集

基于本地考生作答试卷多为话题类,所以本次试题选用河北省衡水中学 2015 届四调考试英语试题卷,卷面总分为 150 分,其中书面表达占 25 分。本次训练时间为 30 分钟。答题结束后,将学生试卷立即收回。

本次书面表达要求为:

假如你是某国际学校的学生会主席,你校的英语社团准备举办"英文电影周"活动。请你根据所给提示用英语写一篇广播稿。内容主要包括:
1、活动目的:丰富课外活动,了解异域文化等;
2、参与方式:推荐自己喜欢的电影,在观看后进行讨论等;
3、放映周是 9 月 1 日至 7 日,电影征集截稿日期是 8 月 29 日。
注意:1. 词数 100 左右;
      2. 可以适当增加细节,以使行文连贯。

2. 试卷评判

本试卷评分均模仿高考阅卷进行。待收齐学生的试卷,将姓名处密封,然后将答卷分成两份,分别交给两位阅卷教师进行手工阅卷。为了进一步减小阅卷误差,教师在阅卷前,先熟悉《考试大纲》中对各档次的给分要求,尤其是对各档次词汇的要求(见表 1),本着"评分时,先根据文章的内容和语言初步确定其所属档次,然后以该档次的要求来衡量,确定或调整档次,最后给分"的原则(教育部考试中心,2014:199),然后两人分别对随机抽取的 5 份样卷给分。结果 5 份样卷的给分差距均在 2 分以内，完全符合阅卷要求。然后，笔者分别用记号笔按答卷顺序进行标记，这也方便了后续登分和核实分数的环节。试卷给分完毕，将两阅卷教师的给分输入电脑中的 Excel 文档，再次核实是否有差距超过 2 分的试卷。经过统计确认，两位教师的阅卷的一致性较高，所以学生的得分情况如表 2 所示。考虑到学生的隐私及保证调查的真实性，笔者对所涉及的学生作匿名处理（即用英文字母替代）。

表 1 《考试大纲》中对各档次词汇的要求

档次	分值范围	对词汇的要求
第五档	21—25 分	语法结构或词汇方面有些许错误，但为尽力使用较复杂结构或较高级词汇所致；具备较强的语言运用能力。
第四档	16—20 分	语法结构或词汇方面应用基本准确，些许错误主要是因尝试较复杂语法结构或词汇所致。
第三档	11—15 分	有一些语法结构或词汇方面的错误，但不影响理解。
第二档	6—10 分	有一些语法结构或词汇方面的错误，影响了对写作内容的理解。
第一档	1—5 分	较多语法结构或词汇方面的错误，影响对写作内容的理解。

表 2 各档次学生得分情况

档次	分数	学生名单	人数
第五档	25	/	0
	24	/	0
	23	Wdy, Zsy, Nyz	3
	22	Wjy, Djh	2
	21	Zyl, Wyg	2
第四档	20	Zy, Wwt, Mxz, Zzt, Lm, Lzm	6
	19	Ldc, Zdq, Zjh, Zch	4
	18	Lph, Mzj, Hq, Zyg, Yx, Zhn, Wq, Jyd	8
	17	Sjq, Yql, Wmy, Lsy, Gxj, Lwc, Ldx, Wmm, Wyj, Ljc, Yyr, Hhj, Lyz, Yk	14
	16	Cmy, Zx	2
第三档	15	Ypf, Mxh, Yk, Sty, Wj	5
	14	Gyj, Wsc	2
	13	Cbd	1
	12	Zly, Lx, Myn	3
	11	/	0

续表 2

档次	分数	学生名单	人数
第二档	10	Fb, Syy	2
	9	/	0
	8	/	0
	7	Wlx	1
	6	/	0
第一档	5	/	0
	4	/	0
	3	/	0
	2	/	0
	1	/	0
总计			55

说明：按总分 25 分来算，每 5 分一档。

3. 错误分类

由于本调查主要分析词汇，所以错误分类参照詹姆斯（2001）的错误范畴理论中的文本错误和本体错误进行。在本调查中，文本错误指词汇错误，主要是词汇搭配错误；本体错误指单词拼写错误和英文书写不规范。下面，针对分类中的主要术语进行界定。

词汇搭配错误，指动词、名词、形容词等实词所构成的短语或固定搭配不恰当或使用不准确，或冠词、介词、连词等虚词使用不当。

单词拼写错误，指单词在拼写时因为各种原因漏掉、增加或替换字母。这里，我们参照肖旭月（2001）的拼写错误分类方法，即语音变异型（Sound deviation）、形素置换型（Graphemic substitution）及造词型（Coinage）。其中，语音变异型主要表现为语音增减、语音置换和语音易位；形素置换型主要表现为发音字母的置换和不发音字母的添加和缺失；造词型错误包括对词汇的过度概括或变形。

英文书写不规范，指的是试卷卷面涂抹、字母大小不一致、单词间距离太大或太小等制约阅卷的现象。

二、结果与讨论

由表 2 可以看出，该班学生书面表达成绩基本呈正态分布状态，分数主要集中在第四档（16—20分），共有34人，约占总人数的61%。值得注意的是，从第二档和第一档的人数来看，该班学生整体书面表达水平较高。但是在词汇错误方面，共有40人使用词汇的准确度不高，26人词汇拼写错误。从分数分布来看，词汇错误在各个档次得分的学生中都普遍存在，比较直接地呈现了语言的"硬伤"，因此这成为学生丢分的主要原因。

（一）合理语言输入，规避语言负向迁移

在本次案例中，有40人存在明显的搭配问题。结合案例，笔者将错误大致分为五类：词性混淆、谓语动词叠用、介词误用、不定冠词误用以及情态动词后接错误。

（1）在词性混淆主要有两类：一是动词和名词混淆，像"you can have a discuss with others"和"give me some well suggest"中的discuss和suggest都当成名词使用；二是形容词和名词混淆，像"will hold an active called"和"English will have a active"中的active误当作名词activity使用。造成错误的原因很大部分是由于学生受汉语思维影响严重，因为汉语中动词和名词形式一致。

（2）在谓语动词叠用中，学生们普遍存在的问题就是动词后接动词，像"If you want join in"（want和join in之间漏掉to）。笔者认为，学生出现此类错误的原因有两点：首先，学生不能区别及物动词和不及物动词。这样一来，动词后接词汇与否及其形式就成了一大问题；其次，学生不熟悉及物动词后接宾语的形式。就单宾语而言，有的动词后接动词不定式to do，有的后接动词ing形式，当然也有的是两种形式都能接但意义不一样。

（3）在介词不当中，我们发现有两类错误。有的是漏掉或多加了搭配中的介词，像"participate this activity"为漏掉介词in，像"in recently"则是多加了in；有的则是介词后接动词原形，像句子"it contributes to have a good knowledge of"、"After watch the movie"和"after watched the film"中介词to和after后应该跟接的是动词ing形式才对。

（4）在不定冠词误用中，主要是不定冠词a和an的选择问题。如表3所示，成绩不错的学生也容易犯这样的错误。所以教师应该及时地针对不定冠词的使用进行复习并训练。但也有的是漏掉冠词，如一学生将"匆忙地"写成in hurry。

表3 不定冠词使用错误情况

错误例举	学生名单
a activity	Ldx / Yyr / Wwt / Wj / Lyz / Lzm / Mxh / Yk / Yx / Lwc
a exciting	Cbd / Mzj
a agreement	Wyg / Ypf
a English	Wsc / Zy / Mxh / Lm / Gxj

（5）在情态动词后接错误中，主要接的是非动词原形（doing/did/to do 等）像"we will collecting ..."、"school will held on a film week that ..."、"If you would to take part in ..."是学生们典型的情态动词后接错误。这种"情态动词+doing/did/to do"的错误恰恰是受到汉语语法的影响。比如，一学生想表达"我一定能行"却使用"I must can"，这不仅违背情态动词的使用，而且还忽略了谓语动词的连接。

针对以上问题，我们认为其主要原因就是学生正确语言输入的量严重不足，加之"以做题的方式巩固语言点"这种错误的做法，直接强化了学生的错误，引发学生语言负向迁移。另外，经过访谈得知，一些学生不善于总结知识点的漏洞，导致经常性犯错。由于目前英语二卷（包括语法填空、短文改错和书面表达）在很大程度上关注学生对语言输出的准确程度，也就是说命题尽可能涉及学生学习中的常见错误，像名词的单复数、人称的格、动词的时态语态等。而在调查中发现，学生确实在以上几个方面的错误率较高，这也往往影响语法填空和短文改错两类试题的作答。

下面，以笔者在教学中应对学生易错的被动语态为例进行交流。首先排查问题，笔者将2014年高考重庆卷阅读理解C篇中第三段第三个句子改编成了一道单句语法填空题，试着了解学生的掌握情况。试题是："Now, if the surface of the water ___ (hit) hard enough, particles（粒子）in the water group together for a moment to make the surface hard."班级33人中有19人判断是被动语态，结果仅有5人填写正确（is hit），另外14人分别是 is hitted（7人）、was hitted（2人）、is hited（1人）、was hit（4人）。这就说明学生对不规则的过去分词的掌握情况不好。至于其余18人，他们分别写成了 hit（3人）、hits（4人）、hitted（5人）、has hit（1人）、hitting（6人），这就属于主动语态和被动语态混淆的问题。其次，针对存在的问题及时进行纠正性训练（如例1）。考虑到学生的实际情况，我们将训练按梯度设置顺序，让学生从be动词到been的形式变化再到be done有个清晰的过渡（见例1中句子1—3）。当然，为了综合考查其应用的能力，也可以设置成像例1中句子4和5那样的改错题。

例1

1. Between March 10th and March 15h, each winner will ___ given the specifics of the closing ceremony and the Curiosity Challenge celebration.（2014年全国Ⅰ卷）（答案：be）

2. Great improvement has ___ achieved.（2014年全国Ⅱ卷）（答案：been）

3. Students ___ enter the Curiosity Challenge and are selected as winners will ___ (onour) at a special ceremony during the CSF on Sunday.（2014年全国Ⅰ卷）（答案：who; be honoured）

4. It was calculating that when its population reached its highest point, there were more than 3 billion passenger pigeons.（2014年全国Ⅰ卷）（答案：calculating 改成 calculated）

5. A number of cities producing CO beyond the standard has been reduced from 40 to 9.（2014年全国Ⅱ卷）（答案：A 改成 The）

在实际的书面表达训练或范文中，我们却经常能看到的被动结构往往是这样的，像"My great thanks should be given to you."用来表示感谢。所以教师要针对学生存在的问题，降低知识接收难度，采取直接、间接的方式从语言现象上获得正确的语言输入。也可以采取比较的方式，让学生有意识地学习。笔者以2014年课标Ⅰ卷"阅读理解"C部分一段文本为例进行改编，这样学生不仅能在阅读美文中励志还可以下意识地熟悉了非谓语动词用法（见例2和例3）、动名词做主语（例4）、形容词用法（例5）和冠词的使用（例6）。

Anytime *I* find the world waving（例2）a chair in *my* face, re1member this: all *I* need to do is focus on one thing. *I* just need to get started（例3）. Starting（例4）before *I* feel ready is one of the habits of successful people. If *I* have somewhere *I* want to go, something *I* want to accomplish, someone *I* want to become ... take immediate（例5）action. If *I'am* clear about where *I* want to go, the（例6）rest of the world will either help *me* get there or get out of the way.

说明：斜体部分为改编后。

（二）厘清单词拼写错误，规范英文书写习惯

1. 不容忽视单词拼写

通过统计，学生单词拼写错误情况如表4所示。先后共有26名学生在19个单

词的拼写上出错,其中动词 8 个、名词 7 个、形容词 3 个、代词 1 个。对照写错的单词,我们发现本次单词拼写错误主要是语音变异型和形素置换型两类。其中,以"减音"和"等音值形符置换"为主,分别出错 6 个和 7 个。比对词汇发现,"减音"单词更倾向于弱音缺失,典型的像 benefical、contrys 和 creat 中的高元音 [i],还有的像 wich(which)、activies(activities)和 dealine(deadline)中的辅音 [t]、[d];而在"等音值形符置换"中,是由于形素和音素不一致而导致,如 Augest 和 August 中 [e] 则表现为字母 e 和 u,又如 hezitied 和 hesitate 中 [z] 则是在词汇中表现为字母 z 和 s。由此可以证明,词汇错误不完全是任意的,也有一定的规律。至于其他类型的错误,或许由于本次样本不足的原因没有完全得到呈现。

表 4　本次书面表达中学生单词拼写错误统计

类型	特点	实例		
		错误形式	正确形式	学生名单
语音变异型	增音	beneicits	benefits	Sty
	减音	activies after wich benefical contrys creat dealine	activities after which beneficial countries create deadline	Jyd Yx / Wsc Wj Wyj Zyl Sjq
	音置换	/	/	/
	音易位	dicuess	discuss	Lyz
	总计	8	8	9
形素置换型	等音值形符置换	Augest commend communacte favorate hezitied recommand inrich	August command communicate favorite hesitate recommend enrich	Hhj Jyd Ldx Zjh Mxz Wmm / Zy / Lm / Wlx Zyg / Yx / Wsc / Hhj
	不发音字符添加	/	/	/
	不发音字符缺失	experence forien morover	experience foreign moreover	Djh Yk Zyl
	转移双写	/	/	/
	总计	10	10	16

续表 4

类型	特点	实例		
		错误形式	正确形式	学生名单
造词错误	生造词语	/	/	/
	动词变形	recommaned	recommended	Wq
	派生错误	/	/	/
	总计	1	1	1
合计		19	19	26

针对此问题，肖旭月（2001：428）认为"英语的拼写过程基本上是一种使用形符标记描摹语音表征的音形转换过程"，要注意"取词过程中的语音确定和拼写过程中的音形转换"。所以在平时的教学中，教师不仅仅要注重整理重点词汇和对高频词汇的讲解，还可以加强对易错单词字母的拼读（word-spelling），还要经常整理并归纳学生的易错词汇，这样就不容易使学生在知识上存在"漏洞"。笔者曾在一个 63 人的教学班级展开调查发现，有一道将 true 变成副词形式 truly 的试题，仅 9 人回答正确，其余 54 人书写成 truely 的形式。另外还发现，关于 entire 变成副词 entirely 和 safe 变成 safety 的分别有 7 人和 8 人出错，且出错的也有成绩较好的学生。这就说明，在平时的教学中要养成整理学生易错词汇的习惯，实时地进行纠正训练。比如，对单词中有连续两个辅音节字母的单词，学生就容易漏掉一个，像 challenge、excellent、immediate、intelligence、summary、necessary；也有的学生将 recognize、sincerely、forbid 分别写成 recongnize、sincerly、forbide。

2. 书写不规范

《考试大纲》中在书面表达部分明确提出"如书写较差以至影响交际，将分数降低一个档次"，这就说明在书面表达中，书写（即字迹）应该引起教师和学生的注意。在本次的 55 份书面表达中，仅有 6 份书写较好（例如图 1），其中包括 5 名女生和 1 名男生。比对其余文本发现，整体上男生的书写工整程度不如女生，主要表现为：①单词与单词间距太大；②标点符号（逗号和句号）使用随意；③个别字母大小写不分；④字母大小不一；⑤书写句子歪斜。由此，笔者进行了自我反思：虽然笔者已经注意到字迹书写影响分数的问题，但是很少拿出具体方案，在知识点的传授中不知如何更好地处理字迹的书写。在实际的教学中教师和学生往往会忽略这一点。调查发现,学生们也喜欢"卷面工整、字迹书写规范",也不希望在判卷中因为书写丢掉不该丢的分数。

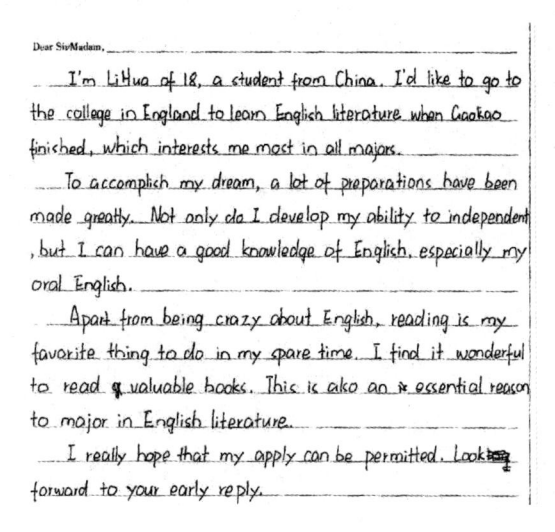

> Dear Sir/Madam,
> 　　I'm LiHua of 18, a student from China. I'd like to go to the college in England to learn English literature when Gaokao finished, which interests me most in all majors.
> 　　To accomplish my dream, a lot of preparations have been made greatly. Not only do I develop my ability to independent, but I can have a good knowledge of English, especially my oral English.
> 　　Apart from being crazy about English, reading is my favorite thing to do in my spare time. I find it wonderful to read ＆ valuable books. This is also an essential reason to major in English literature.
> 　　I really hope that my apply can be permitted. Look forward to your early reply.

图 1　网上阅卷书面表达截图

由此,按照《考试大纲》中"字迹工整",又考虑到高考网上阅卷时"试卷扫描处理"的情况,笔者结合学生书面表达书写,探索并实践了 LWSP 四步训练方法,现在学生的书写状况有较大改观。第一步,字母(L)练习。先将学生平时拼写出错或书写不规范的字母进行整理并单个练习,比如字母 d、f、g、l、p、r、t、y,可以辅助以四线格,但最好使用一厘米宽的大格,尤其注意大小写一样的 11 个字母(c、k、l、o、p、s、u、v、w、x、z);第二步,单词(W)练习。将学生书写不规范的字母 d、f、g、l、p、r、t、y 和其他字母组合单词进行训练,像 light、good、party、friend 等,力争保证每个字母占格恰当、大小一致,且在一条水平线上;第三步,单句(S)练习。参照高考英语试卷答题纸张的尺寸,建议每行保持 10—12 个单词,单词之间的空格距离最好是 1 个字母大小;第四步,段落(P)练习。在前面三步的基础上,建议学生将高考真题的范文(大约 110 字)工整地誊写下来,中间不得有任何涂抹。在进行段落练习时,务必要记好训练用时,将时间控制在 5 分钟以内。如果条件允许的话,可以借助实物投影展台适时地展示学生书写文本,让学生相互比较并更正。

结　语

首先，通过梳理本次55份书面表达文本中词汇搭配、单词拼写及英文书写的错误，归类并加以适当的分析，我们发现大多数学生书面表达集中在第四档（16—20分），造成分数不理想的主要原因是基本词汇使用错误严重，尤以搭配不当为主。笔者根据其错误类型归纳为词性混淆、谓语动词叠用、介词误用、不定冠词误用和情态动词后接错误这五类。拼写错误中尤以"减音"和"等音值形符置换"为主，而英文书写不规范主要是学生书写习惯所致。其次，针对以上问题，笔者建议：①可以利用高考真题的阅读材料文本资源对学生进行正确引导，增加有意义的、正确的语言输入，合理地规避语言负向迁移；②对学生易错写单词进行整理和归纳，并通过词汇拼读（word-spelling）应对学生在"减音"和"等音值形符置换"两类型的错误；③强化学生书写意识，并采取正确、合理的方式让学生的书写行为变得积极主动起来。最后，本次调查中样本较小，虽不能全部地呈现学生的词汇错误，但对今后的教学仍有很大启示。

参考文献

[1] James, C. Errors in Language Learning and Use: Exploring Error Analysis [M]. Beijing: Foreign Language Teaching and Research Press, 2000.

[2] 何华清. 非英语专业学生写作中的词汇错误分析——一项基于语料库的研究 [J]. 外语界，2009（3）.

[3] 教育部考试中心. 2015年普通高等学校招生全国统一考试大. 文科 [M]. 北京：高等教育出版社，2014.

[4] 李慧. 高三学生英语写作错误研究 [D]. 扬州大学，2012.

[5] 肖旭月. 语音表征在取词拼写过程中的作用——中国学生英语拼写错误的心理语言学分析 [J]. 外语教学与研究，2011（6）.

[6] 杨植. 英语常见拼写错误心理分析 [J]. 外语与外语教学，2001（7）.

[7] 朱营. 高中生英语写作错误分析及研究 [D]. 南京：南京师范大学，2011.

例析"动词"在高三英语模拟卷书面表达中的误用[1]

摘要：本文针对高三学生对动词在书面表达中的使用错误，将其整理并归纳为三类，分别为情态动词、及物动词和不及物动词、动词搭配。笔者对它们依次进行了示例分析。结果发现，学生在书面表达中对动词使用不当的原因并不完全是知识上的缺陷，还深受母语迁移的影响。就此，笔者提出了一些个人的做法。

关键词：动词使用；书面表达；高中

书面表达的训练在中学阶段一直未引起教师及学生的足够重视。平时的学习一直存在一个比较严重的误区，那就是"以考代练"，即有几次考试就才会有几次书面表达的练习。在实际中，有三个问题凸显得越来越明显。第一，由于书面表达的"训练"时间较短，方法不太得当，学生每次的练习都是蜻蜓点水，导致费时低效不说，甚至会使学生反感并对书面表达产生畏惧心理；第二，由于集中布置书写，大量的作文任务会使得教师疲于修改，自然会有应付差事之想法，故在批改中出现"以阅代批"的现象；第三，通过调查发现，即使教师有详尽地支招，学生也很少会主动、认真地翻看教师对作文的批阅。

本文就学生在一次全市大规模模拟高考书面表达中所出现的几处动词错误为例，对如何更有效、及时地应对考试做简单分析，希望对备考中的高三或高一、高二的学生，甚至对授课教师有所帮助和启发。

---

[1] 原文刊于《海外英语》2012年第15期，第114—115页。在收入本书后内容有所增加。

一、情态动词

情态动词的选择向来是学生们的一大困惑，这其实主要是受母语（汉语）学习的影响。在汉语的表达中，人们更习惯于在语气或语调的表达上对所指动词进行强调。譬如，学生经常被家长或教师问道："明白了吗？"，学生则会回答"明白"，但是仅仅从"明白"的字面上不足以看出该学生是否明白，所以有的时候，家长或教师会补充"能不能大点声"，学生便大声道"明白"。然而，英语中对动词的强调则往往通过对其时态、语态及其所连接的情态动词来进行表达，所以学生也会正常地出现一些因为语言迁移而带来认识上的偏差。例如，本案例中出现以下对情态动词误用的情况。

A. You must <u>will</u> gain a great progress. （不能后接情态动词）
B. You must <u>to</u> do very well. （不能后接动词不定式）
C. You must <u>success</u>. （不能后接名词）
D. You must <u>be</u> succeed. （be 动词多余）

按照汉语的说法，我们姑且把上面的句子来翻译成汉语，则为：

A. 你必须会取得成功。
B. 你必须（会）取得成功。
C. 你必须成功。
D. 你必须成功。

对比翻译过来的汉语句子来看，汉语中的"成功"在英文表达中则出现了四种不同的表达。这里暂且就以"你必须成功"为例，英语则可以表达为"You must succeed"。当然，此种表达形式上是没有问题，但意义表达上却很不妥当。"must"一词一般用来对事实表示肯定猜测[译为"一定是（会）"]、表示命令（译为"必须"），所以说句子"You must succeed"的"must"可以尝试用表示建议的"should"或"ought to"来替换。

二、及物和不及物动词

和情态动词一样，及物动词和不及物动词的使用也受到汉语思维的较大干扰，但在意思的表达中依然能说得通。以下面两组句子为例：

第一组：①听音乐

第二组：①你能实现你的梦想。②如果你成功，你的梦想就会实现。

它们在英语中可以表达为：

第一组：① listen the music ② listen to the music

第二组：① You can come true your dream. ② If you succeed, your dream will be come true.

但是从形式上来说，及物动词与不及物动词有两点区别：①后面是否需要跟接介词，不接介词的为及物动词，反之为不及物动词；②动词短语后面是否需要跟接宾语，接宾语的为及物动词，反之为不及物动词。第一组中的"listen"意为"听"，表示听的动作，则需要后加 to 方能使用，故第一组的句子②正确；第二组中的"come true"为不及物动词短语，则句子①中无须接宾语"your dream"，当然，句子②中更不能连接 be。

历年真题范文中出现的类似动词使用规范的句子（标有"__"的为动词）：

2005 年湖南卷：I'd like to <u>attend</u> the English lectures.　　　　　（及物）

2005 年湖北卷：I've been <u>thinking about</u> the questions you asked me.　（及物）

2008 年四川卷：I'm <u>looking forward to</u> your coming.　　　　　　（及物）

2009 年四川卷：Glad to <u>hear from</u> you and you're welcome to China in July.（不及物）

常见的单词，像 occur、die 就不能后接宾语；像短语 come about、take place、die out 也不能后接宾语。我们以 take place 为例。

我们的国家自改革开放以来发生了巨大变化。

Great changes have taken place in our country since the opening-up.

三、动词搭配

在案例中，我们发现以下搭配：

1. 动介搭配

A. You should communicate <u>to</u> your parents.　　　　　　（应为 with）

119

2. be 动词的"取"、"舍"

A. Failure <u>isn't</u> decide your life.（应为 doesn't，严格来说应使用 does not，比较正式）

B. Don't afraid .　　　　　　（中间加 be）

C. as far as I concerned ...　（应加 be 动词的适当形式 am）

D. success <u>is</u> belong to you .　（应去掉 is）

3. 动词的数

以学生们试卷中出现的 as we all known 和 as we knows 为例。as 引导的常常是作为状语，应放置句首，意为"众所周知"，所以应该用以下形式表达（以 we 为例）：

A. As we all know, the entrance exam is on the way.　（know 作谓语动词）

B. As is known to us, the entrance exam is on the way.（known 作 is 的表语，抑或解释为被动结构）

4. 介词短语充当动词

A. we can <u>by means of</u> listening music.　　　　（译为"凭借；利用"）

B. <u>because of</u> the College Entrance Examination is coming soon .

介词短语充当动词使用的情况最为常见。同上文对情态动词和及物、不及物的动词的解释一样，这种情况也是由于受到汉语思维定势的影响而导致的。其实在句子应用中，此类介词短语（如句子 A）常常用作为状语，也就是说，此类结构要么用在句首，要么放在句末。

句子 B 的错误就在于混淆了 because 和 because of。because 是连词，后面连接句子，例如"We should learn to help the people in need <u>because</u> we also need the help from others"；because of 是介词短语，后面需要接名词或名词短语，例如"You are late for class <u>because of</u> the traffic jam"。

纵观以上情况，我们可以看出"动词"在学生书面表达中的误用，并不完全是知识上的缺陷，更受到母语迁移所带来的影响。这就需要我们教师对所存在的问题做出判断，然后采取及时有效的训练，以取得事半功倍的效果。这里，仅提供一点我个人的做法供大家参考。当发现了学生在"动词"使用上存在的问题，我采取句子训练的方法加以应对。将学生容易出错的句子挑选出来，并改编成汉英互译或句子扩写，每天分别训练 3 个左右，以此来引导并规范学生的汉语思维，示例如下：

汉译英

A. 随着时间流逝，我们逐渐明白了"知识就是力量"的道理。

B. 大家都知道，一旦沉溺于网络，学生就很难自拔，并会严重影响其学习及生活。

C. 作为年轻人，我们应该首先学会尊重他人、理解他人。

D. 他的梦想终于实现了，现在他从事于英语教学工作。

E. 两天后，他收到了一个好消息，他被北京大学录取了。

参考译文：

A. As time flies, we gradually understand the truth that knowledge is power.

   With time flying, we get to know the truth that knowledge is power.

B. As we all know, once addicted to be on the net, students will be hard to control themselves, thus giving a strong impact on their life and study.

C. Being the young, we should learn to respect and understand others first.

D. His dream came true at last that he is engaged in teaching English now.

E. He received a piece of nice news two days later that he had been admitted to Beijing University.

高考英语真题书面表达范文中五个功能词及其词块实例分析——以 be、that、have、of、in 为例 [1]

摘要：本文先通过提出假设，并对一个班级学生的书面表达范文样本进行验证。进而运用语料分析软件 AntConc 对十年全国卷和五年自主卷中的英语书面表达范文中的五个功能词（be、that、have、of、in）进行实例分析。研究结果显示：这五个功能词在两类试卷中的高频率较为一致；所构成的词块在自主卷中的使用比在全国卷中更丰富。

关键词：高考英语；书面表达；范文；功能词

自书面表达试题于 1989 成为高考英语试卷中的主要题型（刘庆思，2008）以来，书面表达的研究一直备受学者关注。笔者通过在 CNKI 搜索及参阅基础外语类核心期刊 [2]，均发现有大幅篇章对书面表达的教学及其策略进行探究（尹继友，2012；付向东，2013）。当然，也不乏学者对高考英语全国卷书面表达题进行历时分析与研究（董曼霞、高晓莹、杨志强，2011）。但是对书面表达范文进行的研究甚少。我们在已有的成果中发现，研究者虽然没有直接对范文进行研究，但是都对范文的学习提出了一些看法，如认真背诵范文为自己的写作创设平台（刘丽红，2008）；背诵能使学习者记住优美的语言，以及创造性地运用文章中的词汇（帕里，1988）；背诵范文能帮助学生加深对语言的了解，内化语言知识结构（冯晶，2005）。也有研究者认为，把一些好的范例进行分类收录并分析，用优秀作文标准来指导和评估写作，

---

[1] 原文刊于《基础教育外语教学研究》2013 年第 8 期，第 47—53 页。在收入本书后内容有所增加。

[2] 指北京师范大学主办的《中小学外语教学》和华东师范大学主办的《中小学英语教学与研究》。

这更有助于学生熟悉英语写作的修辞格，以更好地提高写作能力（张伟，2007；戴军熔，2007；戴小丽，2008）。

笔者对某重点高中 31 名英语教师调查时也发现，许多教师仍然指导学生背范文，学生也认为此种做法在一定程度上有益于书面表达的提高。因为老师和同学们认为"近年的高考作文仍然是很好的范文和训练材料"（谭艳玲，2007）。另外，我们对某重点大学本科生也做过调查，发现学生们在备考四六级考试或参加考研英语辅导班时仍然热衷于背诵范文。这就说明，在目前的考试文化中，背诵范文已不足为奇。可是书面表达不单考查学生词汇、语法、语篇能力，还测量其语言使用的准确性、流利性和合适性等（董曼霞、高晓莹、杨志强，2011）。于是，近年来有学者开始对高中生书面表达中的词块进行过探究，均认为词块研究及其使用对学生的书面表达有重要作用（高彩凤、徐浩，2008；黄福河，2009；安冬，2011）。为此，笔者尝试使用 AntConc 语料分析软件对某市重点高中高三年级一个班级学生的书面表达范文进行抽样，进而对全国卷和自主命题卷真题范文进行解构，主要分析了书面表达范文中的几个功能词及其词块，试图解答三个问题：

（1）功能词在两类范文中存在哪些差异？
（2）功能词及其词块在两类范文中的使用情况如何？
（3）功能词对书面表达的教学产生什么样的影响？

一、研究思路及方法

（一）范文来源

本研究从网上收集了十年（2002—2011 年）20 份全国卷和五年（2005—2009 年）54 份自主命题卷中的书面表达范文。

（二）思路及方法

1. 预 研 究

（1）提出假设。已有研究证明词汇搭配错误较其他错误显著性大（杨国顺，2009）。本研究试图通过语料软件对一个班级学生的一次书面表达练习中高频词进行析出观察，并比对学生习作的错误，试图发现：学生中词汇搭配错误是否与高频词相关；学生习作的高频词是否与真题所给范文高频词一致；高频词是否为功能词。

（2）验证假设。研究对象为某市重点高中高三年级一个普通班的一次书面表达训练，样本为 62 个，学生英语成绩参差不齐。本次书面表达训练材料选自 2009 年全国卷一，内容为：

假定你是李华，正在英国接受英语培训，住在一户英国人家里。今天你的房东 Mrs Wilson 不在家，你准备外出，请给 Mrs Wilson 写一留言条，内容包括：外出购物；替房东还书；Cracy 来电话留言：1 咖啡屋（Bolton Coffee）见面取消。2 此事已告知 Susan。3 尽快回电。词数 100 左右。

征得任课教师同意，我们在各个分数段抽取了 10 份试卷进行复印。然后将 10 个样本的内容分别录入到记事本（文本文件），与真题所给出的范文及 4 个成绩较高的学生习作一起通过 AntConc（具体方法见下面正式研究）对词频进行试测（见表 1）。

表 1 学生抽样习作中词频分布情况

类别	词频分布情况	数量	词汇总数
范文	to(5); you(5); about(4); as(3); I(3); she(3); that(3); the(3)	8	29
班级抽样	to(52); you(48); I(47); the(40); for(16); in(16); a(15);back(14);will(13); go(12); that(12); is(11); as(10); call(10); had(10); it(10); me(10)	18	/
学生 A	I(6); you(6); to(5); was(5); back(3); call(3); so(2)	7	30
学生 B	you(6); I(3); the(3); The(3)	4	15
学生 C	you(7); the(6); I(4); to(4); him(3); that(3)	6	27
学生 D	you(8); to(6); the(4); as(3); I(3); Tracy(3)	6	27

说明：学生 A、B、C、D 分别为书面表达成绩四个档的学生。

结果表明，班级抽样中的 18 个高频词，其中有 6 个与范文中高频词一致，它们是 to、you、as、I、she、that、the；学生词汇搭配不当与功能词的使用有一定关系，而且得分较高的学生与班级抽样有显著差异，与范文比较一致；一致性的词主要为功能词[1]；此结果证明假设成立。同时，由于样本太小，我们很难归纳这 6 个功能词及其词块的使用情况。于是，我们将对全国卷及自主卷范文进行探究。

---

[1] 关于功能词的定义，有几种说法。本文中采用的是夸克（1985 年）提出的"封闭词"类的 6 种：介词、代词、限定词、连词、情态动词和助动词。详见：高彦梅《20 世纪以来的功能词研究》2001 年版。

2. 正式研究

（1）整理文本。我们把所收集到的真题范文均改为 txt 文本文件，并做了简单的预处理，使其更好地通过语料处理软件进行分析。

（2）提取功能词。我们通过 AntConc 3.2.4（Windows）2011，将全国卷和自主卷的文本文件分别导入。点击 Wordlist 设置（如图 1 所示），然后点击 Start 搜索（如图 2 所示），界面就会将所打开文本文件的词汇按频次进行序列呈现。在全国卷中发现，范文中按频次排在前 20 位的词分别是：to、I、the、and、a、you、in、of、is、for、have、are、be、Hua、it、that、Li、on、will、about；在自主试卷中发现，排在前 20 位的词是：to、the、I、and、a、in、of、you、for、we、is、it、our、can、that、my、will、be、are、have。然后，经过 Microsoft Excel 2010 筛选处理，我们发现共有 15 个词重复。排除了 I、you、Li、Hua、a 这 5 个无意义的词汇，我们就选定了其他 10 个词进行研究。

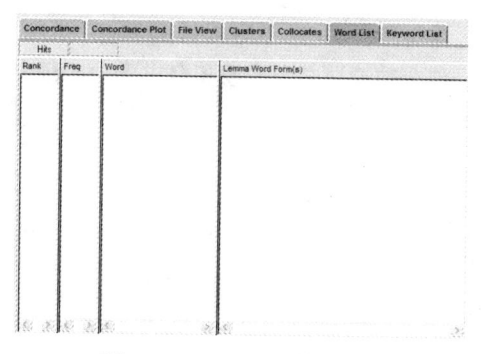

图 1　AntConc 词频页面

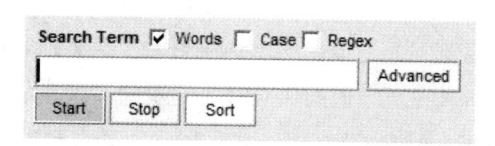

图 2　AntConc 页面检索工具

（3）选定研究对象。点击如图 1 所示界面的 concordance（语境共现），将 10 个功能词（to、be、have、in、it、of、that、the、will、for）依次在图 2 所示的界面中进行搜索。所共现的句子就直接呈现在如图 3 所示的 KWIC（Key Word in Context，即"语境中的关键词"）中。

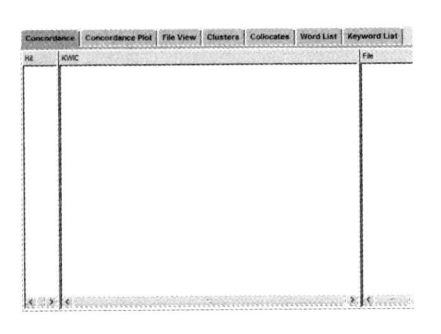

图 3　KWIC 检索页面

通过分析 KWIC 在全国卷和自主卷中所共现生成的 10 组句子，本研究尝试对以上 10 个功能词及其词块进行分析。限于篇幅，本文仅选择 5 个词进行集中分析（见表2）。而正好在英语语料库中频数靠前的 15 个词中，这三个功能词 [of（第2位）、in（第6位）、that（第8位）]（梁茂成、李文中、许家金，2010）也排在前面，再次说明我们本次研究所选定的这五个词具有一定的代表性。

表 2　五个功能词在全国卷和自主卷中的频次情况

词汇	in	of	have	that	be
Q/Z	43/135	36/102	25/45	19/52	19/52

说明：Q 代表全国卷，Z 代表自主卷，数字代表频次，以下类同。

二、结果与讨论

为了分析功能词词块构成及其句子构成，我们这里采取对功能词前后搭配的词汇进行取样分析。下面，分别对五个功能词进行逐一分析。

由表 2 可知，in 在范文介词中的频次当属最多。另外，我们从表中也发现与其构成的词块有 8 类。所以发现它们的使用对我们正确认识 in 在搭配中的构成起到了积极作用。"in+ 名词"词块在范文中作状语居多，只有句子"... for each other and help those in need"和"... and being ready to help those in difficulty"中的 in need 和 in difficulty 作后置定语，其中 in 的意思也会随着名词的匹配而具有实际意义。再比如"in a couple of days（在……之后）"、"in Chinese（凭借）"及"in the hope that（怀着……）"。稍有不同的是，"in+ 名词 + 介词"在句中与 be 连接会构成谓语动词，且意思主要以该名词为主，如"in favor of（赞成）"、"in return for（回报）"。在"动词 +（名词）+in"这种词块中，in 表示其范围，可译为"在……"，但是在词块中却被隐含。我们以"参与"为例，全国卷中使用了"take part in"，而在自主卷中则用到"join in"、"participate in"、"take part in"，且运用了不同的表达，如下面析出的语料（句子 30—121）。在使用时或与情态动词 will 连用，或使用不定式，或用 and 连接。值得一提的是，句子 30 与句子 87，句子 52 与 103 从意义和形式上来说都很相似。

[30] ... I will take part in different kinds of school activities ...

[52] ... everybody to take an active part in it.

[79] ... and take an active part in our school and activities.

[87] ... I'll take part in some social activities so that ...

[103] ... everybody to take an active part in the group dancing competition.

[121] ... Jiangsu took an active part in this program.

另外，"in + which"是一种典型的定语从句语块。像下面句子一样，"in+which"表示的是事情发生在某处，所以有时候我们将"in which"替换为"where"。

[131] ... her suggestion is that a tape in which our best wishes are ...

[132] ... to describe the situation in which people have got nothing ...

通过以上分析，我们可以清晰地知道在高考备考中应该如何引导学生对该类型的词块进行选择性地背诵及仿写，这既能节省学生宝贵的学习时间，又能使学生真正高效地学习。同时，教师也要正确对待范文语料中的"相同"和"不同"，比如两类范文中的"在我看来"、"总而言之"、"对……感兴趣"。像"in my opinion"在自主卷中出现了 6 次（见表 3），这在一定程度上会规约学生的思维，并误认为是所谓的"高级"。所以教师要在体会"相同"的情况下，更要学会"不同"的表达。

表 3 in 在两类试卷中的分布情况

	全国卷	自主卷
in + 名词	in advance (2) in Chinese(2)	in a couple of days, in Chinese, in need, in the future(2), in the hope that, in great trouble, in difficulty, in time
in+ 名词 + 介词	in favor of, in front of, in the center of	in favor of, in front of, in return for
动词 +in	result in	join in, participate in(2), compete in
动词 + 名词 +in	take part in (1)	do well in, lose interest in, take part in(6), play an important role in, have knowledge in, take a great interest in

续表3

	全国卷	自主卷
be + 形容词 +in	be interested in(3)	be interested in(3)，be rich in
动词 +in+ 名词	have in common	/
in 短语（置于句首）	In my mind; In short	In my opinion(6)，In a word(3)，In addition，In order to/that，In fact，In one's advice，In this/that case
in +which	/	in which(2) （定语从句）

从表4中可以发现，of构成的词块主要体现在短语的匹配方面，且以动词搭配居多。但是在两类试卷对同一词汇的使用上，我们能够看出自主卷要比全国卷较丰富。以"许多"为例，全国卷中使用了"lots of"、"a lot of"；但是在自主卷中则用到了"all kinds of"、"a great variety of"、"amounts of"、"a number of"。另外，自主卷中的"包括"也使用了"be made of"和"consist of"。通过对比我们还发现，高级词汇的使用趋于一致，比如"in favor of"和"of + 抽象名词"作名词后置定语的"of interest"。在所属结构中，我们能看到"……的"的不同表达。内部一致的有"the end of June"和"60% of the students"，主谓关系的有"with the coming of"和"with the help of ..."，限定性的是"a student of your age"，"of which"也是定语从句中常见的形式。从其构成的语块来看，无论是短语还是所属结构，以of连接名词为主。所构成的词块也大致分为动词短语类，即of后面需要接宾语；所构成的形容词类，即of后面接名词，如"a lot of"、"full of"、"amounts of"、"a number of"等。

表4 of在两类试卷中的使用情况

	全国卷	自主卷
短语	full of，free of charge(2)，have no idea of，lots of，a lot of，take care of，have a photo of，in favor of，in the center of，large crowds of，have a history of 100years because of places of interest	first of all(2)，of course，be made of，this kind of，all kinds of(4)，a great variety of，be fond of，amounts of，develop a sense of，make the best of，take good care of，a lot of，form a good habit of，a number of，in favor of，the number of，a waste of，hear of，consist of places of interest(2) remind sb of … most of
所属结构	the end of June 60% of the students	with the coming of … with the help of，a student of your age
其他	/	of which …

如表 5 所示,"have"是个非常活跃的词,既可以作情态动词,又可以作实义动词。该词在两类试卷中出现的频次较为一致,所构成的词块分为 5 类。

表 5　have 在两类试卷中的词块使用情况

分类	全国卷	自主卷
have + 名词	14	16
have to + 动词	2	2
have + 过去分词	8	14
have been + 过去分词	0	1
to + have + ...	5	8

在"have+ 名词"和"have to + 动词"构成的语块中 have 均具有实际意义。have to 译为"不得不","have+ 名词"的词块就非常丰富了。全国卷中有比如"have more free time"、"have no class"、"have a wonderful time"、"have a pen friend",构成短语搭配的有:"have a photo"、"have ... as"、"have no idea of"、"have difficulty with";自主卷中有比如"have opportunity"、"have meal"、"have a good time",搭配有"have fun"、"have the honour"、"have a discussion about"、"have daily exercise"。"have+ 过去分词"和"have been+ 过去分词"中的 have 都是对动作完成及语态的描述。"to + have +..."中,若出现"... +done" have 则为情态动词;若出现"... + 名词",have 则为实义动词。实例请见下面自主卷中的语料。

[9]　... for us senior 3 students to <u>have</u> daily exercises.

[18]　I am sorry to <u>have</u> heard of your present ...

[21]　... It's better to <u>have</u> it twice a week.

[31]　I'm glad to <u>have</u> received the letter ...

[41]　I would like the magazine to <u>have</u> three columns ...

一般认为,be 动词形式为 is,am,are 及其过去形式。我们这里仅以单纯的 be 动词为例,对于其他的形式不做任何分析。通过语料我们发现,be 动词与主语构成的词块主要有三类:第一类是人称代词,以 I 居多数;第二类是物,比如全国卷中的 fee、lesson、show、zoo 以及自主卷中的 film、competition、voice、contest;第三类是 it,它在句中或作指示代词,或作形式主语。另外,我们对主语和 be 动词之间的词汇进行分析，在全国卷中的 19 个句子中，16 个词为情态动词（should、would、could、will），3 个词为"动词不定式 to be"结构；在自主卷 52 个句子中，42 个词为情态动词，10 个词为"动词不定式 to be"结构。

be 动词与主语 it 构成的词块实例：

[14] ... it can be done efficiently .　　　　　　　　　　　　（指示代词）

[15] ... it can be done in more meaningful ways.　　　　　　（指示代词）

[23] ... and it would be great if I could join you ...　　　　（形式主语）

[33] Secondly, it must be made clear that we should ...　　　（形式主语）

[36] ... it would be much better to stay at home .　　　　　（形式主语）

[37] I think it will be much more convenient for you ...　　　（形式主语）

be 动词后接的词块则有 4 类，分别为："be able to + 动词"、"be + 过去分词"、"be + 形容词 / 副词"、"be+ 比较级"。在"be+ 过去分词"一项中，还包括 7 个"to be + 过去分词"的句子，我们选择 3 个句子进行示例。

[11] I have the honour to be chosen as a volunteers ...

[29] I'm very glad to be invited to the English Summer ...

[50] I prefer my English classes to be taught in English only.

由此，我们可以看出，在对 be 进行写作教学时，应该强化对 be 动词前后搭配的分析和指导，并配合例子进行示范，使得学生逐渐形成词块意识。

从表 6 中，我们发现自主卷在从句的使用上更加多元化。在这四类从句中，使用最多的是宾语从句，这也和全国卷中的情况一致。那么，在这些搭配中，我们发现与 that 连接最常见的动词有：全国卷的 hope、learn、know、say、suggest；自主卷的 say、hear、believe、think、show、suggest、feel、tell、hope、realize。that 连接宾语从句中的词汇在全国卷和自主卷中都较为固定且一致。从以上动词来看，可以分为表示"人"内心世界的 hope、learn、know、believe、think、feel、hope、hear、realize 和表"物"的 suggest、say、show。在所析出的语料中，并列宾语从句中没有得到体现。主动句较多，像"... was told that the model had had been sold out"，但被动句基本没有。在定语从句中，that 在从句中分别作主语和宾语。例如全国卷中的 " ... learn important things that have happened during ... "和" ... announcement of the summer camp that you have posted on ... "，自主卷中的" ... do anything that harms the image of ... "、" ... a variety of material that can be easily treated ... "、" ... proving to your mom that you are already a grown-up";在表语从句中,我们发现 that 均位于 is 后面。自主卷中的五个句子分别是:

[1] The other suggestion is that a tape our best ...

[8] What I want to stress is that each of us should listen ...

[18] The reason is that it takes less time to ...

[47] One is that we may give him an album ...

[57] ... were really trying to say is that you've got nothing to do ...

那么,that 前的主语也为主语从句、名词、代词。从句子的复杂度来看,句子 1 名词使用很丰富。因为主语是 suggestion,其表语从句是虚拟,谓语动词前应该将 should 保留或省略。

表 6　that 在两类试卷中的词块构成分布情况

类别		全国卷	自主卷
关系词	that	13 个(宾语从句)	29(宾语从句)
		2	3(定语从句)
		0	5(表语从句)
		1	2(同位语从句)
引导词	It ... that ...	0	5
特殊的 that		2	2
短语		so that	so that (3)

在"It ... that ... "中,我们发现 it 是作了 that 连接从句的形式主语。并没有看到我们常常提到的强调句。在实际的句子书写上,句子 2 和 31 也是学生们最常使用的结构。类似的还有"It is said that ... "、"It is suggested that ... "、"It is important that ... "以及句子 31 的变化形式"As we all know, ... "和"As is known to sb, ... "。按照所谓的高级句式来看,句子 2 可以更改为"About 10 000 people will be reported to ... "。为了验证此结构在全国卷和自主卷中的使用情况,我们在语境共现 to 的全国卷 90 个句子中没有发现此类语块,在自主卷析出的 271 个句子中发现有一处,即"We are expected to be neatly dressed when at school",若将此句还原为句子 2,则为"It is expected that we are neatly dressed when at school"。

[2] It is reported that about 100 000 people will ...

[31] It is known to us all that some students cheat in exam ...

另外，that 还有用作指示代词，比如全国卷的"She felt very sorry about that"和"During that period"；其他的就像在自主卷中的"How can I wait that long?（程度副词）"和"... science articles doubles that of those who prefer ...（代词，相当于 the one）"。由此可以看出，that 在这样的句子中没有构成明显的词块搭配，只是表意。

三、启　　示

通过语料软件析出两类书面表达范文的语料来看，功能词及其词块的分析对于高三年级的词汇教学及写作教学有一定指导意义。避免了"眉毛胡子一把抓"的复习方式，为学生储备了相应词块，为更好地理解和掌握词汇的功能、意义和用法奠定了基础，也就自然做到了精选、精编、精讲、精练（包天仁，2013；孔德惠，2013）。同时，范文中析出的功能词总词数约占要求字数的三分之一，再次说明应该重视功能词在语言体系中的作用，也只有这样大量信息的实词才能被串联、支撑起来，一起传达准确而丰富的信息（高彦梅，2001）。在课堂上，教师可以通过学生互批或师生共批的形式，对学生习作进行相互对比、分析及讨论，使学生在作文构思、词汇及句式选择方面都有新的认识。当然，我们也要重新认识目前高考中书面表达试题的编制及范文参考对书面表达教学的反拨功能。在借鉴范文的同时，更要努力拓展学生的多向写作思维。另外，语料软件还可以更广泛地被应用到高三的教学中来。以单选试题为例，教师可以将考查内容一样的历年试题整理成 txt 文件，并用 KWIC 对语料进行析出。这样，命题的特征就能被清晰地呈现。

结　　语

本研究通过语料软件 AntConc 分析了全国卷及自主卷书面表达中出现的五个功能词（in、of、have、be、that）及所构成的词块。研究发现，功能词在两类范文中使用的频次基本一致，差异不太明显；功能词在两类范文中都以词块形式出现，或连接名词，或连接动词，或连接句子，保证了语言使用的自然、准确；同时，由于功能词及其词块的重要性，它们直接影响到了学生书面表达。最后，本研究借助语料分析工具对高考范文进行的研究属于一种探索性研究，对于研究中所用到的研究工具、研究方法及研究结果有待教师们在进一步实践中尝试运用。

参考文献

[1] Parry, K. (Ed). Culture, Literacy, and Learning English: Voices from the Chinese Classroom [C]. Portsmouth, NH:Hoinemann. 转引自冯晶.2005.背诵范文对提高中学生英语写作能力的作用 [J].中小学外语教学，1988（9）.

[2] 安冬.高中生英语写作中词块的使用情况 [J].基础英语教育，2011（3）.

[3] 包天仁.教学如何真正促进学习——关于英语外语教学法的一些思考 [J].基础教育外语教学研究，2013（3）.

[4] 戴军熔.高中英语写作教学现状分析与对策 [J].中小学英语教学与研究，2007（6）.

[5] 戴小丽.高考英语写作备考的三个策略 [J].中学外语教与学，2008（5）.

[6] 董曼霞，高晓莹，杨志强.高考英语全国卷书面表达题历时分析与研究（1989—2011）[J].教育测量与评价，2011（10）.

[7] 冯晶.背诵范文对提高中学生英语写作能力的作用 [J].中小学外语教学，2005（9）.

[8] 付向东.基础英语教育实证研究的现状——以《基础英语教育》为例 [J].基础英语教育，2013（3）.

[9] 高彩凤，徐浩.高中生英语作文中的词串使用情况 [J].基础英语教育，2008（6）.

[10] 高彦梅.20世纪以来的功能词研究 [J].外语与外语教学，2001（5）.

[11] 黄福河.高中英语书面表达中的词块使用情况 [J].基础英语教育，2009（2）.

[12] 孔德惠.如何实现高考英语复习过程中的精讲精练 [J].基础教育外语教学研究，2013（3）.

[13] 梁茂成，李文中，许家全.语料库应用教程 [M].北京：外语教学与研究出版社，2010（7）.

[14] 刘丽红.强化高中英语写作教学的探索 [J].中小学英语教学与研究，2008（12）.

[15] 刘庆思.改革开放三十年来我国高考英语科的发展情况 [J].课程·教材·教法，2008（4）.

[16] 谭艳玲.谈高三英语书面表达训练 [J].中学外语教与学，2007（12）.

[17] 杨国顺."写长法"在高中英语写作教学中的应用 [J].基础英语教育，2009（3）.

[18] 尹继友.高考英语书面表达评分细则解读及优秀范文赏析 [J].中学外语教与学，2012（3）.

[19] 张伟.新英语课程下高中英语写作教学现状与策略研究 [J].中学外语教与学，2007（11）.

课堂实践
Classroom Practice

自建真题文本语料库辅助高考词汇复习 [1]

摘要：词汇复习在高三复习备考中非常重要，但它在实际教学中仍是一个棘手的问题。本文主要介绍了自建真题文本语料库辅助高考词汇复习的情况。该实践基于"四位一体"高考总复习教学理论，利用 AntConc 的词频和 KWIC 功能，将考纲中重点词汇和语料库中高频词汇析出并归类，然后又呈现了自行设计的词汇测评试题。基于以上探索实践，笔者认为在词汇复习教学中应该重视真题文本资源，关注词汇及其语用特征，这对高考词汇复习来说无疑是一件省时高效的做法，值得一线教师们尝试。

关键词：语料库；词汇复习；目标词汇；词汇检测

词汇复习是高三英语备考的一个重要环节，也是学生们基础知识学习中耗时最长的一个环节，所以我们不能忽视词汇复习。因为它有利于学生夯实词汇知识并提升能力（章玉芳，2015），也有利于学生阅读文本及开展书面表达。离开词汇的复习，所谓的专项训练、综合训练绝对是无从谈起。但是在实际的教学中，由于大多数教师在复习教学中采用"炒剩饭"式的"三轮复习"和题海战术（包天仁，2012：20），导致词汇复习时间扩张和复习内容虚夸（孔德惠，2012：132），导致学生们谈"词"色变且能力并未有所提升。那些所谓的"一轮复习"的顺序其实就是按教材顺序、单元顺序。孰不知，教材独立地按册、按模块编排，使得重点词汇复现率大大降低，且对于大部分学生来说是"剩饭新吃"，这势必会影响学生接触目标词汇，也影响到词汇的系统化呈现，所以说这种方法不太适合高三词汇备考。

---

[1] 本文刊于《基础教育外语教学研究》2015 年第 9 期，第 42—48 页。在收入本书后内容有所增加。

基于此，我们凭借 AntConc3.2.1w (Windows) 2007 软件容量小、操作方便、提取词汇快捷的优势，自行创建高考文本语料库 [又称"微型文本"（梁茂成，2009）]，进行目标词汇提取，直观地呈现目标词汇语境化语用特征。另外，根据词汇特点归类，这既辅助了词汇的学习，又为高考复习教学赢得了时间。

一、文献综述

（一）理论依据

"四位一体"教学法理论是由我国语言测试专家包天仁教授提出，经过 30 年的实践探索形成的一个符合中国国情的教学法体系（CELT），它针对外语教学长期存在的"费时低效"、"题海战术"的现象，遵循英语语言规律、学生学习规律和外语学科教育教学规律，坚持"循序渐进，阶段侧重，精讲精练，五技并举"的原则，从阶段复习（系统归纳）入手，注重语言知识点的系统把握。重点梳理词汇和语法（词法、句法、惯用法），从简单到复杂，逐渐地夯实基础知识，为下一步基本技能的培养和综合能力的提升提供了保障。本文中的目标词汇即参照"四位一体"高考总复习阶段训练中的词汇。

（二）语料库与词汇教学

随着语料库在语言教学中的广泛应用以及语料库技术的不断开发，越来越多的研究者们通过使用一定的词汇分析软件开展研究并取得了丰硕的成果。整体上来看，研究方向覆盖面较广，涉及语料库的建设（谢家成，2004）、翻译（廖七一，2000；王克非，2004）、课堂话语（刘永兵、张会平，2011）和教材（谢家成，2010）。至于语料库在词汇教学实证方面的研究，主要有教材词汇（梁健丽、何安平，2009）、词汇教学策略（梁三云，2005）、书面表达用词（李建平、王传鹏，2014）。这些研究大多数对词频以及语境中的词汇进行量化统计，进而提出下一步的词汇学习建议。但是以真题文本为语料的应用研究并不多，笔者曾探索并实践语料库在教学及语言测试方面的研究（付向东，2015a；2015b），积累了一定的经验。近几年又开始尝试使用真题文本语料辅助词汇教学，并取得了一定的成绩。

二、真题文本语料辅助词汇复习设计与实践

高考真题语料库的创建在一定程度上较其他实用的语料库不同，它具有容量小、

易操作的优点。但它也需要做一些准备工作,像文本的收集、处理、分类、存储以及个别文本需要用符号标记相应的词汇,这样更便于词汇的提取和分析。下面,笔者将该语料库的设计、目标词汇的析出以及部分做法做一一说明。

(一)创建专门真题语料库

基于"高考文本的词汇难度、体裁及题材均体现高考要求,且语言真实,内容准确"的特点(章玉芳,2015:24),我们将真题中涉及的完整的文本按照年份建库(如图1所示),例如阅读理解内容文本、完形填空内容文本、短文改错和书面表达文本。需要说明的是,阅读理解和完形填空不包括备选项词汇部分,短文改错则是借助标记将错误词汇和正确词汇一并呈现。另外,命名文件的时候要保持一致性和独立性。每个年份的文件要集中放在一起,采取"YEAR_年份"的格式,像2014年的命名为"YEAR_2014",里面的每个文件或文件夹务必标明年份并用代码标记,像"YD"指阅读理解,"WX"指完形填空,"DG"指短文改错,"ZW"指书面表达,这样便于跨库之间文本的身份识别。

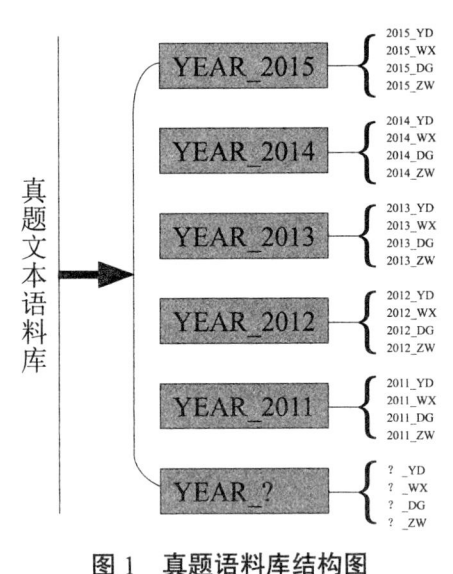

图1 真题语料库结构图

(二)析出目标词汇

1. 确定目标词汇

首先,目标词汇主要以语料库中高频词汇,教材后面附录词汇表中的重点词汇

（黑体部分）和常见的前缀、后缀以及词汇的曲折形式（像 -ing, -ed, -s/es 等）为主。参照《考试大纲词汇》发现，同一词族的词像 act、action、active、activity 在词汇表中是逐个列出。而在这里，我们就用目标词 act 即可，搜索"act*"就会呈现 act、action、active、activity 四个词。这样提高了词汇记忆和归类的效率。

其次，关注功能词中超用词情况（见表 1）。像冠词 the 和 a 在整个词汇中词频都非常高，这就为我们进一步熟悉其用法提供了充足的语料。

表 1　超用词情况

词汇	the	to	and	a	of	in	I	is
频次	3 090	2 006	1 611	1 605	1 543	994	730	663
词汇	it	for	's	you	on	with	The	as
频次	608	533	458	422	421	416	396	391

2. 提取目标词汇

根据已确定的目标词汇，在 AntConc 软件界面使用快捷键 Ctrl+F 打开单一文件，也可以使用 Ctrl+D 直接打开文件夹，然后将目标词汇或相应的匹配符（见图 2）输入到窗口（见图 3），点击 Start 键即可呈现语境中的词汇（KWIC），然后教师可以根据需要选择目标词汇语料。

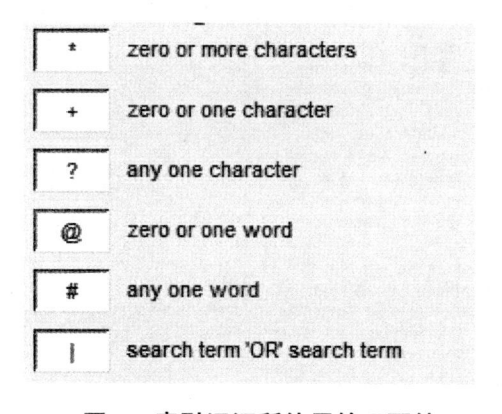

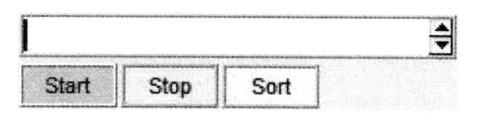

*	zero or more characters
+	zero or one character
?	any one character
@	zero or one word
#	any one word
|	search term 'OR' search term

图 2　索引词汇所使用的匹配符　　　　图 3

我们以目标词汇"+lity"为例进行说明。首先，界面出现如图 4 所示的情况，这是不利于分析词汇的。所以仍需要通过 SORT 键进行整理，结果会以字母顺序进行排序（如图 5）。这样我们可以根据其语境中的词汇整理出：ability、capability、disability、inability、personality、possibility、reality、responsibility、vitality，于是可以归纳出公式"形容词 +lity= 名词",而且还能通过形容词变成名词后出现的"+ility"和"+lity"两种形式,在变化时形容词后字母为"+le"的则需要换成"+ility"。

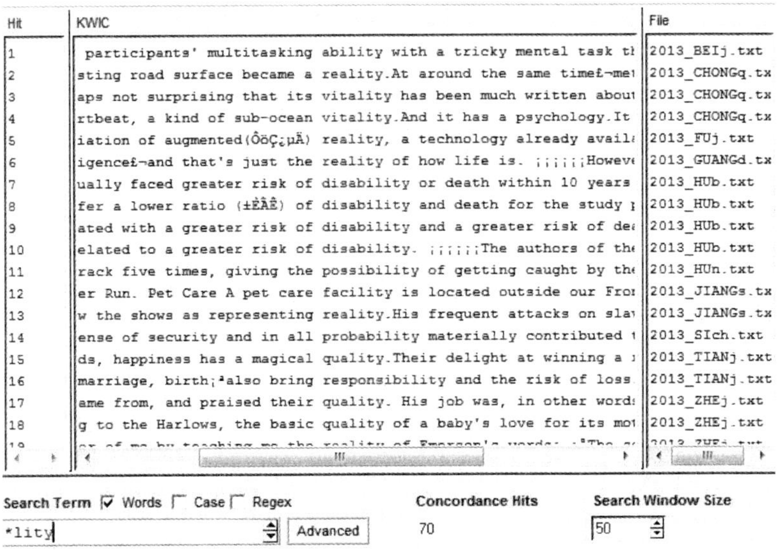

图 4　目标词汇 +lity 截图

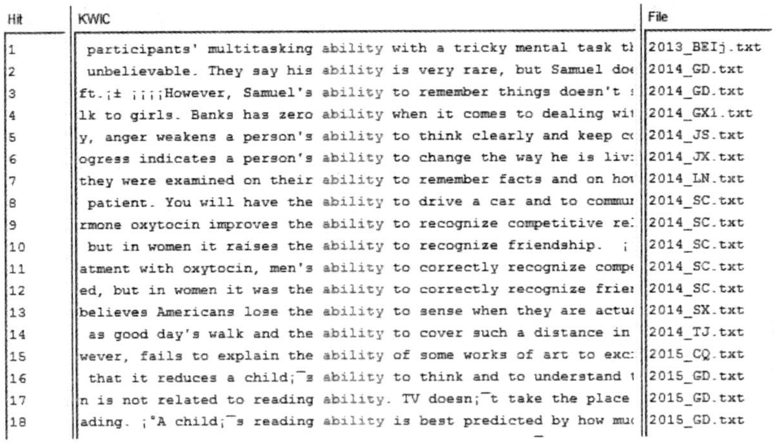

图 5　目标词汇 +lity 整理后部分截图

3. 自制词汇单

结合整理出来的目标词汇和相关语料形成的词汇单(Wordlist),教师可以根据教学需要和学生情况自行编制词汇单。如表 2 所示,笔者在 2014 年阅读文本的语料库中提取了常见的前、后缀词汇，并根据变化后的词性进行分类形成了两个不同的词汇单：一个是符合前、后缀的词汇；另一个则只是形式符合而已。

表2　2014年17套高考试卷中阅读文本提取的加前缀/后缀词汇

类别	词性		加前缀/后缀构成的词	其他
后缀	名词	-tion	accommodation/action/addition/ambition/application/association/celebration/communication/competition/composition/connection/cooperation/consumption/decoration/destination/education/exception/exhibition/expedition/explanation/formation/function/identification/industrialization/intention/introduction/invitation/location/occupation/organization/pollution/preparation/production/protection/reaction/reflection/relaxation/resolution/restriction/revolution/selection/transportation	attention/conversation/destination/nutrition/motion/option/position/proportion/section/tradition/proportion/information/population
		-ment	accomplishment/achievement/advancement/appointment/argument/arrangement/basement/development/embarrassment/enjoyment/entertainment/equipment/government/improvement/investment/judgment/movement/payment/punishment/treatment	department/environment/experiment
		-ness	attractiveness/sickness/fatness/goodness/kindness/awareness/blindness/closeness/happiness/illness/laziness/richness/seriousness	
	形容词	-ful	beautiful/careful/colourful/harmful/helpful/painful/peaceful/powerful/respectful/stressful/successful/tearful/useful	wonderful
		-ary	necessary	contemporary/extraordinary/ordinary/primary
		-tive	active/alternative/attractive/competitive/conservative/creative/distinctive/effective/native	cognitive/negative/positive
		-ous	anxious/curious/dangerous/famous/generous/harmonious/numerous/poisonous/various	furious/obvious/precious/previous/serious
	副词	-ly	originally/accurately/immediately/normally/fairly/strangely/really/perfectly/successfully/simply	daily/likely
前缀	形容词	un-	unable/unbelievable/uncomfortable/undoubtedly/unequal/unexpectedly/unfamiliar/unfortunately/unhappy/unknown/unmarried/unpleasant/unsure/unskillful/unrelated/unusual	
	动词	dis-	disability/disabled/disadvantage/disagree/disappear/disapprove/discomfort/dislike/disrespectful	

（三）根据学生情况，自行设计检测试题

为了进一步查缺补漏并巩固强化，笔者参照高考II卷的命题要求，本着"精选、精练"的原则，通过语境呈现的目标词汇设计了单句改错、短文改错、单句填空、语篇填空、单句翻译和语篇翻译。

1. 改错试题

笔者曾对 2010—2014 年的短文改错做过实证研究，结果显示"词汇替换主要以实词为主，像动词、名词、可数名词的单复数、第三人称代词主格变化和形容词；删减/增加词汇主要是功能词，以介词（to 和 for）、冠词（a 和 the）为主；考点方向主要聚焦句内关系"（付向东，2015a：26）。因此，我们结合高考的命题点和学生易错点对高考文本做出相应的处理。为了引导学生答题，也为了缓解学生答题的焦虑情绪，笔者尝试将改错分别设置成两类：一是单句改错，比如句子"Later in the evening, the phone rang."和句子"A number of cities producing CO beyond the standard has been reduced from 40 to 9."，分别考察 later 和 late 及 a number of 和 the number of 的区别；二是短文改错（见例 1）。旨在通过试题练习，矫正误用词汇，消除汉语思维的干扰。所以在设计试题时尽量选择学生易混的词汇或易错语法。在例 1 中，笔者将 2014 年重庆试卷阅读理解部分 A 篇第 1 段和第 2 段整合成一个短文改错。不同于高考真题的是，笔者为了考查学生的词汇语用情况，让学生自己识别出词汇误用的情况，即只需考虑词汇的替换，不涉及增加词汇和删减词汇。

例 1

短文改错（选编自 2014 年重庆卷阅读理解 A 篇第 1 段和第 2 段）

文中共有 10 处语言错误，请找出并作答。

I was never very neat, when (while) my roommate Kate was extreme (extremely) organized. Each of her objects had their (its) place, but mine always hid somewhere. He (She) even labeled everything. I always looked for everything. Over time, Kate got neat (neater) and I got messier. She would push my dirty clothing over, and I would lie (lay) my books on her tidy desk. We both got tiring (tired) of each other.

War break (broke) out one evening. Kate came into the room. Soon, I heard her scream (screaming),"Take your shoes away! Why under my bed!"Deafened, I saw my shoes flying at me. I jumped to my foot (feet) and started yelling. She yelled back louder.

注：括号内词汇为正确词汇。

2. 填空试题

自 2014 年起，语法填空试题作为一种新的题型被大面积引入高考，截至 2015 年共有 4 套试卷如此命题，分别是全国 I 卷、全国 II 卷、广东卷和福建卷。与其他三套试卷不一样的是，福建卷在提示词部分以汉语或单词首字母的形式进行命题，非提示部分和其他试卷一致。使用该题型主要测试学生对词汇在语境中的具体使用情况。结合本试题的设计原则和已有的研究结果，即"语法填空主要考查动词、名词、形容词，多以提示词命题，而非提示词则多为虚词，即介词、连词、代词、冠词；考点效度方面比较关注句子和词汇层次，仍是以考查语法和搭配为主"（付向东，2015b：27），笔者以2014年阅读理解文本为例，分别设计了单句填空试题（见例3），具体语言项目包括冠词（句1）、非谓语动词（句2、句3、句4）、从句（句2）、副词及介词（句5）。这样的话，学生逐渐熟悉单句中词汇的命题特点及作答思路，也就会明白语篇式语法填空命题方向。所以我们可以像例3那样，将短文改错更改成语法填空试题，这样可以二次检查学生对动词时态、非谓语、冠词、从句的掌握情况。

例2

单句填空

在空白处填入适当的内容（1个单词）或括号内单词的正确形式。

1. Isabelle is ___ daughter of Daisy and Saman Mirzaei. (the)

2. ___ (walk) towards the scene, Tenyson became very upset about ___ had happened to the couple. (Walking; what)

3. I was ___ (amaze) that he'd come up with this sweet idea. (amazed)

4. The man then bent down and gave his wife the flower, ___ (tell) her who it was from. (telling)

5. Though ___ (bad) hurt and shaken, the old lady looked up at Tenyson ___ love in her eyes and gave him a little smile. (badly; with)

注：括号内词汇为正确词汇。

例3

语法填空（选编自2015年全国课标卷Ⅱ短文改错）

阅读下面材料，在空白处填入适当的内容（1个单词）或括号内单词的正确形式。

One day, little Tony ___ (go) to a shopping center with his **parents**. It was very crowded. Tony saw a toy ___ a shop window. He liked it so much that he ___ (quick) walked into the shop. After ___ (look) at the toy for some time, he turned around and found his parents were ___ (miss).Tony was ___ (scare) and **began** to cry. A woman saw him crying and **told** him to wait outside ___ shop. Five minutes ___ (late), Tony saw his parents. Mom said " ___ nice to see you again! Dad and I were **terribly** worried." Tony promised her ___ this would never happen again.

注：加黑的单词为原改错考查词汇。

（答案：went；in；quickly；looking；missing；scared；the；later；How；that）

3. 翻译试题

本部分试题的设计主要考虑以下几点：一是准确选择词汇及其合理使用；二是训练学生中英文表达方式；三是服务书面表达题型。基于此，设计试题所用文本必须有一定的选择性。首先，文本内容应该积极向上，紧贴学生生活。其次，以历年书面表达范文为主。再次，句子语法结构应该有变化而不应该太复杂。另外，正确引导学生使用以下词汇，像例4中所呈现的5个例子分别是被动语态（句1）、动词ing作后置定语（句2、句4）、定语从句（句3）和动词不定式作逻辑主语（句5）。当然，在考虑句法的同时也锻炼了学生的词汇选择能力。再如，例5中从阅读理解中选编的一段材料，既考查了单句书写又考查了学生对篇章的整体构思。

例4

英译汉

1. Then the cake will be cut and we'll sing songs and play games.（2012年全国卷书面表达范文）

2. I'm Li Hua, a Chinese student taking summer courses in your university.（2011年全国卷书面表达范文）

3. The students who are going to take these courses have at least three years of English learning experiences.（2010年全国卷书面表达范文）

4. Thank you for your letter asking about the rebuilt Qianmen Street.（2009年全国卷书面表达范文）

5. Besides, it should be a good idea to learn and sing Chinese songs, because by doing so you'll learn and remember Chinese words more easily.（2008年全国卷书面表达范文）

例 5

汉译英（选编自 2014 年新课标全国卷 I 阅读理解 C 篇第 4 段）

无论何时，当你发现眼前有把椅子在晃的时候。请记住：你需要做的就是一件事。你只需要行动起来而已。在你行动之前要做好准备，这是成功人士的一步。要是你想去某一个地方，想做好一件事，想成为一个你想成为的人……，请马上行动起来吧！如果你清楚了自己要做的事，剩下的事情那都不是个事儿。

答案：Anytime you find the world waving a chair in your face, remember this: all you need to do is focus on one thing. You just need to get started. Starting before you feel ready is one of the habits of successful people. If you have somewhere you want to go, something you want to accomplish, someone you want to become ... take immediate action. If you're clear about where you want to go, the rest of the world will either help you get there or get out of the way.

结　　语

本文基于包天仁教授的"四位一体"高考总复习教学理论，自行设计并创建了高考真题文本语料库，且析出考纲重点词汇及语料库中高频词汇在语境中的语料，还对词汇进行了归类。同时，笔者针对学生的易错点结合考点设计了单句改错、短文改错、单句填空、短文填空、单句翻译和语篇翻译六种检测试题。这样既保证了词汇复习的范围，还将目标词汇的形式、意义融入到真实语境中，为基础知识阶段学习节约了时间的同时还提高了词汇复习的效率。

参考文献

[1] 包天仁. 英语"四位一体"高考总复习教学方法 [A]. 中高考英语复习教学与测试研究成果专辑 [C]. 沈阳：沈阳出版社，2012.

[2] 孔德惠. 谈高考英语复习的成效问题 [A]. 中高考英语复习教学与测试研究成果专辑 [C]. 沈阳：沈阳出版社，2012.

[3] 付向东. 2010—2014 年高考英语短文改错考查词汇情况 [J]. 基础教育外语教学研究，2015a（1）.

[4] 付向东. 2014年高考英语语法填空题命题质量探析 [J]. 基础教育外语教学研究，2015b（2）.

[5] 桂诗春. 基于语料库的英语语言学语体分析 [M]. 北京：外语教学与研究出版社，2009.

[6] 桂诗春，冯志伟，杨惠中，何安平，卫乃兴，李文中，梁茂成. 语料库语言学与中国外语教学 [J]. 现代外语. 2010（4）.

[7] 何安平. 语料库语言学与英语教学 [M]. 外语教学与研究出版社, 2004.

[8] 李建平，王传鹏. 从高考英语测试看我国学生情态动词的使用情况——一项基于语料库的对比研究 [J]. 教育测量与评价，2014（12）.

[9] 廖七一. 语料库与翻译研究 [J]. 外语教学与研究，2000（5）.

[10] 梁茂成. 微型文本及其在外语教学中的应用 [J]. 外语电化教学，2009（3）.

[11] 梁健丽，何安平. 基于语料库的《新高中英语》教材词汇的广度和深度研究 [J]. 山东师范大学外国语学院学报（基础英语教育），2009（2）.

[12] 梁三云. 语料库与词汇教学策略的研究 [J]. 外语电化教学，2005（5）.

[13] 刘永兵，张会平. 中学英语教师课堂话语语法复杂度——一项基于课堂话语语料库的对比研究 [J]. 外语电化教学，2011（3）.

[14] 谢家成. 小型英汉平行语料库的建立与运用 [J]. 解放军外国语学院学报，2004（3）.

[15] 谢家成. 中学英语教材词汇语料库分析 [J]. 外语教学与理论实践，2010（1）.

[16] 王克非. 双语平行语料库在翻译教学上的用途 [J]. 外语电化教学，2004（6）.

[17] 章玉芳. 高考文本在单元词汇复习中的运用 [J]. 中小学外语教学，2015（7）（上半月）.

高中英语"生本课堂"教学问题探究[1]

摘要： 从"教师中心"向"学生中心"的"重心转移"已成为当今课堂的必然抉择，也意味着学生被动学习的局面逐渐被打破。在过去12年里，郭思乐实践的"生本课堂"取得了一定的成绩。但是高中英语"生本课堂"要顺利地开展，必然要解决一系列的问题。笔者现将在实施中遇到的五个问题进行探究，期待"生本课堂"在英语学科上取得进一步的发展。

关键词： 高中英语；生本课堂；教学问题

一、英语生本课堂教学

随着全球化进程的不断推进，多样化发展已经成为时代进步的唯一选择。就课堂而言，真正生产力定位于学生的说法一点也不夸张。那么，教师的备课、授课及评价都要秉着"学生是第一位"的思路。1999年，郭思乐提出"生本教育"[2]的概念，做出"教育走向生本"的判断，并澄清了"一切为了学生"的价值观、"高度尊重学生"的伦理观和"全面依靠学生"的行为观。截至目前，12年的生本呼唤在探索和实践中已经形成了"生本课堂"的固有模式，即前置性作业、课前两分钟展示、小组合作学习、小组汇报和师生评价。同时，该模式在实践中也达到了很好的效果。

所以从"教师中心"向"学生中心"的"重心转移"已成为当今课堂的必然抉择。就新课标的"三维目标链"而言，即知识与技能、过程与方法及情感态度与方

---

[1] 原文刊于《第二届基础教育课程改革与发展论坛论文集》2012年9月，第117—120页；《德州学院学报》2012年S2期，第43—45页。在收入本书后内容有所增加。

[2] "生本教育"概念系东南师范大学博士生导师郭思乐于1999年提出，先后在《人民教育》2009年8月、2012年第三、四合期出版"生本教育"系列。

法。钟启泉（2011）指出，该教学设计的框架有助于打破单纯知识点的传授，因而有助于我国中小学的学科教学真正从"动物训练"的层次提升到"人的学习"的高度。那么，转移的核动力就是要将"情感态度与方法"作为目标的第一位来考虑。乔森（2007）总结了8种影响教师的决策，其中学生的动机介入、学生的情感需求、学生的理解、学生的语言功能及教学策略的适当性在整个课堂教学中占据一定位置。于是，笔者试着在教学中探究一种英语"生本课堂"的模式（如图1）。课堂中，教师应该将学生和教材更好地结合起来，这样才能更好地针对学生展开教学，也使得教材能"因材施教"，更好地辅助教学。课后，教师可以通过学生和教材的反馈，在下次授课过程中对其内容进行适当调整，从而真正提高课堂的学习效率，让学生充分体会到主人翁的优越感和自豪感，在一定程度上从被动学习中解放出来。

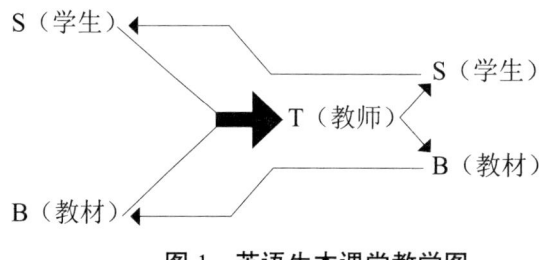

图 1　英语生本课堂教学图

二、课堂英语学习的几个疑问

纵观长达三四十年的第二语言习得研究，从最初的探索最佳教学方法转移到对学习过程、认知因素、情感因素及语言学习环境上来。《普通高中英语课程标准》（以下简称《课标》）也强调："高中英语课程应着重培养学生用英语获取信息、处理信息、分析问题和解决问题的能力，特别是思维能力；应继续关注学生的情感、态度、价值观，帮助学生培养开放的跨文化意识和国际视野；应发展学生的沟通能力，使他们培养合作精神、增强社会责任感；应有利于学生强化自主学习的意识，提高自主学习的能力，发展用英语进行跨学科学习的能力；应在保证学生发展共同基础的前提下，提供给他们个性发展的空间，以适应社会的不同需要。"（教育部，2003）这就很好说明了我们所设定课程的方向性，倘若我们在行动中忽略了学生，甚至忘记了学生，我们的教学会很难达到《课标》的既定目标。所以，我们结合课堂实践，提出了目前课堂英语学习的几个疑问，相信能够对如何更好地把握英语课堂学习的生本化提供一些启示。

1. 版块教学与语法教学

新课程开展之前，英语课堂绝大多数是语法课堂。教师授课的目标是让学生明白其所讲授的语言点、语法点。简单来说，就是为了在考试中取得高分。自实施《课标》十一年来，我们的课堂教学确实在形式和内容上有较大变化，但是"我国中小学英语教学目标仍然未能突破'工具化'的价值取向，没有真正关心英语教学过程中'人'的成长问题"（王华，2009：6）。所以就自然出现了两种倾向——版块教学和语法教学。坚持版块教学的教师依据《标准》，按照教科书的编排进行教学，分别是热身（warming up）、读前（pre-reading）、理解（comprehending）、语言学习（learning about language）、语言运用（using language）、小结（summing up）、学习建议（learning up）以及趣味阅读（reading for fun）。但是在实际教学中，教师着重对阅读（reading）及词汇展开教学，语言运用（using language）作为练习来处理，热身（warming up）、读前（pre-reading）、学习建议（learning up）及趣味阅读（reading for fun）都是一带而过，或不做处理。笔者于2004年就这一问题尝试了"整合教材"[1]，取得了很好的效果。就语法教学而言，教师应该很纠结，甚至抱着怀疑的态度，因为多年以来教师已经适应了语法教学法，学生也确实取得了很大成绩。这样就使得课堂上：听说训练少、应试技能高、口语表达差、兴趣浓度低。更为严重的是，课外英语补习班的冲击直接影响了教师的授课，一定程度上撼动了授课教师的权威性，导致学生对其教师的能力产生怀疑。但是克拉斯纳（1999：79—88）指出"掌握语法并不意味着能真正把握语言"。

2. 授课语言的运用

首先，汉语授课还是英语授课这一直是个值得思考且常常引起争论的问题。郭思乐（2001）谈道："学生教会了我们，使我们认识了学生生活的复杂性以及他们的回答所蕴藏的合理性。"既然这样，我们的授课语言怎么能难以选择呢？笔者参加了"第二届东北亚语言文学与翻译国际学术论坛"，会上张绍杰教授与众不同的报告形式带给我许多思考。考虑到参加会议的人员绝大多数讲的是汉语，也为了更好地达到交流的目的，他用中文进行PPT制作，而在报告的时候使用英文。这样就充分考虑到了听众的特殊性及层次性，达到了很好的效果。关于是使用汉语授课还

---

[1] 笔者最初是就教材的单元内部进行整合，即删减（重复的）、补充（学生薄弱的、学生需要提高的）、调整（环节授课顺序）、重设（依据所教学生情况，进行目标重设）。之后，又开展了单元之间整合，即归类（分别依据语法、文章题材、写作等）。

是用英语授课，我们觉得这取决于授课的对象以及使用语言想起到什么的作用。出于学生群体的特殊性和多样性，同一个授课内容，教师在不同的班级、地区授课必然要使用到不同的语言。我们认为，教师最关键的问题就是不要将简单的问题复杂化。北京171中学英语特级教师周国彪建议"说学生听得懂的英语，不要把字典里的语言搬上来，关键是要让学生爱听，而且能听的懂"（李一飞，2012）。课堂是属于学生的，不是教师的个人秀场。教师只有熟悉学生，方能有效地施教。

其次，还应该注意肢体语言的发挥。试想，英语教师一直站在讲台上，面无表情，声音没有高低变化，又怎么能感染学生？哈默（2000）在 *How to Teach English* 中提到"夸张地使用嗓音和肢体语言也同样对语调（intonation）起到重要作用"。

再次，评价性语言要得体、亲切自然、富于变化、灵活且连贯，让学生感觉教师的评价是一种真诚的、真实的评价，这就更利于学生进行自我学习行为矫正。

另外，指令性语言是课堂中教师和学生互动的常见语言形式。通过语言提示，学生方能更清晰任务方向。这样就需要教师在指令性语言的形式上尽量使用简单句，最好使用祈使句。比如："Stand up, please！"、"Hands up, please!"、"Turn to page 3, please!"等。尽量不使用从句及其他复杂句型作指令，比如："你要认真听课了。"，其常见的表达是"Listen to me carefully！"，如果教师说成"You should listen to my lesson carefully."或"It's you who/that should listen to my lecture."，这样将会使学生对"句式"更加困惑，从而延缓了命令的执行。

3. 能力培养与基础夯实

学者们一致认为"外语教育不仅能帮助促进个人发展、培养情感态度、提高综合人文素养、推进国际贸易活动和文化交流，还在国家战略中扮演着重要角色"（戴炜栋，2009；张正东，2006）。就目前高中英语而言，促进学生发展、培养情感态度已经成为课堂的重要使命。有学者对学生课外学习英语情况做过调查（辜向东、张正川，2011）（见表1），结果在"三项"中的大致比例差不多，但是实际中"做模拟练习的时间"会远远超出6.30小时/周，其他两项时间还会少得可怜。无论如何，该调查也能很好地反映出我们英语的主阵地是在课堂上，同时也显示：课堂的方向还是为了"分数"。所以，现在课堂上的"基础夯实"完全是为了"分数能力培养"。在新课改进入深水区的今天，我们必须重新审视我们的"能力"和"基础"，要更多地关注学生的学习过程，而不是径直走向学习结果；我们必须要为学生创设更多的属于他们的空间。高考固然重要，但是也不能仅仅为了高考而教英语，那样只能制造出更多的高考答题机器。

其实,能力培养和基础夯实并不矛盾。从辩证法角度来看,夯实基础是能力培养的前提,能力的培养是基础夯实的体现。但这并不是必然的结果,尤其是对外语的学习,这种量的积累不仅仅是答题的多少,而是一定要明白最大的基础是学生。

表1 学生课外学习情况(小时/周)

年级	做模拟练习时间	阅读英文小说报刊时间	听英文广播材料时间
高一	5.36	3.08	2.34
高二	5.90	5.90	2.38
高三	7.63	3.29	3.16
总体	6.30	4.09	2.63

4. 模式的选择

模式的选择一定程度上受到工业化生产的影响,导致教育的利益化、最大化、完美化。于是,一种新型的提高课堂生产力模式便应运而生。如今的课堂出现了所谓的"高效课堂"、"有效教学"和"优效教学"。为了辅助课堂,"学案导学"的出现在一定程度上冲击了课堂的教学方式。有的就直接将学案替代教案,有的是将学案替代教材,但这些都扭曲了学案的真正作用。对于学案的设计与使用,国内外学者一致认为"以学生为中心,学案教学则是提升学习成效的有效途径",鲁子问(2012)也通过教学实验进行了证实。

教师课堂上说得多、做得也多,必然导致学生说得少、做得也少。下面,笔者以在吉林省长春市新课程培训会上观摩到的一堂课程为例进行说明。该教师在对阅读文章进行总结大意的时候,展示给学生一张幻灯片,上面呈现出段落的配对,这样就极大地减少了学生对问题的再次思维。与会专家建议,先给出段落(para1、para2、para3&4、para5),待学生进行思考后,由学生先来总结,之后再呈现"备选答案"。我们认为,帮助学生的目的是为了促进(promote)学生,而不是替代学生。

5. 多样性评价

首先,在新课程实施的课堂教学中,评价的重要性不容忽视。基于学生出发,教师多样性评价的实施直接影响了教师的教学及学生的学习。"无论别人怎样看待或评价自己的学习,最终都是转化成学生的自我评价,从而进一步调整自己的学习行为。"(王希华,2003:173)教师在课堂中,常会使用正面评价语,像"OK"、"Well done"、"Wonderful"、"Exactly"、"Good"等都能起到良好的效果。单一的评价不仅显得枯燥、乏味，还会降低学生对语言学习的激情。心理学最新研究发现（Chan et al, 2011），学生对于学习不兴奋是因为快感缺失（对愉快刺激的反应降低或者体验快乐的能力下降），这与大脑多巴胺[1]奖励系统的功能失调有关。所以教师应力争通过合理的评价使学生的个体评价带动班级整体的评价。

其次，选择性的评价也不容忽视。不要总是用教师的"权威"来限制、低估学生的思考，这样就抑制了学生的好奇心，导致学生更加的迷茫和困惑。田慧生指出"未来的课堂中，学生自主学习、主动学习能不能激发出来，学生在课堂学习中的主体地位能不能建立起来，应该是主要的"（余慧娟、钱丽欣，2011）。所以，在英语课堂中，教师要正视学生的差异，并学会利用、发展学生的差异，真正形成"教师乐教，学生乐学"的氛围。教师更要学会走下讲台，但也不要只是简单地走下去做"督察"，而是去发现学生所存在的困惑，观察学生活动开展的程度，进而调整自己的课堂节奏，在最大程度上满足学生的需求。

结　语

"没有所谓最好的教师，而只有最适合特定课堂的教师；没有最好的课堂，只有最有效实现特定目标的课堂。"（钟海青，2006：5）自新课程实施以来，中国高中英语的课堂教学研究一直在探索中艰难地前行着，虽然在许多方面取得了一定的成绩，但仍然存在一些不足，例如模式化教学、课堂活动形式化、语言教学单纯知识化、缺乏人文关怀、情绪化、各类型检测欠规范等，这些问题在一定程度上都制约着课堂教学，制约着学生的发展，笔者特进行了"版块教学与语法教学；授课语言的运用；能力培养与基础夯实；模式的选择及多样性评价"五个方面的探究。介于笔者在该方面的研究不够深入，请学界继续展开研究。

参考文献

[1] Chan R C K, Wang L Z, Huang J, Cheung E F C, Gong Q Y, Gollan J K.Deficits in

---

[1] 多巴胺，即一种用来帮助细胞传送脉冲的化学物质，它与遗传基因、生活方式、外界刺激有关。

Sustaining Reward Resonsed in Subsyndromal and Syndromal Major Depression[J].Progress in Neuro-Psychopharmacology & Biological Psychiatry, 2011(35).

[2] Jeremy Harmer. How to Teach English [M]. 北京：外语教学与研究出版社，2000.

[3] Karen EJohnson. 马平导读. Reasoning in Action Understanding Language Teaching [M]. 北京：外语教学与研究出版社，2006.

[4] Krasner I.The role of culture in Language Teaching [J].Dialog on Language Instruction, 1999(1&2).

[5] 中华人民共和国教育部. 普通高中英语课程标准（实验）[S]. 北京：人民教育出版社，2003.

[6] 卜玉华."新基础教育"外语教学指导纲要（英语）[M].// 叶澜."新基础教育"成型性研究丛书，桂林：广西师范大学出版社，2009.

[7] 郭思乐. 教者：认识规律就是被教者的认识规律吗？[J]. 现代教育论丛，2001（5）.

[8] 李一飞. 用适宜中国学生的方式教英语：访北京171中学英语特级教师周国彪 [J]. 人民教育，2012（1）.

[9] 辜向东，张正川，肖巍. 课改进程中的高中英语教学现状探究 [J]. 课程·教材·教法，2011（2）.

[10] 鲁子问. 基于学习优势的学习方案设计 [J]. 课程·教材·教法，2012（1）.

[11] 王希华. 现代学习理论评析 [M]. 北京：开明出版社，2003.

[12] 余慧娟，钱丽欣. 未来的课堂：解放人的自主性与个性——关于"十年课程教学改革"的讨论 [J]. 人民教育，2011（24）.

[13] 钟海青. 教学模式的选择与运用 [M].// 戚业国. 新课程课堂教学改革丛书. 北京：北京师范大学出版社，2006.

[14] 钟启泉. "三维目标"论 [J]. 教学研究，2011（9）.

学生主体参与在高中英语课堂中的个案研究 [1]

摘要： 本文借鉴 INTASC 提出的标准及沈毅和崔允漷的观察量表，从时间分配、问题分配、课堂反馈、答问形式四个维度进行量化分析，并通过课堂实录对一节研讨课中教师和学生进行了观察研究。结果表明：在教师积极引导下的课堂教学活动中，学生主体参与程度对课堂实施起到了积极的作用，这对于教师实施"生本课堂"有很大借鉴。

关键词： 学生主体；高中英语课堂；个案研究

在新课程实施的十多年里，人们逐渐从单一关注语言教学本身转到了语言课堂教学研究。随着人本主义心理学家罗杰斯提出"以学生为中心"的课堂教学模式，注重发展学生个人的主动性、创造性和责任感，并希望学生成为自由的、负责的人（余文森，2012），教师开始探求在有限的课堂时间内，培养学生的兴趣和态度等非智力因素，使学生根据自身实际，在语言学习基本能力及知识结构方面取得最大限度的进步和发展，从而提高学习信心，增强学习效率（王志强，2011；束定芳等，2007）。

裴嫦娜（2012）认为课堂教学是学生生存与发展的重要方式，也是实现学生发展的主渠道。课堂中的英语教学不仅仅是讲授英语，而是应该更好地关注学生、服务学生。我们尝试通过课堂观察来探究学生主体参与对高中英语课堂教学的影响。

一、研究方法

（一）研究对象

2012 年 5 月 20 日，笔者有幸参加了长春市"高中英语新课程培训暨东北师大附

---

[1] 原文刊于《基础英语教育》2012 年第 6 期，第 13—16 页。在收入本书后内容有所增加。

中高中英语优效教学课堂观察"研讨会。本次研讨活动呈现了两节阅读课，本着"不是为了评价、不是为了展示，而是引发思考、开启讨论"的目的，分别从教师语言的有效性，教学环节设计与目标达成的有效性这两个方面进行探究。本研究以研讨会上 L 老师讲授的一节阅读课为例（基本情况如表 1 所示），试着从学生主体参与的方面展开研究。

表 1　授课教师及班级基本情况

学历	教龄	职称	授课班级	人数	课型	获奖情况
硕士	7 年	中教一级	高二实验班	51 人	阅读	长春市骨干教师；曾获得吉林、黑龙江两省优质课特等奖；东北师大附中教学百花奖

本节授课内容为选修 8 第二单元 "Where is it leading us?"。课上，该教师利用学案激活学生原有的修辞图式，进行探索并发现，使得学生通过合作学习来建构新的修辞，并预测文章。在读中（while-reading）部分，注重培养学生查找主旨大意的能力，并依据各段的段落关系处理文本信息。同时，通过 pairs、groups、interview 等活动形式输出语言，帮助学生建构 clone 的图式，并提高学生对文章的批判意识。

（二）研究设计

为了对学生主体参与展开有效的研究，研究者将其课堂实录转写成文字，并结合课堂观察记录进行整理。考虑到学生在认知过程中对于课堂教学的反馈，我们更多地关注课堂上可观察、可记录、可解释的外显行为。同时借鉴了 INTASC 提出的标准（里德、贝格曼，2009；伍新春、夏令、管琳译，2009）及沈毅和崔允漷的《课堂观察量表》（沈毅、崔允漷，2008），分别从时间分配（见表 2、表 3）、问题分配（见表 4、表 5）、课堂反馈（见表 6）、答问形式（见表 7）这四个维度进行了数据取证。

二、结果与讨论

（一）时间分配

我们按照《课标》对阅读提出的 PWP（Pre-reading、While-reading、Post-reading）及其模式下学生通过教师指导开展的活动，分别从学生答问和学生活动两方面对 STT（Students Talking Time）进行量化分析。

统计结果显示：在读前、读中、读后三个环节上，先后分别提问了 2 名、21 名、2 名学生，答问用时分别为 30 秒、5 分 44 秒、1 分 57 秒。由此，我们发现教师驾驭课堂很灵活，分别能够根据课堂预设目标，对课堂进行有效的调控。在活动安排到活动结束的过程中，教师通过"Exchange your ideas with partners, please"及"Share your ideas"有效、适时地进行任务转换，使得学生在自主探究的同时，自然地过渡到任务合作，并很好地完成任务。

表 2 学生活动时间一

顺序	活动起始	活动转换	活动结束	t_1	t_2	t_3
1	38 秒	2 分 55 秒	3 分 33 秒	129 秒	38 秒	167 秒
2	7 分 14 秒	8 分 42 秒	9 分 11 秒	88 秒	29 秒	117 秒
3	13 分 25 秒	15 分 57 秒	16 分 47 秒	112 秒	50 秒	162 秒
说明	学生自学阶段	学生交流阶段				

说明：t 表时间，t_1 为活动开始到转换活动时间，t_2 为活动转换到活动结束时间，t_3 为活动开始到活动结束时间，即 $t_3=t_1+t_2$

表 3 学生活动时间二

类型	活动开始	活动结束	t
小组讨论	10 分 20 秒	11 分 27 秒	67 秒
小组讨论	32 分	32 分 44 秒	44 秒
独立	38 分 32 秒	40 分 23 秒	111 秒

结合数据，我们研究发现：本节课堂 STT 为 22 分 5 秒，约占本节课堂总用时 43 分钟的 51%，TTT（Teacher Talking Time）约占 49%（其中教师话语时间及学生等待问题时间共计 17 分 8 秒）。这就表明教师能在一定程度上从学生实际出发，充分调动学生使其参与到课堂中来，并通过多种形式引导学生积极思维，弱化了学生对教师的过度依赖。从 t_1 和 t_2 对比来看，三组数据中均为 $t_1>t_2$，且 t_1、t_2 及 t_3 在任务完成中均以不等值呈现，这就更好地说明在真正课堂生成中，将静态的课前预设动态化是非常有必要的。当然，这也更好地体现了学生主体性的地位。下面，我们着重按照课堂上 PWP 的阅读模式，具体分析时间分配在本节课堂的具体表现。

在读前（Pre-reading），我们发现学生通过自主学习，小组讨论及答问形式，能够迅速进入课堂学习。通过预测文章内容，激发阅读兴趣，明确本节课堂"将要做什么"。比如,教师说:"Okay, to begin with, let's look at the screen, please make a prediction about the content with the help of the title and the chart. Have discussions with the neighbors."学生才能输出:"I think, it talk about how to make cloning shape, and to help of cloning technology in the future."和"OK, I think, it may be about the attitude of the writer to cloning and different countries and different groups attitude to the cloning."

在读中(While-reading),我们发现授课教师依据学生的认知规律,通过有效的任务驱动(见表2和表3),灵活地、有层次地将知识难度降低。那么,学生就自然地通过问题导引、小组讨论、角色扮演、概括总结,体验式进行阅读。在概括段落主旨的同时,学生也真正地实现了对本节课"段落组织模式"的构建,同时还提高了批判性阅读的思维。这也再次告诉我们,在课堂上"只有最大限度地满足个体需求,才有可能获得最大化的教学效益"(中华人民共和国教育部,2012)。

(二)问题分配

从表4和表5来看,教师的目光分配集中在全班。通过观察发现,教师在向学生提问时,学生常常表现为低头、看书,或做出思考的样子等,教师都会先用"目光"和学生进行交流,而非随意提问。例如,在课堂进行到读后语言输出部分时,教师认为一学生基础扎实,表达能力较强,于是让她对一个开放性话题"Talk about one aspect of 'human cloning' using at least one of the organizational patterns."进行作答。该学生作答:"… Firstly, it may cause a lot of moral questions, such as , … uh … may cause lot of moral questions if there are two people exactly the same, even the fingerprint and what is the … .and relationship in our society maybe really difficult to … uh … .be recognized. Secondly, it is really difficult for us to identify a man, such as in some murder cases, the murder will not be caught because of they have exactly the same fingerprint, appearance and sounds, so there are lot of cases and studies not able to be solved, and they may cause a lot of terrible things .",我们可以看到该生充分使用了本节课的段落组织模式 firstly 或 secondly。

表4 学生答问情况一

数量	前面	后面	中间	左边	右边
25	6	3	6	3	7

注:数字表示人数。

表 5　学生答问情况二

排数	左边	中间	右边
第一排	19	5 / 14 / 15	11 / 12 / 22
第二排	16 / 17	4 / 21	9 / 20
第三排		1 / 3 / 6 / 23	2 / 7 / 8 / 24
第四排	10	18	13

注：数字表示顺序。

本次课堂座位共设置了4排，课堂上前两排先后有12人进行答问，后两排共有13人作答。就性别来看，男生被提问7人，女生被提问18人。提问顺序变化较明显，这使得学生能够自觉地跟上课堂的节奏，对于引起学生课堂听课注意力有很大帮助。笔者同样在一定层次的教学示范课及观摩课上也发现，凡是被教师关注过的学生，其听课状态都很好。此外，就性别而言，女生在英语课堂上被提问的次数要明显多于男生，其实这对于学生个人及班级整体的学习是极为不利的。当然，教师在提问中，在一定的程度上也有"印象学生"的现象存在，比如那些成绩较好、认真完成作业且听课认真、善于思考的同学，他们被教师关注的程度自然会较高。

另外，就中国目前高中班级的人数而言，课堂教学仍然属于大班教学。那么，由于班额较大，要想真正让教师关注每个学生个体在课堂的所作所为，确实有很大难度。因此，赫斯（陈琳译，2009）就"大班"教学曾建议：贯彻师生合作，学生合作；鼓励学生自己负起责任；鼓励对课堂活动各自有自己的结局（即"开放式答案"）；明确地使学生在课堂活动中有法可循；尽量使课堂教学活动能覆盖每一个学生；多提出能激发学生兴趣的问题（甚至包括老师自己也没有明确的问题）。这就说明，教师在不能充分达到师生一对一的互动情况下，可以通过多种形式来使学生积极地参与课堂。

（三）反馈形式

通过观察课堂，发现教师对学生答问做出的反馈形式略有单一。有时候，也将多种反馈交叉进行，所以在35个问题出现了43次反馈（见表6）。在反馈中，我们认为教师的评价语言在强调目标生成的同时，更要多元化，不要仅仅局限于"Well done"、"Excellent"、"That's good"等一般表扬。像本节课中教师使用了"表扬加点评"的模式，比如："Okay, thank you. Unum, he made a prediction about the topic, and the help of controlling the ideas of this part. So, another prediction, Wang Di, please!", "Thank you so much, you did a great effort to the answer." 教师语调稍微变化才能引起学生的关注，进而激发并驱动其他学生参与对问题的思考。例如教师对学生的回答作出这样的评价："I didn't expect that Dolly's sheep could take part in this interview but we prefer to great reporter there, China Daily. Oh, I like two groups' performance which try to use the discourse markers, such as firstly, then, lastly, that is to say, we can use this sequence order to develop a well-organized speech, OK? Anyway, because your effort is clearly pictured the whole procedure of cloning the Dollys' sheep talk each other after class." 教师在点评中使用"didn't expect..."和"prefer to..."对学生的表现进行了肯定。但是我们认为，在表达中使用"which"和"is cleared pictured"会弱化学生的理解，以致学生陷入对教师所说句子语法的思考中，因此教师应该"说学生能听得懂的英语"（李一飞，2012）。

表6 学生答问反馈

问题总数	反馈总数	一般表扬	表扬加点评	重复加表扬	换学生作答	引导自我修正	学生互评
35	43	25	6	0	7	5	0

另外，也要让学生主动地进行自评和互评，本次课堂没有学生互评，这或许也与学生自身有关。程斯辉和汪睿（2011）认为，对于处于高中时期的学生，他们独立意识和自尊心较强，心理发展也出现了"闭锁期"。那么，教师就很有必要为学生提供一个交流的平台，这样不仅有助于和谐学习氛围的创建，还利于拓展学生们的思维面，以便更好地"脱离"教权威性的控制，凸显学生的主体参与。

在学生答问过程中，教师的"支架"功能非常重要。本课例中，我们发现教师在开始提问后，学生在出现了"...uh..."，所以教师使用"Only one？"，"Right?"和"You mean the point of time？"来协助学生达成目标。有学者建议教师"加强含蓄的引导，促进学习者通过自我调节聚焦目标语"（李丹利，2012），也有人认为教师这样的做法是一种"诱导"，对此我们暂不做讨论。但我们认为，如果教师采取这样方式，会适当降低学生对教师所提问题的焦虑情绪，同时也能引导学生主动作答。

(四) 答问形式

从表 7 可以看出，教师通过"点名问答"的人数最多，占回答问题总人数的 66%。这或许与学生对大型研讨课不适应有关系，但是也能说明些许问题。比如，教师在本节课 3 分 45 秒的时候第一次提问，学生起座之后，环顾四周，感到茫然，且答问时较为紧张。事实上，这也是我国目前高中学生在课堂普遍存在的一种现象（见表 8）。通常在教学中出现的是连续性的"教师—学生—教师—学生—教师"式的互动，此时需要教师转变成对话的引导者，以促成更多的"学生—学生"式互动。当然，在中国"儒家文化传统"中，学生可能认为在课堂上发言、表达自己的观点是不对的（Carless，2011）。

表 7　学生答问形式

问题总数	齐声回答	自由作答	自问自答	点名问答	没有应答
35	7	1	2	25	0

就本节课而言，研究者原认为本班学生英语底子扎实，回答问题非常积极，但结果仅有 2 人自由作答。通过课堂观察及录像回放，我们认为：课堂中，教师若高密度地完成预设任务，且语速稍快、指令性语言复杂、问题设置难度稍大会极不利于学生思维的发散，势必会弱化学生主动参与的意识，最终也许会引发学生被动参与课堂。其实，学生的主体参与可以通过更多的学生间互动（比如 pairs、groups）来弥补。当然，这也要视教师在课堂上提出问题的类型而定。有调查显示（见表 8）：高中英语课堂上，教师提出"开放性问题"比例远远低于"封闭性问题"，在高一、高二和高三分别为 33.2%、29.6% 和 22.6%（申继亮，2008）。本课例中，我们发现教师若对所提问题进行更好的设置，包括提问时的语气及语速，会使课堂收到更好的效果。就以"Next question, on the other side, what are the public and media mainly concerned about?"提问为例，学生则会分别从作者和读者角度去展开思考。但是当教师补充"And what are they worried about?"时候，则再次使得问题答案趋于封闭。我们认为，对于开放性问题的提出，通过小组讨论应该更恰当，这样既能充分调动所有学生个体参与讨论，又能保证学生在有限的时间内完成任务。

表 8　高中学生课堂参与情况

项目	高一	高二	高三
主动参与	10.7	7.3	6.7
被动参与	69.8	70.4	71.8
回避	19.5	22.3	21.5

说明：源自《中国中小学生学习与心理发展状况报告》（申继亮，2008）。

结　语

随着新课改已经步入深水区，英语课堂教学受到的挑战越来越大。一方面，要考虑到英语语言对我们中国学生作为一门外语的教学；另一方面还要面对中国当前各种课堂观所带来的冲击。人们也逐渐改变了对课堂的再次认识，认为"教师的任务就是让学生对所学的东西感兴趣，然后自己去研究"（裴娣娜，2012）。通过以上研究发现，在实施高中课堂教学时，教师应该在时间分配上形成 STT > TTT 的意识，尽量给学生更多的话语权；在问题分配上，应充分考虑问题本身的"开放"和"封闭"，进而选择"小组"或"个人"的作答形式，同时也要平衡男女学生答问的比例；在反馈形式上，坚持教师评价多样化与学生自评、互评的原则，充分考虑学生个体的特殊性，最大程度地激发其学习动机；在答问形式上，要尝试学生自由作答与点名问答相结合，扭转学生被动听课的不良局面。当然，这也离不开教师对学生的情感投入。Nunan David（1991）认为：如果不考虑情感因素，无论教师多么仔细地设计课堂活动来吸引学生都是无用的。

生态外语教学观认为，互动性与多样性是生态外语课堂教学的核心特征，它们是外语课堂教学成败的关键（左焕琪，2007）。所以说，在努力追求目标达成的同时，课堂活动过程显得更加重要。教师与学生间、学生与学生间不单单是交流语言习得的问题，更是一种体验、一种思维、一种创造。课堂上的热闹、掌声固然重要，但更需要的是每一个学生在课堂中实现自我、完善自我，认为他们的所作所为不是在表演。长春市第六中学"只有学生学的精彩，才是教学真正的精彩"的课堂就是最好的证明。

鉴于本研究仅关注学生主体参与，并未对制约课堂的其他要素做出相关研究，对于课堂教学中学生主体参与研究还不够深入，未来我们将继续对此展开进一步探究。

参考文献

[1] Carless, D.From testing to productive student learning: Implementing formative assessment in Confucian—Heritage settings[M], Abingdon U. K: Routledge, 2011.

[2] Nunan David. Language Teaching Methodology [M]. Prentice Hall International (UK) Ltd，1991.

[3] 程斯辉, 汪睿.论高中教育的复杂性及其对高中教育改革的要求 [J]. 教育学报，2011（2）.

[4]（美）赫斯, 陈琳译. 如何较好大班英语课 [M]. 北京：外语教学与研究出版社，2009.

[5] 李丹丽.二语课堂互动话语中教师"支架"的构建 [J]. 外语教学与研究，2012（4）.

[6] 李一飞. 用适宜中国学生的方式教英语：访北京171中学英语特级教师周国彪 [J]. 中学外语教与学，2012（6）.

[7]（美）里德,（美）贝格曼.伍新春、夏令、管琳译. 课堂观察、参与和反思 [M]. 北京：教育科学出版社，2009.

[8] 裴娣娜. 教育创新与学校课堂改革论纲 [J]. 课程·教材·教法，2012（2）.

[9] 束定芳, 彭梅, 程红月等. 一次中学英语课堂教学改革的实验 [J]. 外语教学与研究，2004（3）.

[10] 申继亮. 中国中小学生心理学习与心理发展状况报告 [M]. 北京：北京师范大学出版社，2008.

[11] 沈毅, 崔允漷. 课堂观察：走向专业的听评课 [M]. 上海：华东师范大学出版社，2008.

[12] 王志强. 和谐高效思维对话：新课程教学的实践探索（高中英语）[M]. 北京：教育科学出版社，2011.

[13] 余文森. 论有效教学的三大理论基础 [J]. 课程·教材·教法，2012（2）.

[14] 中华人民共和国教育部. 义务教育英语课程标准（2011版）[S]. 北京：北京师范大学出版社，2012.

[15] 左焕琪. 英语课堂教学的新发展 [M]. 上海：华东师范大学出版社，2007.

一节高中英语课堂教学元语言使用情况研究[1]

摘要：元语言作为一种解释语言的语言，在课堂教学中是师生交互时必不可少的工具语言。高中英语课堂教学常见的课型为语法课、词汇课、习题课、阅读课和口语课，其中词汇课占课时最多。本文通过课堂观察、录音、对录音进行文本转写和整理等方法，借鉴微观发生法对吉林省长春市某省级重点高中的一节高中英语词汇示范课的元语言使用进行了分析。结果发现，高中英语课堂教学元语言包括汉语和英语。两种语言常常交叉呈现，在句际或句内进行语码转换，在语码转换中常常以同类语码呈现。在高中英语课堂教学中元语言具有澄清、解释、互动、重复、反思五个重要功能。

关键词：英语课堂；元语言；功能；使用情况

"元语言（metalanguage）"的概念出自现代逻辑学，波兰逻辑学家塔尔斯基在1933年为了解决"说谎者悖论"问题而提出了"对象语言"和"元语言"的区分。[2]（封宗信，2005b）一些语言学家，如哥本哈根学派的叶尔姆斯列夫和布拉格语学派（又称"功能语言学派"）的雅柯布逊，指出了元语言在语言学研究和日常生活中的重要作用（叶尔姆斯列夫，1961；雅各布森，1960）。国外知名学者在20世纪90年代就元语言问题从语言学角度展开过激烈的讨论，有的认为元语言是谈论语言的一

---

[1] 原文刊于《英语教师》2013年第10期，第54—61页。感谢东北师范学孔德惠教授在此研究过程中给予的悉心指导，并对本文修改过程中提出建议的匿名评审专家表示感谢。在收入本书后内容有所增加。

[2] 塔尔斯基（1952）认为，对象语言（object language）就是指所"谈到"的语言，它是整个讨论中的题材。如经典的例子"Snow is white is true if and only if snow is white."中，句首"Snow is white"则是对象语言；元语言（metalanguage）则是被用来对"对象语言"做出定义，如上面句子后面的"snow is white"。

种语言，有的认为元语言是描写自然语言的语言，但是仍然未能澄清元语言的定义（巴斯曼，1996；马修斯，1997；马尔姆克亚，1991；韦尔斯，1989）。世界著名语言学家、新西兰奥塔哥大学（University of Otago）认知语言学研究所所长泰勒教授也曾对此有过深度研究（泰勒，1997；2000），但是在外语教学上元语言还未被重视起来（封宗信，2005a）。在教学领域，我们认为，元语言是指在课堂教学环节，教师为了精准地讲授知识，和学生在言语交互时使用的一种工具语言。

近些年，我国有更多的学者也关注课堂教学中的话语，主要从语码转换（姚明发，2012；赵一农，2012）、话轮分析、语域分析（龚长华，2012）、师生互动、课堂师生的话语量（罗娟，2007；周星、周韵，2002）、教师的提问方式、教师的反馈形式、提问技巧（胡青球等，2004）及时间分配（付向东、刘学丰，2012）来解构课堂，但是对教学过程中师生间言语互动的"元语言（metalanguage）"和"对象语言（object language）"的探讨却很少，其中燕莉（2008）和张敏（2009）分别对大学英语课堂元语言的使用进行了实证研究。如果按照维果斯基的活动理论，人的高级认知功能是在社会活动实践中发展起来的，应该把人的行动视为社会和个体相互影响的一个整体动态系统来进行研究（文秋芳，2010）。那么，就课堂教学而言，应该把师生之间的语言交互看成是一种自然的、真实的、有意义的活动。所以，我们借鉴二语学习领域的微观发生法（micro-genesis/micro-genetic method），通过观察师生真实情景化的语言活动（utterance），对一堂高中英语词汇教学课中的元语言在语码转换与话轮转换中的形式及其功能进行分析，试着发现其存在的特征。

一、研究设计

（一）研究对象

笔者以长春市某重点高中高二年级的 1 节英语词汇示范课（具体情况见表 1）为研究对象，其理由如下：

表 1　授课基本情况

性别	教龄	执教年级	授课时间	授课类型
女	5	高二	2012 年 11 月 16 日	词汇课

（1）学段的特殊性。相对于高一年级，教师在高二年级英语课堂上更加注重方法的引导，以激活思维为主，不强调死记硬背单词；授课语言更多地倾向于目的语（英

语）；课堂上也能适当对听、说、读、写有所侧重。

（2）示范课的可研究性。示范课有别于常模课，师生之间的教学活动及语言使用相对来说较为严谨，随意性较小。

（3）重点高中的代表性。重点高中学生之间差距较小，教师专业素质普遍较高，课堂教学中更加注重课堂设计、师生互动。

（4）课型的普遍性。参照《普通高中英语课程标准（实验）》[1]，中学英语常见授课类型为词汇课、口语课、听力课、语法课、阅读课，且常常以词汇课为主。这也是本研究选择词汇课的原因。

（二）研究方法

1. 课堂观察

本研究采用定量课堂观察方法，主要是对课堂上师生语码转换进行频率记载。这节课上，师生话语共交互了297次，语码转换共计84次。

2. 文本转写

为了描述真实的课堂语言场景，我们对课堂话语进行录音并按照文本转写的要求对录音进行转写及标注。标注符号分为11类："##%%"代表背景噪音/说话；"$ $$"表示笑声；"（）\（ ）"表示无法听清；"（sutter）"表示结巴；"*CHORUS*"表集体朗读；"（.）（..）"表示非自然朗读；":"表示拉长说话；"^^-......-^^"表示强调；"..."表示未完成的话；"/-....../"表示语调上升；"[U]-......-[U]"表示无法辨识的语码。

3. 整理归纳

我们借鉴了话语分析中的标码法（在每句话前进行序列标注），将师生297次话语交互按前后顺序用数字标注。这样有利于我们在分析话语时明确所指例句，且更真实、直观地反映语言的原貌。

二、结果及分析

（一）课堂教学元语言的类别及其在语码转换中的表现

通过分析，我们发现课堂教学中的元语言有两类，即英语和汉语。比如，下面

---

[1] 教育部. 普通高中英语课程标准（实验）[S]. 北京：人民教育出版：第27—31页.

句子7中教师通过一连串的"next one"、"number two"、"next boy"提问一个学生来回答某个问题；句子25中开始的时候使用英语描述，随后用汉语"第三部分，是不是啊"进行解释。通过汉语句子74，教师很好地向学生说明了此类阅读理解试题的特征。元语言以"英语"、"汉语"或"英汉"结合的方式出现。这也与Lin（1990）对香港几所中学课堂上使用粤语和英语转换的研究结果（L2 → L1 → L2）[1]较为一致。使用母语（汉语/粤语）为元语言的目的有两个：一是为了讲授英语；二是为了确保学生理解所学内容。当然，也不能排除英语成为元语言的可能。以下面话轮[2]为例，句子11到句子19的语言模式为L2 → L2 → L2/L1 → L1 → L1 → L2 → L2 → L1 → L1/L2[3]。由此可见，语码转换中的元语言往往以同类呈现，即教师（学生）说的是哪种语言，学生（教师）往往以同一种语言做出反应，且都能在转换中相互认同并自如地接受彼此的语码，这反映了元语言意识（metalinguistic awareness）存在于他们的大脑之中。

[7]　Teacher：Yeah, ok, next one, number two, next boy? Please.

[25]　Teacher：It's true. The sentence appears in paragraph, paragraph, in paragraph three. 第三部分，是不是啊？提到了这个人Webster写了一个这个dictionary。是不是啊？"

[74]　Teacher：在阅读理解中通常最后一道题都是在告诉我们，在问我们这个文章的主要大意。

[11]　Teacher：True or false?

[12]　Student：False.

[13]　Teacher：Give us the reason. 在那里找到的？

[14]　Student：忘了。

[15]　Teacher：你在哪儿看到的？你们选对的还是错的？

[16]　Students：*CHORUS* False.

[17]　Teacher：False. Now give us the reason.

[18]　Student：那个因为法国没有管理英国。

[19]　Teacher：恩，没有提到。是不是？ Sit down please. Number 3, next girl, please? Ah, the boy, please?

---

[1] 在香港，粤语是L1，英语是L2，而在大陆，汉语是母语，英语则是外语。
[2] 本文中的话轮是指教师和学生语言交互的一个完整过程。每个话轮在切分的时候都以教师启动话语为开始，至该过程结束止。
[3] 为了方便与Lin的研究形成比较，我们暂且用用L1指母语，L2指英语。

元语言是伴随着语码转换而形成的一种独立的语言形式。说起语码转换，何自然和于国栋（2001）研究认为有关对它的定义直到今天还没有一个统一的说法。参照美国社会语言学家梅尔斯（1993）的定义，我们认为语码转换就是指不同类型语言之间的转换，分为以下两种类型：像句子278中"... And you should pick up in your dictionary about the phrases about 'come'. 回去以后得把这个句子完成"等发生在句与句之间的语码转换为句际转换（Inter-sentential，简称CS）；又例如"在前两部分里边有这样的几个短语'You should'，'you must remember'，'The first one''at the end of'，'by the end of'，'in the end'"，这样发生在一个句子内部的语码转换为句内转换（Intra-sentential，简称IS）。

[278] Teacher：提出，被提出。OK, so much for "come up". And today's homework, you should finish the sentence about "come up". And you should pick up in your dictionary about the phrases about "come". 回去以后得把这个句子完成。除此之外，得查字典，自己看关于come这个词的短语。这里面给你的这四个是非常重要的，需要你记住的，还有一些关于come的，你自己查字典，看有哪些你补充在上面的。明天的时候咱们再来说。都有哪些短语关于come。OK, now please look at the blackboard, look at the blackboard. Now from the first two parts, the first two parts. 在前两部分里边有这样的几个短语"You should"，"you must remember"，"The first one"，"at the end of"，"by the end of"，"in the end"，What's the meaning?

（二）课堂教学元语言的功能特征

康艳和程晓堂（2011）就课堂话语功能提出了新的框架，他们认为话语教学功能包括三个大类（讲解知识、师生互动、和组织活动）、18个微功能。我们结合斯维因（Swain）的元语言反思功能（转引自文秋芳，2010）及封宗信（2005a）对外语教学中元语言的功能理解，把本节课堂中使用的元语言的功能分为五种，即澄清、解释、互动、重复及反思。

1. 澄　　清

在下面话轮中，我们可以发现：教师在句子155中通过提问试图了解学生是否知道与汉语"由于,因为"相对应的两个英文词汇"because"和"because of"。结果学生们只回答出"because",这就需要教师做出进一步的引导,于是教师通过句子157、159、161、163、165,采取层层递进的方式逐步向学生阐释了"Because"与"Because of"在词性和使用规则上的区别。这些例子说明,教师在努力澄清一个事实过程中,往往会通过适当地调整语码和元语言与学生进行协商交际。在此过程中,母语起到了关键性的支持作用。例如句子165就起到了"搭架子(scaffolding)"的作用。

[155] Teacher:由于,因为,它等于哪个词啊?

[156] Students:*CHORUS* Because.

[157] Teacher:哎,它等于because, so what's the difference between because of and because?

[158] Students:短语句子。

[159] Teacher:And because?

[160] Students:%%

[161] Teacher:哎,有人知道了。那 because of, of is a?

[162] Students:*CHORUS* 介词。

[163] Teacher:Preposition 是一个介词。那它后面应当接的是什么?

[164] Students:*CHORUS* 短语

[165] Teacher:接名词啦,或者短语了。有的时候可以是从句。起名词作用的一些形式。那 because 是什么词啊?是什么词啊?

[166] Students:*CHORUS* 连词。

2. 解　　释

解释不同于澄清。解释是教师的权利,澄清的主体是学生。换言之,澄清是一种归纳和演绎的结合体,有点类似苏格拉底的"产婆术";而解释是为了让对方从未知到新知的过程。它是外语教学中最常用、最直接的一种方式。解释降低了可接收知识的输入难度,减少了陌生感所带来的焦虑,增加了师生双方的彼此认同感,为进一步学习创造了条件。我们认为,在需要用元语言做出解释的时候,使用母语更有必要。

[127] Teacher: 过去完成时。是不是啊?所以这个短语 by the end of 后面加时间。它只有两种时态。第一种是将来完成时,第二种是过去完成时……

OK, now let's finish the four sentences. Please finish the four sentences 看这四个句子。Please 看看这四个句子啊，用这三个短语填。

3. 互动（Interaction）

[1]　Teacher: Good morning, boys and girls.

[2]　Students: Good morning, boys and girls.

[103]　Teacher：好，看这几个短语。看这重要的几个短语区分。第一个 at the end of，怎么翻译？

[104]　Students：在什么什么末。

[105]　Teacher：在什么什么末，在什么什么尽头。那它后面的宾语，我们常常接的是时间或者是？

[106]　Students：地点。

课堂互动主要通过教学中元语言的使用来实现。譬如本课堂中出现的问候语（句子 1 中的"Good morning, boys and girls."）、指示语（句子 103 中的"好，看着几个短语。"）、调节语（下文句子 21 中的"OK, it's very good. The part two."）、提问语（下文句子 21 中的"Next girl, please."）、反应语（下文句子 52 中的"Choose C, in India."）及引导语（句子 105 中的"那它后面的宾语，我们常常接的是时间或者是？"）。以上示例说明：作为课堂互动主要形式的 IRF（Initiation Response Feedback）中，教师在启动话轮时（即互动的开始）的语言形式决定了学生答复的语言形式，即"L2 → L2"或"L1 → L1"。由此可见，教师在元语言的使用及语码转换中起决定性作用。其次，在类似的互动中，教师通常使用"Which one?"、"What's the meaning?"、"后面需要加什么呢？"、"有什么意思呀？"等来和学生协商并完成语言的交互。

4. 重　　复

已有研究表明，个体言语最普遍的形式是重复，这样的话，语言习得便可能发生（拉特夫，2006；文秋芳，2010），我们对本节课的观察也再次证实了个体言语的这一属性，但它是否对习得有促进作用还有待进一步探究。例如，教师通过 21 句中平行的英汉结构（The part two. 第二部分出现的啊。）及英英结构（OK, Number four. OK, number four.）对同一内容进行重复。从语码转换来看，这属于句际语码转换；又如句子 52 的"我们需要 guess 猜测推断"和句子 53 的"第二个选项 B"则属于句内语码转换。当然，教师常常使用像"Any question?"、"Do you all agree?"、"Have you found it?"、"Are you clear?"等元语言来表示"会不会"、"同意不同意"、"找到没找到"、"听懂没听懂"，通过它们来重复对话语的理解。我们认为，元语言的重复性对于课堂教学来说非常重要，有利于学生理解能力的培养，这不仅仅是针对外语课堂，元语言的重复性对其他课堂而言亦不可或缺。

[21] Teacher：OK, it's very good. The part two. 第二部分出现的啊。OK, Number four. OK, number four. Next girl, please.

[32] Teacher：OK, sit down please. Now let's look at the choice. 看看选择题。好不好啊。

[52] Teacher：Choose C, in India. Do you agree? We should infer 我们需要 guess 猜测推断，是不是啊。Which one?

[53] Student：第二个选项 B。

[54] Teacher：B is right. Just in the last paragraph, the last paragraph. 在最后一段咱们来推断出来的。

5. 反　　思

我们认为，就课堂教学而言，语言习得的过程不仅仅需要习得者自身内化，作为授课的教师也同样需要。元语言自身具备"工具"功能的同时，它本身就是一种知识。索绪尔（2007：84）曾指出"语言符号依据结合、联想而定，此联想由将两种截然不同的事物连接起来的心智所引致，但这两种事物都具精神性，且都居于主体内：听觉印象与概念相联结"，这就告诉我们要加以对语言的形式、结构和语言系统方面的知识分析。教师通过三次语调的上升（见句子 152 中 /-......-/)，且拉长声音说活，目的就是为了给学生和自己一个思维回弹空间，所以学生会顺着教师回答 [voyages.]。这也符合人的认知螺旋上升规律。再比如句子 152 中对于 "voyage" 的单复数的讨论。

[152] Teacher+Students：/- 下一个世纪。-/ : People from England made voyages. Here pay　attention to voyage. /- 这个词，它要不然有冠词，要不然是复数的。哎，我们可以说 make a voyage. -/: /- 也可以说 make [voyages.] -/:

　　　　　Students：[voyages.]

通过探讨英语课堂教学元语言的种类以及其在课堂话轮交替和语码转换的功能特征,我们可以发现元语言对基础英语课堂教学的重要作用。元语言的使用就是为了保证可理解性知识的输入,其一旦缺失,很可能导致课堂"失语症"的发生,影响师生间的课堂交际。所以,我们要创造条件满足这种的视听功能,保证显性学习中的"符号(映像/声音)"输入。这就要求教师们做到 teach about English 而不是 teach English,要知道"英语可以作为心智发展的工具之一"(程晓堂、岳颖,2011: 51)。

结　　语

本文采用课堂观察、录音和文本转写等研究方法对一节高中英语词汇示范课的元语言使用进行了考察,旨在探讨基础英语课堂教学元语言的类别,其在语码转换中的表现以及在课堂教学中的功能特征。通过对观察结果的分析,我们发现,基础英语课堂教学元语言是汉语和英语。两种语言经常交叉呈现,存在句际或句内语码转换,在语码转换中常常以同类语码呈现。元语言在英语课堂教学中发挥澄清、解释、互动、重复、反思五个方面的功能。通过对实例的分析,我们还发现汉语作为元语言在基础英语课堂教学中起着至关重要的作用。课堂教学元语言研究在目前基础教育提倡"生本课堂"、"高效课堂"与"优效课堂"的大环境下有着重要意义。

当然,本研究也存在一定的局限性:我们只是对一节词汇示范课进行了分析。我们认为,今后可以对常模课及其他课型,譬如口语课、阅读课、写作课、试卷讲评课及语法课做进一步的探究,分析不同课型元语言的共性;也可以对同一名教师做历时研究,或对同一年级组采取同课异构比较分析,适当采取访谈、问卷或测试等辅助手段,做到充分定性描述与量化分析相结合。在这里,笔者也期望有更多的学者或一线教师加入到英语课堂教学元语言研究行列中来。

最后,笔者对以下问题有所思考,暂且列出以求教于学界。

(1)肢体语言是否属于元语言?如果按照社会文化理论中的二语习得来说,手势是二语的中介形式之一。麦克尼尔(转引自文秋芳 2010)认为,说话和手势是不可分割的整体思维单位。但是,迄今为止肢体语言能否作用于语言的内化及学习者的内部因素仍然没有一个权威的结论。教师在授课过程中,往往不需要说"Stand up, please.",一个眼神、一个手势,学生便起立给予应答。

171

（2）环境语言是否属于元语言？既然课堂活动是在真实的、自然状态下进行的，那么与课堂相关的这一物理环境（教室）也应该归属这一范围，它包括教室空间、座位编排、桌椅摆放、光线的明暗以及教室中学生和教师说话的声音大小、声调高低、语速快慢等。

参考文献

[1] Bussmann, H. Routledge dictionary of language and linguistics [M]. London & New York: Routledge, 1996.

[2] Hjelmslev, L. A prolegomena to a theory of language [M]. Madison: University of Wisconsin Press,1961.

[3] Jakobson, R. Concluding statement: linguistics and poetics [C]// Sebeok, T. Style in language. Cambridge: MIT Press,1960.

[4] Lantolf, J. Sociocultural theory and second language development: state-of-the-art [J].Studies in Second Language Acquisition, 2006(28).

[5] Lin, A. Teaching in two tongues: language alternation in foreign language classrooms [R].City Polytechnic of Hong Kong, 1990.

[6] Myers-Scotton, C. Social motivations for code-switching [M]. Oxford: Oxford University Press,1993.

[7] Malmkjaer, K. The linguistics encyclopedia [M]. London & New York: Routledge,1991.

[8] Matthews, P. The concise Oxford dictionary of linguistics [M]. Oxford & New York: Oxford University Press,1997.

[9] Taylor , Talhot J. Theorizing language: analysis, normativity, rhetoric, history [M]. New York: Pergamon,1997.

[10] Taylor, Talbot J. Language constructing language: the implications of reflexivity for linguistic theory [J]. language Sciences, 2000(4).

[11] Wales. K. A dictionary of stylistics [M]. Harlow: Longman,1986.

[12] 程晓堂，岳颖 . 语言作为心智发展的工具 [J]. 中国外语，2011（1）.

[13] 封宗信 . 元语言与外语教学 [J]. 外语与外语教学，2005a（9）.

[14] 封宗信 . 语言学的元语言及其研究现状 [J]. 外语教学与研究，2005b（6）.

[15] 付向东，刘学丰. 学生主体参与在高中英语课堂中的个案研究 [J]. 基础英语教育，2012（6）.

[16] 龚长华. 外语教学环境下课堂话语语域分析 [J]. 外语界，2012（4）.

[17] 何自然，于国栋. 语码转换研究述评 [J]. 现代外语，2001（1）.

[18] 胡青球，艾德. 尼克森，陈炜. 大学英语教师课堂提问模式调查分析 [J]. 外语界，2011（6）.

[19] 康艳，程晓堂. 外语教师课堂话语功能新框架 [J]. 外语教学理论与实践，2011（3）.

[20] 罗娟. 高中英语课堂话语分析 [J]. 基础英语教育，2007（4）.

[21] 索绪尔. 索绪尔第三次普通语言学教程 [M]. 屠友祥，译. 上海：上海人民出版社，2007.

[22] 塔斯基. 真理的语义概念与语义学基础 [J]. 李振麟，译. 现代外国哲学社会科学文摘，1961（6）.

[23] 文秋芳. 二语习得重点问题研究 [M]. 北京：外语教学与研究出版社，2010.

[24] 燕莉. 大学英语课堂元语言的实证研究 [D]. 湘潭：湘潭大学，2008.

[25] 姚明发. 英语课堂语码转换研究 [M]. 北京：外语教学与研究出版社，2012.

[26] 张敏. 大学英语教师课堂用语中元语言使用情况的研究 [D]. 武汉：华中科技大学，2009.

[27] 周星，周韵. 大学英语课堂教师话语的调查与分析 [J]. 外语教学与研究，2002（1）.

[28] 赵一农. 语码转换 [M]. 上海：上海外语教育出版社，2012.

《让学生作业不再是学生的负担》引发的思考 [1]

摘要： 2011年11月4日《中国教育报》第7版教学专档全版刊登《让学生作业不再是学生的负担》一文，文中刊发了五篇主题文章，大家都从不同角度进行了说明。正如编者说的"在实际教学中，作业往往布置的不够合理，有些作业不能起到相应的作用，反而让学生疲于应付，低效运转，成了学生的负担"。事实上，多年来作业研究问题一直备受教育者关注，大家一直都在探究一种较好的解决办法，但是一些问题依然存在。本文就作业所存在的"价值"，从教师及家长的态度出发进行探究，并提出作业作为生本化课堂的几种尝试。

关键词： 作业；学生；思考

一、作业本身引发的思考："作业的价值何在？"

《国家中长期教育改革和发展规划纲要（2010—2020年）》（以下简称《纲要》）中强调到"过重的课业负担严重损害儿童少年身心健康。减轻学生课业负担是全社会的共同责任，政府、学校、家庭、社会必须共同努力，标本兼治，综合治理。把减负落实到中小学教育全过程，促进学生生动活泼学习、健康快乐成长"。那就说明作业是需要布置的，只是要注意量的把握。来自安徽五河的黄家国在《作业负担》中谈到"作业不在于多少，而在于是否真的掌握了，这是唯一标准"。其实，在《作业负担》中透视的"负担"也不仅仅是"量"的问题。来自山东惠民的张连奎老师

---

[1] 原文刊于《赤峰学院学报》2012年第1期，第54—61页。在收入本书后内容有所增加。

写到"作业重复机械、单调乏味；重结果，轻过程；重统一训练，缺乏因材施教"。所以说，作业带来的负担不仅仅在于作业量的大小，这不是是否需要布置的问题，而是布置的作业的价值问题。

目前，作业的不足之处主要表现为：

1. 作业的强制性

一般来说，强制性的主要表现是在单位时间内的定量任务的完成。一旦学生没有完成，教师很"负责任"地"关心"学生，进行批评教育和告知家长。这样就容易导致学生为了完成任务、为了取悦教师而去"完成"作业。陕西永寿的赵文会老师在《作业负担》中也指出"在一定的时间内完成统一的内容，期望达到同一目标"，这现实吗？

2. 作业的随意性

部分教师为了应付学校教务检查，重视"作业"的次数，而严重忽略作业的导向性，也没有顾及作业的有益补充，很随意地上网或在教辅资料中找一些所谓的"作业"。据调查发现，甚至有些教师所谓的批改作业已经成了"批阅"，只是用红笔注明日期即可。长期如此自然导致作业成了学生的一项负担。

3. 作业的盲目性

练习和作业既是学生巩固新知的手段，也是知识学习基础上培养能力和掌握技能的重要途径。练习和作业主要体现在内容、层次、数量、形式及批改对学生的有效促进作用（宋秋前、齐晶莹，2011）。作业和检测的概念也容易混淆。检测是为了评价经过较长一段时间的学习之后若干教学目标的达成情况（加涅，1999）。

4. 作业的低效性

华东师范大学课改专家崔允都教授在"高效课堂建设的几点思考"中提到："教学没有效率，并不是指教师没有教完内容或教学不认真，而是指学生学得不好。如果学生不想学或者学习没有收获，即使教师教得很辛苦，也是无效教学。同样，如果学生学得很辛苦，但没有得到应有的发展，也是无效或低效教学。"这样一来，低效的教学怎么能促成作业的高效呢？

教师应该转变观念，要知道学生对知识的掌握不是靠几道题来完成的，而是看学生是否习得了新的东西，是否解决了新的问题，是否还需要进一步阐释。教师们经常会遇到这样的情况：原本学生反复练习过的东西，每当稍微变化形式之后，对于学生又是一个新的挑战。另外，对于不愿意学习的学生，作业对他还有何意义呢？

5. 作业的机械性

前一阵子，我收到一条短信，大致内容为"某某老师给学生布置大量作业，使得学生做到深夜"，其实这类的情况也在教师身上发生过。曾有一些教师和我谈起"作业批到深夜还没有批完"。这个事情只能说明教师是负责的，并不能证明此作业的作用。"这个字或词，你要写多少多少遍"，想必这类的话我们都对学生说过，仔细思考，简直是荒谬至极。知识需要识记，但是这样的做法真的有必要吗？

6. 作业的功利性

如今，很多地方都加大对教师的考核，其中作业检查也是其一。教务部门会定期检查或不定期抽查，对于超额完成的提出表扬，未完成任务的则通报批评。其实完成与否主要的标准就是次数。所以一些教师就使劲专研来赢得领导的好评，结果必然导致学生怨声载道。有些学生就认为，作业交与不交一个样，批与不批也是一个样。

某种程度上来说，这是偏面追求升学率的恶果。唯成绩第一位，学生则可"优秀"，教师进而可以"扬名"。严重导致评价片面、单一，直接使得师生间、师师间的关系不融洽。另外，书面成绩好，动手能力差，这是我国学生较明显的通病。同时许多老师还以学生完成作业的准确率高低为标准来评价学生是否优秀。退一步讲，即使"检测"可以作为判断学生发展的一个手段，但是也要注意两个问题：一是检测试卷所能检测到的多半类是"知识类"结果，不可能覆盖人发展的全面；二是即使我们能检测出学生当下学习的状况，但是这种被"标明出"的状况，不一定是他现有的真实发展状况。要知道我们国家教育的四大支柱是：学会认知；学会做事；学会共同生活；学会发展。

《纲要》中还提到"学校要把减负落实到教育教学各个环节，给学生留下了解社会、深入思考、动手实践、健身娱乐的时间。提高教师业务素质，改进教学方法，增强课堂教学效果，减少作业量和考试次数。培养学生学习兴趣和爱好"。其实，早在20世纪90年代我国的一些知名学校已经意识到了这个问题。东北师范大学附属中学随着该校新教学思想的实施，"老师讲条条，学生背条条，考试考条条"的时代已不复存在。上海育才中学"每学期允许每门学科有计划进行2—3次的独立作业……可由教师批改，也可以由学生批改"。

教育最大的问题是发展，它不是单纯的形式而已。所以说"一切为了学生，为了一切学生，为了学生的一切"是对的，但是发展不了学生的话，这句话就是一句正确的废话。在新课改的呼唤下，我们应该关注当代教育研究热点问题的走向（王坤庆，2000），重视教育对象的素质、学生学习特点和规律、学生心理教育及学生人际交往研究。

二、教师及家长的态度："我们应该怎么办？"

作业的完成不等于作业的合格，更不等于学生成绩的进步，也不能视为学生能否成才的条件。许多人反倒是认为，作业就是学习，完成作业就等于收获了知识。这样一来，就无形地把"学习"范围缩小。要知道学生的作业是不等同于生活中的操练。古语曰"只要功夫深，天杵磨成针"，但在我们今天的教育视野里，这样的"针"还有必要吗？请听一听一线教师们的呼声吧：学生作业完成不认真、完成不及时、完成的效果不好。于是找学生谈话，甚至批评学生。有时候，还要找其班主任或家长来协助。所以家长们也在相互抱怨：孩子怎么不喜欢写作业呢？不写作业的话，那成绩如何提高？而且经常性地被老师请去做工作，家长更会抓着作业不放。我们还要明确地是，学生们经常用他们的感性去感受生活，而不是去用理性来经营生活，这就需要教育者们用爱心去拥抱他们，拿出耐心期待他们（杨进、王澍，2000）。

依照米莱尔（1956）的观点，他认为：人的短时记忆储存，一般认为约20秒。而且容量是有限的，其容量与"瞬时记忆广度"的容量相似，即对许多孤立的项目来说，平均数为7 ± 2个项目。一旦超过这个量，旧项目就会被"挤压出去"。因此，及时的反馈有助于新知识的夯实，有助于新问题的存在，有助于能力进一步提升。那么，对于作业的问题，我们究竟应该怎么办？其实这个问题应该由教材和学生一起来回答，但现实中基本上全部由教师承包，而家长基本上是只问不查。

1. 不要用作业"圈"住学生

前苏联教育学家巴班斯基在20世纪创立了"教学最优化"理论，"就是在教养、教育和学生发展，保证达到当时条件下的尽可能大的成就，而师生用于课堂和课外作业时间不能超过学校规定的标准"。

首先，狠抓课堂教学，坚持向课内要效率，力争在课堂上将学生疑点减少、知识点讲精、方法用活，给学生腾出部分时间对课堂进行反馈及设疑，尽量课堂上能解决的不要放在课下。教学设计中要做一些准备，以鼓励学习者在能够设计出来的、尽可能多样的新情景中应用所学内容（加涅，1999）。坚持知识的点、面和板块的区别与联系。这样的话，不至于让所布置的作业或大或小。让学生体验到作业的乐趣，通过完成其能力范围内的学习任务，学生可以获得奖赏，并且会促进随后的学习……这样就能够使学生产生持续的满足感，并因此而成为持续性动机的最可靠来源（奥苏贝儿，1968）。务必要杜绝非人性地对待学生，要本着尊重和理解学生为前提，切勿动辄生气，这样做的话不能解决学生的态度问题。霍夫兰（1949）将态度定义为：影响个体行为选择的内部状态。人们发现，旨在说服的言语陈述对态度的改变往往是无效的。所以说，在说服学生方面，切勿抓着"作业"不放，排斥和歧视对教师后期的工作极为不利。一旦学生自尊心受到伤害，那就是"破罐子破摔"。

其次，更要注重引导学生，特别是一些学习效率低下、基础知识薄弱、学习方法陈旧的学生。威廉穆斯（2000）专门将其进行归因，结果发现通过引导学生"我们便能更好地帮助学生分析和解释自己学习成败得失的原因，从而从缘由上引导和激励所有的学生不断进步，让他们相信成功和失败是不固定的、可控的"。在调查中，85%以上的教师能够耐心地对学生进行方法引导，也有个别教师对学生呵斥与责骂，还有的找其班主任或弃之不管。

另外，做学生的学生。孙云晓老师曾提到"向孩子学习，两代人共同成长"。一味的师本化将会在无形中放大教师的形象及能力和地位，让学生觉得教师永远是那么权威。新课程改革实际上呼唤的是一种师生的平等和融洽，追求的是一种生本化的学习。我们的教育对象是学生，不是工业产品。只有了解了学生，完全地融入到学生中间，我们或许才能了解学生的需要。其实，学生非常渴望得到老师给出的合理性建议，也希望老师对他们进行监督。比如，学生的学习方法不当或态度不端正，教师就应该及时予以纠正。还有一个普遍的现象是，学生抄袭作业严重，我们教师自己难道不需要进行一下反思吗？

再则，甩掉"穿新鞋，走老路"这顶帽子。新课程改革的步伐已经全面推进。我们一定要按照科学发展的路子，与时俱进，面对现实中的重重问题。在探索中，不要故步自封，更不能完全地吸收，更不能装样子。教师要结合所教学生的实际，真正科学、合理地去开垦作业这片土壤。在对某所高中英语学科教师进行的调查中发现，90%的教师需要学生当天完成作业，而且教师在布置作业的时候并未考虑到其他学科的作业问题。由此我们可以想到，若每科教师都这样做的话，我们的学生岂能受得了？再则他们的作业只能在自习时间完成。即使完成了，又哪里有多余时间去做思考呢？

2. 避开"孩子，写作业去"这类话

《纲要》还强调充分发挥家庭教育在儿童少年成长过程中的重要作用。家长要树立正确的教育观念，掌握科学的教育方法，尊重子女的健康情趣，培养子女的良好习惯，加强与学校的沟通配合，共同减轻学生课业负担。南京师范大学博士生导师吴永军（2011）在"关于有效教学的再认识"中谈到教学任务量的时候，他把现行技术层面的有效教学视为"工程学"之"效率本位论"，即一味地追求教育的规模及效率。我们现在的教师、家长及学生在一定意义上也是唯"效率本位"，所以很容易导致"知识"的速成、"人才"的速成。

（1）端正态度、提高认识

时代在进步，教育在发展。这不光是对教育工作者提出了课题，同时对家长来说也是一个挑战。传统的"子不学，父之过；教不严，师之惰"认为家长在孩子的成长过程中起到很大作用，这是毋庸置疑的事情。但是如何能让家长在子女成长中发挥更大的作用是值得我们去思考的。通过学生问卷发现，家长们只是停留在"监工"层面，"完成了吗？"、"赶快完成"、"孩子，写作业去！"成了家长们和孩子在学习交流上最常用的句子。极大程度上地注重结果，完全忽略了过程。"望子成龙，望女成凤"是当今普天之下家长们的企盼，但是这违背了人的发展规律，忽略了教育过程中非智力因素的开发。

（2）经常沟通、创建氛围

经常性地与子女及教师沟通能及时地掌握孩子各个方面的动向，为孩子营造一个良好的、积极的生活环境。不要让孩子简单地把课堂学习当成了生活的全部，不要夸大了课堂学习的重要性。千万不要让孩子有"不想上学是怕作业，不想回家还是怕作业"的想法，"课上了然，课后茫然"是现在多数学生的状态，当然还有其他的原因。家长要求过高，而且是短期的，一旦孩子达不到，家长可能就会放弃孩子。

（3）相互配合、为了孩子

"一切为了孩子"不是说出来的，家长和教师应该站在同一个角度看待孩子的成长。家长和教师之间不能相互戴上有色眼镜，更不能形成任何隔阂。在对待孩子问题上，要正视不足，注重发挥其优势。不能动辄就拿对方来要挟孩子，这样就使孩子与教师和家长形成对立。关于孩子的问题，教师和家长不能相互指责或推诿，要形成自我反思的好习惯。

三、作业的生本化处理

中国近代教育家俞子夷（1945）谈到"常常斥责学生功课做得不好，教师以为是一种使他改善的督促。但是受斥责的学生却失去了自信：自己努力的结果，总不到换到一个"不对"的结果，自己一定不能信任自己有控制这种功课的能力。这是于学习心理最有害的"。这样的事情在我们的周围依然存在。作为教师，我们应该反思一下功课做不好的学生。学生的作业对我们教师来说是一个深研究的课题。如何让作业发挥到我们渴望的状态是需要我们教师去思考的。

像《作业负担》中张连奎老师那样对"1+X"模式（即必做作业+选作作业）的灵活运用。他承认了学生的差异，并由此注重调动学生参与作业的积极性，真正地"激活快乐作业这一泓活水"。教师布置作业应该结合所授课学生的特点，从学科特点及知识点本身出发。作业的布置不能停留在"易"和"宜"上，要本着为了学生的"益"而出发。

所以教师有必要尝试一些做法，使作业艺术化、人性化。董远骞（1993）在《教育的艺术》中谈到建立师生考评中合作的融洽关系时，提到四种作业的形式：让学生出考题；重点面改；小组批改；互改与自改。也不能总是认为教师每天必须布置作业，也不能认为不留作业的教师就不是好教师。作业留与不留、留多还是留少、如何布置作业以及如何批改都要考虑到它的主人——学生。

就作业布置而言，可以尝试以下做法：

1. 口头作业

学生可以将教师所授知识点进行归类、总结，然后口头向老师或同学说明。习惯上，我们在文科性质的学科（如语文、英语、历史等）采取背诵法，在理科的学习上更注重习题的演练。这样会更利于思维能力的培养。

2. 分组作业

可以按学生进行分组，也可以由教师将作业进行分组（即同类型的作业分为一组）。这样做的好处是因人而异且任务明确，使得不同层次的学生都能享受到"摘桃子的快乐"。学生对作业的偏见会随之降低，兴趣和自信也随之而来。班杜拉（1971）认为"榜样的成功（或失败）是一种替代性体验，即学习者受到一种替代性强化"。

3. 自助作业

也叫"自己作业",即结合自身实际的学习需要和时间,从教师预先布置的"作业库"中选择一些自己想做的作业。当然了,没有适合自己的则可以不做。

4. 学生作业

尝试让不同的学生布置作业更能了解不同层次学生的需要。同时,学生也会因为有机会布置作业而增加一种使命感和自豪感,提高学生积极向上的学习态度,同时为他人树立了良好的榜样。

就作业批阅而言,可以依据作业的布置形式分为教师批改作业、教师查阅作业、组长查阅作业、小组互批作业,甚至是家长批阅。但是不管怎么批阅,我们一定要记住我们的作业的价值和负担问题,一旦超出了这个框架,它将会是没有任何意义。

就其作业内容来说,可以依据不同的学科特点,本着课堂反馈灵活、适用;课节复习到位、重难点突出;课后能力提升、层次分明的目的,让不同类型的学生都能尽情地沐浴在知识的海洋。

结　语

既然我们已经认识到了学生作业问题的严重性,何不快快行动起来,用我们的实践来为我们的基础教育做点事情呢?大家都知道,光明白是不行的。有人说过这么一句话:事情并不是因为难做而让我们不敢做,而是因为我们不敢做事情才变得难。我们每个人都有义务、有权利为我们的基础教育尽我们的最大力量。雅思贝尔斯(1988)说过"问题是永无终了的,心灵是永无止境的,结论性的答案是永无可能的"。在求索问题的道路上,坎坷再所难免,我们有理由相信只要我们肯做,就一定会成功。

参考文献

[1] Ausubel, D.P.Educational sychology: A cognitive view [M].New York : Holt , Rinehart and Winston,1968.

[2] Bandura, A. Vicarious and self—reinforcement process [M]. In R. Glaser(Ed.), The nature of reinforcement. New York:Academic ress ,1971.

[3] Lumsdaine C L & Hovland S Fred D. Experiments on Mass Communication[J]. Studies in Social Psychology in World War II, 1949（3）.

[4] Miller, G.A.The magical number seven, plus or minus two :some limits on our capacity for Processing information [J]. Psychological Review, 1956(2) .

[5] Williams, M.&Burden, R.L. Psychology for language teachers [M]. 北京：外语教学与研究出版社，2000.

[6] 董远骞 . 教学的艺术 [M]. 人民教育出版社，1993.

[7] 金娣，王刚 . 教育评价与测量 [M]. 北京：教育科学出版社，2002.

[8] 国家 21 世纪教育委员会 . 教育—财富蕴藏其中 [C]. 北京：教育科学出版社，1996.

[9][美]R.M. 加涅，皮连生等译 . 学习的条件和教学论 [M]. 上海：华东师范大学出版社，1999.

[10] 宋秋前，齐晶莹 . 生本化课堂教学有效性评价标准建构与实施办法 [J]. 课程·教材·教法，2011（7）.

[11] 王坤庆 . 20 世纪西方教育学科的发展与反思 [M]. 上海：上海教育出版社，2000（2002.4 重印）（教育学科元研究丛书 / 叶澜主编）

[12] 吴永军 . 关于有效教学的再认识 [J]. 课程·教材·教法，2011（7）.

[13] 杨进，王澍 . 规训视觉下"差生"形成的批判与教育超越 [J]. 教育科学研究，2009（9）.

[14] 杨玉厚 . 中国当代中小学教育教学模式述评 [M]. 西安：陕西人民教育出版社，1993.

[15] 雅斯贝尔斯 . 智慧之路 . 柯锦华，范进译 . 北京：中国国际广播出版社，1988.

[16] 俞子夷 . 教算一得 [M]. 正中书局，1945.

附录一：教学反思

合作学习的案例分析

一、课堂回顾

我的这节公开课安排在了一个普通班级。授课的内容为一节语言应用课（using language），目的是让学生理解大意、熟悉文章的写作思路，通过阅读来逐步完成其他项目。我首先让学生快速阅读，然后按照我下发的问题（带有提示性的那类），分组（按照座位就近的原则）讨论，讨论后由小组选代表公布他们的答案。对于阅读中存在的陌生词汇，让他们分组去选去查，属于共同的问题，由我来负责解决。课堂上，同学们你查我找，相互讨论，就连学科底子薄弱的学生也凑到一起讨论。在小组查找写作思路这一项，部分学生完成起来稍有费劲，我就让他们主动请教其他同学。最后，我进行总结并指导学生反馈。我的疑惑是如何能在合作探究中更好地照顾好学生的差异并兼顾整体和部分，进而取得较好的教学效果呢？

二、自我评价

合作的价值应该是要建立"教师主导、学生主体、平等互助、教学相长"的师生合作关系，寻求更好的学生与学生的影响方式，在学习内容不拘泥于课本的情况下，促进学生在智力、道德、心理上的发展。在课堂上，通过师生合作、生生合作，使得学生取他人之长来补己之短。在"案例"中，我在很大的程度上受到了"绩效考核"的影响，总希望通过教学直接看到学生知识方面的提升，其实这是对课堂合作学习的一种错误、片面的理解。

首先，尊重学生、从学生实际出发方能赢得学生参与合作的主动意识。事实上，我通过"快速阅读"及"提示性的问题"为学生的有效合作进行了引导。我还依据学生情况，展开合作梯度，允许他们相互请教，让学生在他们自己的高度上都能"摘到想要的桃子"。"小组选出代表公布答案"激发了小组成员探究问题的积极性，进而带动和感染学生。班杜拉在《替代性强化》一书中提到"榜样的成功（或失败）是一种替代性体验，即学习者受到一种替代性强化"。所以，在成绩偏好的学生的带头思考下，"学科底子薄弱的学生也凑到一起讨论"就成了自然。

其次，不要使合作形式化。约翰逊兄弟认为，教师"不能只是把学生放在一起，然后告诉他们要合作"，这样的话，学生可能会盲目地、无序地"参与"，甚至会由于害怕出错而出现尴尬的"独角戏"。我在案例中"属于共同的问题，由我来负责解决"及"进行总结并指导学生反馈"就是恰当地介入。所以教师要更好地当好咨询师，要放下教师的架子来积极地参与并针对性地告知，并和学生一起享受其过程，让学生知道老师是和学生一伙的。

再则，用发展的眼光看待合作学习。不要眼睛就盯在学科的知识层面，更不要专门盯着几个所谓的好学生，那样就窄化了合作学习的概念。台湾黄政杰博士在《台湾省国民小学合作学习实验研究》一文论述道："合作学习就是一种有系统、有结构的教学策略……鼓励同学间彼此协助、互相支持，以提高个人的学习效果，并达成团体目标。"拿破仑·希尔曾说过"如果没有其他人的协助与合作，任何人都无法取得持久性的成就"。

把课堂还给学生 [1]

教师为主导,学生为主体。这句话应该不为所有的教师们陌生。但是在我们实际的教学中,我们是真正地主导了还是过分地主体了课堂呢?大家深知"若给学生一桶水,教师需要一桶水"的常识,也熟悉"师者,所以传道、授业、解惑也"的道理。但是我们是不是因为害怕学生渴而过多地给学生加了水?我们是不是认真地传其道,授其业,仍未解其惑呢?我身边有许多教师,也包括我在内,常常质问:我们也讲透了,学生怎么就是不会呢?为人师七年,我带着问题一次次去找寻答案,一次次尝试,也不知什么时候,我发现似乎我距离答案已经不远了。

著名教育家陈鹤琴说过:天下没有教不会的学生,只有不会教的老师。我是这样理解的:"没有教不会的学生"说明我们教师应该承认学生的认知,相信学生的接收和理解能力,只有了解了学生的需要,才会更好地去满足。也可以理解为学生是可以被教会的。"只有不会教的老师"说明我们要更新教育观念,改变教育方法,注重教育策略。捷克著名的教育家夸美纽斯说过这样一句话:"找出一种教育方法,使教师因此可以少教,但是学生多学。"所以,我的感悟是:教学,不只是教师讲了多少,而是要看学生学会了多少,准确地说,要看绝大多数学生理解的情况。实际的情况是这样,我们的学生只是去学,并未将知识学会、学懂,仅仅是停留在记忆的层面上。

当然了,在实际的教学中,我们往往不可能让所有学生都明白所讲的内容,而

---

[1] 该文写于2010年。那时候,笔者完成两轮教学任务。尤其在第二轮(2007—2010)中,笔者更关注课堂授课的主体——学生。该文已在本人博客http://blog.sina.com.cn/s/blog_5d1222480100rvdh.html 刊出。在收录本书时未做任何文字改动,旨在完全呈现本人当初的真实的教学思考。

我们衡量的标尺总是以个别学生（即成绩较好的学生）为参照，来反馈我们的教学。其实，这是一种失败的教学，完全地失去了课堂的主题参与，将成绩较差的学生置之一旁，我们又有何理由去抱怨学生差之又差呢？肯定地说，无论什么样的班级，总有一些后进生。我曾无数次地想过，一个长期呆在黑暗中的人是多么渴望一缕阳光从身上掠过呀！试想身为教师的我们，失去了同事间的相处、失去了领导的关怀，会是多么的可怕呀！我们的学生，他们也定会是这样的感觉。

身为班主任，我很理解老师们的苦衷：一个都不爱学习的学生，连自己的嘴都管不住，如何谈及学习呢？我曾若干次地对此进行分析，较为统一的答案应该是：他们在学习中找不到快乐。试想如果让我们去做一件不喜欢的事情，我们又会是何种态度呢？因此，与其说费劲地去灌输倒不如去开导，换一种学生喜欢的方式去做，或许那一缕阳光真能驱散学生内心深处的阴影。

法国教育家卢梭在《爱弥尔》中写道："表扬学生微小的进步，要比嘲笑其显著的恶迹高明得多。"确实如此，好孩子是夸出来的，这一点我现在理解得比较深。课堂上，我们喋喋不休地去讲，生怕学生不理解、不明白。讲过的重新讲，没讲过的认真讲。一旦学生遗忘或不理解，我们可能会大动肝火，觉得不可思议。其实我们仔细想想，是不是我们在课堂上说得有点多了。我曾做过一次调查，关于作为班主任的我在班级讲话时间的问题。反馈告诉我：学生不喜欢老师说个没完没了，而且是越少越好。于是在以后的班会中，我基本很少发言。从后来的效果来看，有很大进步。

下面就教学我谈点认识。

学校正在实施"53010"课堂教学模式，即课前5分钟回顾，正式授课30分钟，后10分钟学生反馈。但是在实际的操作过程中，事情并非这样。由于教师多年固定的教学模式，观念一时很难改变，加之学科间的差距，导致落实起来存在许多的问题。就我个人来看，就模式而言，也不能算成是把课堂还给了学生。

在大量的备课、授课、听课活动中，我有这样一种感觉：

（1）我们备课只是尽最大努力，甚至是尽全力去就课本知识点做了预知。但对学生来说，我们可以算是"照本宣科"。虽然并未拿着教案去读，基本上是按着自己所备的内容展开语言点的相关活动。

（2）授课中，对于已讲过多遍的知识点再次出现的错误，我们往往只是简单地去再次学习，却并未从学生层面上解决根本问题。

（3）听课的活动中，我们往往过多地去评价教师的授课过程及驾驭课堂和教材的能力。虽然在双边的活动中，有过学生的积极参与，我们有时候就模糊了"这节课是上给谁"的问题。

（4）我们授课的重点基本上80%都放在了语言点上，只是要求学生机械性地去记忆，完全忽略了语言能力的培养。

美国著名的教育家杜威提倡的"以学生为中心"，曾一度从赫尔巴特所倡导的"以教师为中心"走了出来，该理论于20世纪初传到我国，这些年逐渐被大家所认同。其实，也正如一名在台上表演的演员一样，一名演技再高的演员，若不考虑观众的话，又谈何是一种成功。所以我把教师的成功理解为是一种在学生身上体现出来的东西。

我是一名英语教师，过去总是以我在课堂上讲授的语言点多少、知识的延伸性及其准确性来衡量我的教学，学生其实也是这样认为。可事实是这样，无论我讲得简单还是复杂，讲的语言点多或少，对于一部分学生总是没起到任何作用。那么，我的教学是成功的吗？再后来，我愈发地发现在学生面前知识不是第一位。激发学生的求知欲是第一位，我参考了著名的"鲶鱼效应"，也试验了"投篮试验"等。我发现自己过分地夸大了教师的作用，我自认为自己是教师，其实我面前的所有学生也是我的老师。正是他们的表现指导了我"教什么，怎么教，为什么教"。同时，从学生的调查来看，他们也不喜欢教师过多地布置作业。所以一年来，我坚持做到"针对性练习、实效性反馈"，以夯实基础为堡垒，以高考方向为目标起航。课堂上，我完全改变了原有的教学风格，以前后同学为小组，针对问题去整体参与梳理、解决。作为教师，我是完全去导学。此活动在我最近的一次公开课上呈现过。我所讲授的是一节语言应用课（using language），目的是让学生理解大意、熟悉文章的写作思路，是通过阅读来逐步完成的一项活动。首先让同学们快速阅读，然后按照我下发的问题（带有提示性的类型），分组讨论，讨论后由小组公布他们的答案。对于阅读中存在的陌生词汇，让他们分组去选，属于共同的问题，由教师来负责解决。课堂上，同学们你查我找，相互讨论，即使不爱学习的学生此时也想凑个热闹看看，这总比他在课堂上漫游强多了吧。在小组查找写作思路这一项，学生完成起来稍有费劲，但是我将几篇高考书面表达中提到的"对比类"文章简单地介绍了一下，学生们就心中有数多了。查找过后，进行课本上的语言重现，再次让他们仿写、改错。

其实，真正的课堂是应该是充满生命力的，我不喜欢学生那种安静到听不见呼吸声的程度，因为这样的课堂是属于教师自己的，并不是属于学生的。与学生进行真正的对话，学生本身又怎么会把自己置之一旁呢？教师的快乐是什么？难道他不希望自己的学生听好课、听懂课吗？所以，适当解放学生，就要从课堂做起，把课堂还给他的主人—学生。

与东北师范大学外国语学院本科生交流 [1]

很荣幸作为评委应邀参加东北师范大学外国语学院本科生的教师技能大赛初赛评选活动,这让我能亲眼看到及感受到他们的风采。我所负责的是本科三年级学生大赛的评选。比赛正式从下午 3 点半开始,到 7 点半结束,共有 72 名师范类专业学生参加。按照比赛的程序,选手在讲课前先抽签决定讲课试题,准备后展示 3 分钟的教学基本功。本次初赛的评分细则分为三项,分别为教学基本功(主要评价板书和普通话)、教学能力(阐释的逻辑性和语言使用是否到位)及教学效果,其分值分别为 20 分、20 分和 10 分。

下面,就本次初赛评选中的几点感想和大家交流一下。

1. 值得肯定的地方

(1)板书。所有参赛的选手板书设计及粉笔字书写都非常好。不仅书写流畅、清晰且英文字母的大小很恰当,行距和字距也很到位。这对于将来从事基础英语教学打下了坚实的基础。

(2)语言知识点扎实。本次学生们抽取的试题为选择题,需要学生根据试题现场发挥。从讲授来看,大部分学生能够清晰地把问题讲透。有的还做了语言点的适当拓展和延伸。这就充分地展示了学生们牢固的语言基本知识点。当然,也和他们优异的入学成绩是分不开的。

(3)角色转换自如。我个人初步分析,能在课堂上表现得如此从容、自然、得体、自如,一定程度上说明微格课训练起到了很大作用。我之前也去本科三年级班级里

---

[1] 本文完成于 2013 年 4 月 1 日。

旁听过他们的微格课，最大的感受就是同学们之间的相互配合及真诚、真实、客观的评价，这就给了学生们一定的自我发挥能力的空间，让他们能够在不断地实践中去纠正、去改进。本次比赛课上，所谓的教师范儿他们都表现出来了。

2. 需要改进的地方

（1）翻译式作答替代讲解。大多数学生在讲解单项选择题时候，更多地采取的是"翻译"，即先把题干用英语通读一遍，然后翻译成汉语；接着，按照同样的套路，把备选项进行逐一翻译。所有的选手全部沿用了这一传统的讲解方法。我认为，之所以出现这样情况，原因大致有几点：其一，效仿过去（初/高中）老师传授自己的方法；其二，采取给学生做家教的做法；其三，缺乏对问题的分析。我个人认为，在讲解单项选择题时，首先要注意的是通过观察备选项，及时把题型进行再次分类，即判断所考查的类型是属于词汇辨析还是搭配，接着就可以采取灵活的作答方法（直接作答或题干剖析）。

（2）语码的转换。从课堂用语来看，参赛选手使用全英文授课的几乎没有，相反则有一部分同学3分钟一直是汉语授课，这难道是为满足评分中的"普通话标准"一项吗？还是充分地考虑到"假学生"的能力呢？不管如何，我认为参赛选手在课堂话语交互过程中的语码转换能力较弱，更为突出的是语码转换中的元语言严重缺失，即并不能用语言（汉语/英语）对所讲的语言做出解释和说明。当然，也有个别选手表现很好，能较好地假定创设语境来适当地调整语码。比如，有位参赛选手这样说"which one do you choose?"随后则补充到"你选哪一个呢？"

（3）厘清单选题讲解的方向。在众多的参赛选手中，极个别学生是仅仅针对这道试题的考点而进行讲解，多数的选手则进行了额外的补充。在听课中，我就发现一个特别奇怪的现象。以某选手为例。她抽到的试题是考查几个代词（he、which、that、it）的具体使用。结果，该选手花大量时间在对题干中的 keep doing sth. 进行剖析。还有一位选手的试题是考查定语从句的关系词选择，该选手也是照样对题干中的 help 进行知识点扩展。我认为，之所以有这样一种认识，在一定程度上是源于这些选手的"自我情节"严重，以自己曾经学习或复习的套路去"教"学生。这样就是真正地实现了 teach English，而缺乏了真正的 teach about English。有的选手还出现了一种强烈的授之以鱼的想法，误认为自己必须将所有知识点全部讲授到位，否则就不是一个好教师。也正是因为教师潜意识存在的这种"想把一切都教给学生"的想法，所以课堂上真正的重难点就很难分辨了。因为教师在无形中都想竭尽所能把每个点都将透，更想把每个点都补充完整。殊不知，这其实是有点偏离了教学的方向。

（4）课堂指示语不太明确。课堂指示语是教师话语中最重要的一类，指示语的清晰、明确与否直接关联到本节课学生的学习情况。多数情况下，选手会采用模糊式的手法。以某选手为例，她说："Look at the blackboard, think about this question, please! 咱们大家先看一下，一会我们讨论一下。"那么，教师在TASK启动的时候，这种"大家先看一下，一会我们讨论一下"的做法会让学生感到茫然，不知道自己究竟去做什么。这样就势必出现一种情况：当教师再次开始活动的时候，学生却并未达到教师的预设要求。此时仍然需要教师再次明确任务。

3. 值得探讨的地方

（1）对比赛所用材料的选择。我认为，此种单项选择试题的讲解本身就束缚了学生思维的扩散及本身能力的发挥。譬如，有的学生口语表达较强，在面对习题的讲解时，她却感到无法解释明白，所以只好用汉语进行讲解；有的学生善于阅读课的设计，并注重导入及PWP模式的使用；有的学生善于热身（Warming up）部分。所以说，单一的单项选择试题讲解不利于不同层次学生的选拔，或许还会抑制及影响到他们后续的学习方向，并形成一种严重的劣势。可能的话，组织者可以采取不同类型的题目，这样更能丰富比赛的层级化。

（2）对比赛选手的评价。本次评价是对每位选手进行打分。我个人认为，作为初赛的选拔用等级来权衡比较合适，让学生在更大程度上明白自己大约在哪一个位置，为他们的下一步努力指明方向，而并不是单纯地通过某个具体的分数来给他们贴上标签。这样无异于市场上的明码标价，明显是一种不同分数代表不同成绩的错误导向。如若学生自尊心较强的话，他可能会因为一分或几分之差而去思索自己整个的学习规划，这样就不利于比赛的导向性、规范性功能。

（3）导入的误用。本次选手课堂表现仅仅3分钟。有些选手却引入了常态课的导入环节，更有的是把课堂当成一节完整的课来安排。所以就出现了课堂上的"起立"、"师生相互问候"、"作业布置"等，也出现了"新旧课的衔接"等情况。我认为，这些就需要选手们及学生们在今后的学习及微格课训练时引起注意，对于教学流程、问题的设计、提问及反馈等都要本着"视情况而定"的做法，不能随意地、强行地嫁接或误用。

聆听一节全国观摩课的反思[1]

我在本节课中重点关注了以下三个方面，现总结一下：

1. 提　　问

就提问的学生来说，班级总人数为 30 人，本节课该教师提问男生共计 19 人次，女生 10 人次。看似平均回答问题 1 次，很好地达到了师生互动，实则不然。通过观摩，我们会发现，有些学生为多次作答。以南排的第三组来说，组内共有 5 个人，结果有两人回答问题次数分别为 5 次和 4 次，当然这两个男生是属于主动回答问题。这就一定程度上让他人缺失了语言表达机会。假设其中有人也一直有回答问题的想法，却没有得到展示，那么自然地就使得该学生的主动参与性降低。

就提问的问题来说，展示性问题明显多于陈述性问题，这样就更适合学生从不同角度去讨论，更适合本节课的话题，营造了一种尊重学生个性的良好氛围，真正做到了倾听学生内心的声音，使学生更好地从文本真正参与到情感的交融中。这其实也是教学的最高境界。

就提问的方式来说，教师在提问时，总是放慢语速，且在说到关键词的时候语调夸张，同时配有一定的手势语和眼神。这就为学生进行思考和回答做出了缓冲，同时也为引起学生的关注做了铺垫。

亮点一：教师在提问的时候叫出学生的名字，这是非常的重要。这远比教师说"OK, you please!"好得多。因为，教师能说出学生的名字，这是对学生的一种无形的认可，同时也提升了学生的个人成就感，对优化学生个人品质起到了积极作用。

---

[1] 本文完成于 2013 年 4 月 21 日。

该教师的做法是，将自己的英文名字粘贴在自己的胸前，学生则将自己的名字放在自己的桌前。这对于一个刚入职的教师或赛课的教师来说，确实是很好的一个尝试。

亮点二：教师的提问导入词使用丰富。教师在抛出问题的时候，一般都很清晰，往往会附加一些"please read ..."、"try to ..."等。给足一定的等待时间，然后会以"Anyone? Who knows?"、"Who would like to say ?"、"Any Volunteer?"、"Do you agree?"、"Do you all agree?"、"why do you think so?"来提问学生。

2. 活　　动

由于该教师自行将班级的桌椅设置成小组，共计 6 组，每组 5 人，这就无形中使得活动的完成是一个小组活动，不可能是配对活动，个人活动的可能性则更不大。通过课堂上的 4 次活动来看，都是小组活动。且在活动中我大致归纳了一个路径：教师分发任务→小组的个人→小组活动→教师总结。我发现一个普遍的做法是教师在进行小组活动之前，会通过 share your ideas 引导学生进行分享。但是从现实层面考虑，这样做的话形式感较强，教师在任务分配上或小组活动上都是一种理想化的分配。这种看似是合作实则是不合作，甚至是假合作。这个问题或许是现如今观摩课及展示课的顽疾，值得我们在具体的常规课堂上引起重视。

亮点：在活动中，教师能较好地参与到每个小组中，或俯身看看，或简单指点，这都有利于发现学生们在解决问题或思考中的困惑，并及时加以指导，为教师下一步的教学调整做了预设，也更利于课堂上学生对重难点的把握。

3. 幻灯片的设计

与以往教师幻灯片的背景颜色相比较，该教师的幻灯片底色为白色，这做得非常好。有学者通过用眼动仪做过实验研究，证明白色是最适合选作底色的颜色。因为学生的眼睛在白色上的注意时间是最短的。这样，就能够使学生更好地注意幻灯片上的文字内容。

其次，该教师的每页幻灯片文字容量较少，且均呈现思考性问题。这就更好地发挥了 PPT 的引导作用，而不是课本或知识点的大搬家。

见习感受：收获的不仅仅是怎样上好英语课[1]

  首先感谢刘丽艳老师[2]为我们提供了在三所重点中学见习的宝贵机会，并对见习学校提出让我们进班听课的建议，使我们圆满、顺利地完成了预定的见习学习任务。同时，也感谢我们带队的郭维老师[3]及见习学校负责我们的各位老师。如果没有他们的大度、热情，我也不可能有如此深刻的感受。

  按照研究生院及学院里的见习安排，我们这个年级共有三个见习学校，分别是东北师大附中青华校区、东北师大附中明珠校区和长春外国语学校。年级里为了让大家公平地选择见习学校，采取的是抓阄的形式。我所抓到的就是XX学校，这是一所初中。其实我打心眼里更想选择高中，可是也不能和同学相互调换，于是只能服从安排。让我没有想到的是，我同样收获颇多。下面，就个人感受与大家分享如下。

一、不一样的教师

（一）备 课

  高二年级组教师工作室设在A座4楼。高二英语组教师的办公位置靠近里面的窗户，并按现代化办公用隔板隔开。五天以来，印象最深的就是教师们的忙：一忙，

---

  [1] 本文完成于2013年5月7日，为赴吉林省某中学见习之感受。考虑到学校隐私，本文中用XX替代。
  [2] 教育学博士、副教授。现为东北师范大学外国语学院硕士生导师、东北师范大学教育学部国际教育硕士研究生导师、中小学英语教育国培专家。
  [3] 英语教育博士、副教授。现为东北师范大学外国语学院硕士生导师。

忙着批改当天的作业;二忙,忙着修改经集体备课后形成的课件,以便更好地适应自己班级的授课;三忙,忙着精心准备自己的课,或上网查阅资料,或选编试题。

指导我的侯老师是高二年级的备课组长。据侯老师说,他是1996年东北师范大学的毕业生,至今已工作了17个年头。和侯老师接触的五天里,我一直很受感动。从第二天开始,他听了我的想法后,就决定安排我们一组5个同学集体去听同一个教师的课,让我们对更多教师的授课风格有所了解。每天早晨7点多的时候,他总会给我标注当天要听的课节及教室位置。就这样,我们在短短的五天内一共听了15节不同年龄段的教师、不同班级、不同课型的课,这对指导我们将来的教学起到了一定的引领作用。

(二)授　　课

1. 候　　课

教师们均提前2分钟到班级候课,或准备试用PPT,或和班级学生交流,或和班主任交流。在大多数班级,我们都能看到授课班级的班主任老师(女教师居多)在授课前组织班级候课,有的班主任直接坐在班级的前面听课或备课。让我印象最深的当属高二16班徐老师的那节课。课前,徐老师很早就进入班级准备PPT等。该班级的班主任老师,大约45岁,起初被我误认为家长。在学生们进班之前,她将班级的黑板擦得特别干净,还亲自把讲台边的一些纸片清理到垃圾桶中。

2. 每日一歌

在所听的15节课中,除外教西弗(Seaver)的课外,其他14节课前,教师们都是一致地播放一段英文歌曲,部分教师与学生一同唱响,气氛非常好。我的感觉是,在教师和学生齐唱的班级,学生们齐唱的积极性更高,而且非常主动;反之,则仅仅是说唱而已,并没有投入情感。

3. 课堂提问

教师们每节课提问的学生都达十几人,有的是几十人。从问答来看,以教师点名提问居多,学生主动答问较少。通过观察发现,有的学生主动举手,如果教师并未让他作答,则他们表现出沮丧之感觉,有的则在下次拒绝举手。从提问的位置来看,15节课堂中的授课教师均能把"机会"适当地分配到班级的前面、中间、左边、右边及后面。这样一来,就较好地顾及了班级整体学生,不至于产生"一边倒"的不良提问倾向。这里,仅以外教西弗的课为例。她更多的情况是鼓励学生主动回答。

班级座位最后一排的一个男生一共在课堂上回答问题3次,但是当他第一次主动回答问题的时候,班级学生均笑出了声。此时西弗则放慢了语速,严肃地说道:"Oh, he is brave, don't laugh."男孩便继续答问。正好我坐在后面听课,男孩的这个举动一下子引起了我的好奇。我下意识地猜到,他还会主动回答问题。果然男孩马上再次起立回答。西弗便鼓掌说道:"You are doing very well."班级所有的同学也一起为他鼓掌。紧接着在最后一次自由提问时,男孩更加自信地站立起来,说是要把中国的吉祥物送给西弗。通过这个男孩以及班级里面的另外几个学生,我可以看出西弗不仅仅是教孩子口语,她更多的是在培养孩子们的自信心,让孩子们相信自己会很棒。此外,班级后座有一位男生,他始终低着头,断断续续地吐着英文字母。可是西弗并没有对他失去信心。她鼓励到"I can help you, try."之后,男孩完成了句子"If I visited Ms Seaver, I would ... "的操练。下课后,西弗回到办公室后,就课堂上的问题和我进行了交流,我高度地称赞了她上课激发学生学习动机的做法。

4. 课件制作及使用

通过听课及课后与老师们的交流,我注意到教师们的课件制作既有相同之处又有不同之处。相同的是整体设计框架(知识点安排、背景颜色、音乐、字号等)及主要内容;不同的是教师们都会根据自己所教班级的情况做适当调整。比如,在讲授现在完成进行时的时候,有的教师采取归纳法,有的教师采取演绎法,有的教师采取以旧学新的方法,但他们都会在例句选择、新旧联系等方面做适当处理。再比如,教师们在讲授练习写作 hobby(爱好)话题的作文的时候,有的教师采用 PPT 演示,通过颜色高亮引起学生的注意;有的教师则让学生诵读;徐老师在 16 班则通过板书思维导图(mind map)关键词(key words)的方法让学生对 hobby 的 what、time、reason、problem 及 extra information 进行归纳。在归纳过程中,徐老师先以例子进行示范,之后让学生模仿。同时,她将文体的格式板书在黑板上,并将每一块的关键句型列了出来。在学生进行练习的时候,我观察到大多数学生能很顺利地完成,并能掌握具体的写作要领及词汇表达方式。

5. 授课语言

教师授课主要以英语为主,汉语为辅助。但是,我也同时发现,教师会因课型的不同对授课语言有所选择。如果课型是语法课或习题课,教师更青睐用汉语授课;如果是阅读课,教师则更青睐用英语。由于我毕业论文的选题是语码转换中的元语言,所以我更关注教师语码转换及其元语言的使用情况。通过课堂观察发现,授课教师在语码转换中的三种主要形式（句内转换、句际转换、附加码转换）上稍有不足，且呈现单一状态：附加码转换几乎为零，尤以句内转换为主。下面，以授课中的个别例子为证：

侯老师："I'd like to start a ... what does the start mean? 是什么意思呢？"
"have 为什么能缩略呢？"
"what's past form? 过去式？"
张老师："can you find out what? 你能找到 what?"
孙老师："这是我们中考时考的重点和难点 come/go。"
刘老师："用红笔标记一下。Planned to do, spend time with sb, enough time, big enough, be angry with sb ..."

通过简单梳理，我发现教师们在英语和汉语之间相互转换主要是为了学生能理解并接受教师的话语。有的话是重复、有的是强调，旨在解释和说明。但是元语言的使用明显不足，这对于初中年级的学生来说是一个比较大的挑战。所以，教师更要注重对学生元语言意识的培养，并在授课中语码转换的时候做到恰到好处，这或许会更利于学生对课堂知识的有效获得。

二、不一样的学生

1. 发　　型

第二天去班级听课的时候，我无意中注意到一个现象：似乎所有的学生的发型都是统一的。于是我在以后的听课中，都会对听课班级学生的发型做个调查。结果发现：男生一律留的是平头；女生要么有流海，要么是用橡皮筋扎成马尾辫。同时，我还注意到在进教室的那面墙上，贴着一张《XX学校学生仪表参照图》，上面有学生的正面和侧面示范图。

2. 着　　装

班级里面除了个边新转入的学生外，其他学生在校期间一律穿校服，学校并没有对鞋有要求。稍微不一样的是，如果轮到某班级学生执勤，该班级学生就会统一着深蓝色西式校服，并佩带领带。如果是学生会成员，则要佩带学生会成员的袖标或统一印制的标志。

3. 礼　　节

早晨6点50之前，值班班级学生会在各个门厅处值班。学生每见到教师进入办公楼，便鞠躬并说道："老师，早上好！"每节课后，值班学生都会在走廊值班。他们以立正的姿势站在走廊的白线上，不时地向过往的教师鞠躬并道一声"老师好"。在几天的听课中，我们同时也感受到不同班级学生对我们的"热情"。有的班级是在我们进班的时候鼓掌，有的则是在我们离开班级的时候鼓掌，有的班级学生还全体起立，有的班级教师则会说"teacher first"等，这都让我充分地感受到这里的学生不仅爱学习，还懂礼貌，这对学生未来的成长会有很大帮助。

4. 英文书写

在批阅学生们书写的情况时，更多的时候我注意的是学生的英文书写情况。整体来说，学生们的书写都很工整，字迹也很清晰。和男同学相比，女同学的字迹更好一些。但是，学生们在记忆词汇并书写的时候，有一个比较正常的"现象"，即学生们会漏掉或更换个别单词中的字母，或许这是缘于学生对于汉字的象形印象。比如，学生们在书写 dangerous、sincerely、against 时，常常会误写为 dangeous、sincerly/sincereily、aganist 等。

5. 回答问题

学生们被点名答问的较多，主动回答的较少。在观察中，我发现在班级氛围和谐，师生关系融洽的班级里，学生的主动积极性更高，而且答问的声音很洪亮；相反，在班级专制化严重，师生关系一般的班级里，学生往往服从于教师点名提问，且在答问时候声音较小，答问时自信心不足。这是因为学生一旦回答错误或答案不太正确，班级学生就会发出笑声，教师的态度也会有所变化，或声音变大，或语气不太正常，甚至个别教师以老大自居、居高临下，让课堂变得很沉闷。

三、不一样的管理

1. 班级文化

没有属于自己文化的班级不是一个真正的班集体。在这所学校，每个班级都有属于各自班级的创意。从整体来看，有的是班主任个人的风格，有的也是班级学生集体的智慧。

（1）座位。从班级座位来看，每个班级的桌椅摆放和座位安排是不一样的。有的班级在讲桌左右设置两个位置，有的则在靠近门口的黑板边布置了座椅。从上课的听课状态及个别教师授课时对学生的管理来看，这些位置是比较特殊的，能享受此待遇的应该是班级的另类学生；从桌椅摆放来看，每个班级从先到后大约有7排，但是左右的摆放是不一样，有的是3-3-3，有的是1-3-3-1，有的是2-2-2-2，也有的是2-3-3-2。至于坐在不同位置的学生成绩如何，这依然是中国式的老规矩——按照学生的成绩由前到后。

（2）板报。有室内板报和室外墙报。形式和内容都很丰富，这里就不做详尽介绍了。

（3）标语。"释放正能量，不做必剩客"、"快乐活在当下，尽心就是完美"、"心之所急，无事不成"、"垃圾站中的人们，站起来吧！"、"闭上你的嘴，让别人自习"、"有人负责我服从，无人负责我负责"、"明确目标，踏实认真，严格落实"、"保持书卷整洁有序，保证课堂出卷效率"

（4）好人好事。这里的学生们做好事是需要留名的，而且是公开的，或是自己将好事粘贴到展板，或是由班级干部负责公布。有的同学写道"为班级同学常年提供复印机打印粉墨"，有的是"为班级同学贡献粘贴30元"，有的是"为班级买一套扫除用具，做一条横幅"等，还有的则将奖学金全部捐给班级。

（5）其他。上下课铃声应该是学生最熟悉不过的声音了，但是这里的铃声却与众不同。上课、下课、活动、广播等音乐都极富有人情味，乐律舒缓、节奏稳定、措辞讲究。比如，下课时间到了，会出现"滴答，滴答"的提示音，并伴随着"同学们，下课时间到了，请不要在走廊打闹、喧哗"的广播声。

2．班级制度

制度建设本是学校为了管理班级学生而制定的，近些年来班级的制度建设也成了一道靓丽的风景线。在这所学校，几乎每个班级都有班规，或是班级章程，或是班级宣言等。有的是明文规定，有的是班级共同默许的承诺。比如，某班级后墙上粘贴着班主任的三份《班主任令》，其中第一份被我摘抄了下来，现发在这里："无论何时，只要班主任在班级讲话，四班每一位同学都必须坐正、坐直，一动不动认真听，无一例外，违者必究。此为二零零一级四班班主任第一号令，自四班成立之日起生效，永不作废！！！"我个人认为这并不是最理想的教育，更不能算成是一种成功的教育，不能用荣誉来与管理划上等号。仅仅通过一节课的观察，我发现这个班级的学生不够阳光，缺乏自信。学生们回答问题的声音很小，且在上课时抬头目视教师的很少，基本都是低着头在听或根本没听。

当然，上面的这个案例或许较为特殊。其实，我们在这样的一所优质初中里，尽管学生们思维比较开放，活动开展较多，可是总能隐约地感觉到一种无形的东西始终在罩着学生，那就是一种不成制度的制度。用一位学者的话说，就是指在儒家传统文化的大背景下，中国的学生更习惯于被讲给听，更习惯于服从。这或许就是我们时常提到的"好孩子"或"好学生"，实则就等同于"听话的学生"，也难怪我们中国这么多年来能培养出高分的学生却不能涌现出完全创新的人才原因。

结　语

有人常说"一个好校长就是一所好学校，一个好班主任就是一个好班级，一个好教师，就是一个好学科"，我对这句话是半信半疑的，也不太完全苟同。我认为，不管是校长也好，班主任也罢，都必须首先是教师，之后才可以是英语教师、班主任或者校长。在XX校区的见习的时间虽然很短暂，但于我而言很难忘。难忘的不仅仅是教师教得多么好，还有学生在与教师交互过程中的每一个行为细节，更是一个个教师在面对不同的班级、不同的学生时对同一教学内容所做出的人性化的调整。教学是一门艺术，更是一门始终有缺憾的艺术。"没有教不好的学生，只有不会教的老师"，这句话并不是在挖苦教师，而是对所有教师的鞭策，让教师们相信教育是可以让人创造奇迹的。

作为一名曾经在教育工作岗位上的人，每一次反思都会让我拾起从前的执教记忆；作为一名学生，每一次反思会让我向专业的教师更迈进一步。我很难想象，也不敢想象，在将来的教学和管理中会遇到什么样的现实遭遇，但是我能为自己做主的就是：做一名学生喜欢的教师，让学生因我的存在而感到幸福。

微格课反思[1]

一

本次为"学习与研究共同体"进行了第二节微格研讨课，时间从下午3点至5点。按照课时安排，本次由张同学和冯同学为大家进行一节20分钟的"现在进行时态表示将来"的新授课。按照惯例在授课前，我们大家共同观看了一节由中国教育学会外语教学专业委员会主办的"第八届全国高中英语教学观摩课"案例，并对授课过程中好的做法及值得探究的地方进行了讨论。下面，就以今天授课的两位同学的语法课为例，进行简单总结并反思。整个研讨程序为：观摩全国优质课→两位同学授课→授课人自我反思(优点及不足)→同学点评→总结→整改(改进课会在隔周进行)。

1. 授课环节

（1）闪光点。两位同学都能较好地按照常模课堂进行"导入—讲授—练习—作业布置"环节的呈现。

（2）讨论。由于微格课不同于常模课，所以要求授课教师在时间处理上更加合理。通过本次两节课及先前的几堂课，我们发现还需要在课堂时间分配上做出改进。现在一般是两种情况：一是导入时间相对较多，课堂反馈时间少；二是讲授时间多，反馈时间少。事实上以第一种为多数。我们在观察中，发现多数同学的导入环节耗时多达5分钟，有的则超过10分钟(极少数)，这就直接制约了后续知识内容的传授，使得其时间不得不缩水。正因为此，也就出现了授课教师为了完成自己的预设而强

---

[1] 本文完成于2013年4月1日。

迫其机械地生成现象。本次两节课堂均或多或少地存在这样情况。这就需要我们正确看待导入环节。辅导老师曾在微格课的辅导中说过，导入好比是一场节目的开场，应该在最大程度上调动所有人的主动参与意识及明确其主题方向。但是在我们现在的几节微格课中，大多数还是为了导入而导入，也就是说导入不太自然，生硬地将导入与讲授进行嫁接。我个人认为，在导入的环节可以适当增加上节课的反馈，增进课节的连贯性，使得学生能够比较自然地将思维过渡到新课堂上。当然，这也要根据不同课型及不同内容而定。再则，量化课堂时间就等于把课堂框架化、程式化。孰不知，课堂中的学生的个性及授课内容决定了课堂的多元化、动态化等不稳定元素。所以，我们不能用规定的时间对环节进行限定，这就需要授课教师根据课堂上的生成，对之前的预设做出及时和有效的调整，要坚决杜绝形式化的环节。

2. 知识内容

整体上来看，本次课堂的两位教师重点关注了"现在进行时态表示将来"的形式，在一定程度上对其"意义"有所忽略。张同学更多的是关注其在表示时态的动词变化形式（即如何加上 ing），冯同学重点归纳了能用来表示进行时的动词。两人都较好地完成了课堂任务，让学生对语法有了一定的了解。但是从预设和生成来看，两位同学明显存在预设大于生成的现象，这也是我们现阶段存在的主要问题。也就是说，课堂预设的量过大、过细，然而在授课中并未能很好地达成这些预设。这就需要我们在备课过程中，尽量避免偏、全，将课堂容量的切口最小化，以保证在实施过程中能够灵活地调整及补充。

另外，在评课的过程中，发现大家有一种趋向：我们的评价不仅仅是课堂知识的评价，而是要通过假课堂在授课教师的各个方面挖掘其优点，补充其不足，要为授课教师构建属于他们自身的"身份"，而不是简单地在知识点的层面上进行讨论。这也当然是我们下一步在讨论中要有所重视的。

从本次两节课来看，还存在一个值得探讨的问题。教师在授课中，会将知识点（语法点）独立化，即教师在传授某个知识点的时候，往往是孤立地，仅仅站在这个语法点上思考其形和义，并未能将已学知识点进行对比或有效地衔接。这就极容易使语法在学生脑海中出现彼此分离状态，而不是成系统化分布，最终严重影响学生应用语法的表现。当然，本节课中两位教师在一定程度上存在对语法阐释不清的现象，所以希望在下次的改进课时要尽量将"进行时"和"进行时表示将来"通过不同手段区别开，否则学生就会混淆其形式。

3、课堂用语

通过授课来看，我认为大家普遍存在一个认识误区，总认为英语口语的表达和课堂授课语言是一回事，其实不然。课堂授课语言实际上有它自身的特殊性，它不仅仅是交流，更重要的是在通过交流使得师生的话语趋于一致，即师生间要对彼此的话语能够听懂并理解。教师课堂授课语言有一些分类，但是在这几节课堂中，突出的是指示语的问题，主要表现在①指示语模糊、啰嗦、复杂。这样会导致课堂上师生交际出现冷场，甚至发生误解。这就需要我们规范授课教师的指示语，用最简单、明了的语言说明一个任务或启动一个话轮，不要为了自我的英文秀而出现课堂话语一边倒的现象。②缺少适时的语码转换。在授课中我们发现，教师的语码转换意识不够，一贯地仅用英语或仅用汉语授课其实是有悖于我们的学情和国情的。③元语言意识完全缺失。这直接表现在课堂上师生间说话的适切度上，出现了一种"梦话"或"废话"的状态。

二

本次两节课为改进课，旨在针对新授课所出现的不足做出适当的调整及改进。能否得到改进的关键在于授课教师如何理解新授课期间同学给予的评价反馈及建议，若授课教师能够领悟并认同自己的不足，一定会在改进课上有所变化；否则，改进的效果就无法得以体现。令人欣慰的是，本次江同学和张同学做得非常好。通过她们15分钟的授课，我们发现有几处她们做了较好的处理，现总结如下：

1. 导入部分

真正地有"导"还有"入"。两位同学都能将上节课的内容很自然、紧密地过渡到正课，而且话题贴近学生的实际生活。江同学通过文本中的直接引语"我把日记当成我的朋友"，使用第三人称过渡到间接引语，使学生对于句子的输出没有陌生感，降低了对句子书写的焦虑情绪；张同学则使用五一假期的活动安排来引导学生用"将来时"进行表述，准确地说是教师强行让学生的思维靠向"一般现在时表将来"。但是整体来说，两位同学都能在较短的时间内快速地引领学生进入到正题。

2. 例句选择

在新授课的时候，两位同学在句子的选择上，稍有随意之感，句子的词汇、内容，甚至句式都考虑欠周全。但是她们本次所选用的句子稍好。比如，张同学在讲解"一般现在时表示将来"的时候,通过三个例句中的动词 go、get、leave,试图让学生归纳出动词转换成动词 ing 时其动词最后字母的变化规律。这就充分说明该同学已经具备主动修正意识,并自觉调整了自己的教学态度。

3. 板　　书

板书的设计都很得体,能较好地利用黑板空间,对黑板左右内容做了很好的安排。在书写的流利程度上来说,张同学表现更好一些,江同学字号再大一些就更好了。而江同学值得表扬的一点是,使用彩色粉笔对重点的单词进行强调,这样原本单一的"黑白"黑板就高亮了许多,也能引起学生的注意。

4. 时间分配

本次改进课上的时间分配很合理,较原先的导入用时过多的现象有明显改观。但是,江同学出现了时间不够用的情况,张同学则有过剩的时间。这就说明了一个问题,我们在预设的时候过于理想化,一旦课堂上有可变因素发生,就直接导致时间的紊乱,也干扰了正常的生成。所以我们今后要根据具体情况,对之前的预设做出适当的调整。

三

下面就授课过程中的亮点及商榷的地方提出来,以便和大家交流。

(一) 亮　　点

(1) 在 handout 中能将文本中关键的词(重点短语/学生理解有难度的词)用黑体加粗,这样极利于学生更好地关注这些词汇,为学生在阅读及理解过程中扫清了障碍。

(2) 授课过程中,面带微笑,给"学生"一种亲切感,这就有利于拉近师生之间的心理距离。

(二) 与吕同学商榷的地方

1. 授课中时间的把握

从观察来看,导入用时 4 分钟,这其实对于微格课来说有点长。当然,我们在课堂时间分配的时候,也并没有具体规定导入环节的时间,具体要依据课型及内容而定。就这个问题，我已在前面进行过讨论，这里就不做进一步阐释。那么，暂不考虑时间，从其在导入环节的信息量来看，我个人认为这和在读中（while-reading）的问题"scan the passage, and find out how many festivals are listed, what are they?"重复，且在导入环节时，"学生"对于festival并不能积极、主动、有效地去开展头脑风暴。所以说，导入的4分钟似乎也就无任何意义了，因为导入效果并未能有所体现，而是通过读后才有所补充。

导入是为了更好地为下一步讲授的重点内容奠基，是一种前奏，是一种氛围的渲染。切不可把导入环节设成解决问题环节，这样就很容易使学生整堂课都产生一种疲惫之感。更不能为了环节的完整，敷衍了事，强行、随意地进行应付。

2. 对学生的课堂提问

教师的提问是师生课堂话语交互最活跃的形式之一，也是最重要的一种形式。所以，教师提问时问题的自由度、内容的宽广度都要先从学生方面进行考虑。同时还要明白提问是为了师生话轮能有序、正常地进行。在本节课中，吕同学或许存在以下两方面的误区，现交流如下。

（1）元语言意识的严重缺失。要知道元语言的缺失会直接导致话轮过程中信息的中断。这就需要教师在授课中，本着teach students而不是teach English的态度，适当进行语码转换，以调整其语言的选择。说得简单一点，就是在师生对话中，教师应该主动积极地为学生营造一个良好的语场，使师生在同一个语域内能有效对话。所以，授课中语言的选择（英语/汉语）不是问题，问题是能否说让学生听懂、听明白的话。

（2）提问学生的数量及顺序。本节课堂中，教师更多的是采取直接点名的方法。从授课中，可以看出学生似乎有一种不配合的心理，于是不太可能主动回答问题，教师此时只好选择直接点名。课堂上先后提问的频次很多，但是被提问学生数量单一，有的学生被提问了几次。我个人认为在这样的情况下，绝不能采取"糖葫芦提问"的方法，即从先向后，或同一排先后回答。本节课，吕同学先后让靠窗户的四个同学纵向回答。

由此，我初步认为：吕同学在备课过程中及在真实的课堂活动生成中，出现了严重的断层或真空状态。提问学生的目的较为随意，不能更好地将问题标签化，这样就不利于整个班级学生的学习，会出现一种teach for teacher而不是teach for students的现象。

（3）课堂对话方式。通过观察，我发现在本节课堂中出现最多的是"教师—学生"、"教师—教师"两种对话形式。吕同学在课堂结束前采取了"学生—学生（pair work）"的形式，虽然是一种形式化，但也能说明吕同学明显意识到课堂对话形式的单一，于是进行了及时性地补救。我个人认为，随着课程改革逐步进入深水区，过去英语课堂上教师一言堂的情况即将消失。课堂上，教师单独话语称霸的时代也势必会结束，构建一种师生对话或生生对话的课堂已迫在眉睫。尽管大多数教师或准教师都有所意识，但是一旦进入课堂，依然存在一种浓烈的恋战情节，似乎坚信"我的课堂我做主"。对话是为了更好地教学，并不是对教师的简单解放，也并不是一味地让学生形式化地对话。这就需要教师学会见"风"使"舵"。

（4）课堂的混乱及沉默。此种情况在实际的中小学课堂是相当普遍的，这也向教师提出了极大的挑战，并不是说明这是一种"不合作"，更不能用"暴力"来解决。多年的教学及管理经验告诉我，这是一种蝴蝶反应的前兆，如果教师处理不恰当，或不处理，势必将严重影响教师后续课堂的教学，加大课堂教学的难度。

四

微格课，也被称作"微课堂"。它是在校师范大学生在参加实习前或在职教师参加培训时常见的一种课堂形式。微课堂有别于正常课堂主要体现在三方面：一是授课时间约在15—20分钟；二是偏重教学环节；三是授课对象特殊。这就对授课教师提出了更大挑战，如何在较短的时间内呈现完整的教学步骤，如何在偏重教学环节的情况下有效解决知识点传授，如何在"假学生"面前做到"逼真"的自然状态，这些问题都一一摆在了每位授课教师面前。

按照班级人数，结合教学安排，这学期的课程设置为每节课由3名同学讲授，然后导师组织大家对授课中的问题进行探讨。这样一来，平均每人有一次授课机会。为了给同学们提供更多的锻炼机会，我牵头并组织了10名同学另起炉灶，进行补课。我们经过一番讨论，将每周一下午3点至5点时间作为小组活动时间。会上播放一节全国高中优秀教师的观摩课，并进行点评；然后每次指定两名同学"同课异构"，并点评，两名同学在聆听小组点评及建议后，再次进行课型及内容调整，并隔周再次为大家奉献一节"改进课"。

本周周一（2013年3月25日），我们分别对荆同学和江同学的一节"直接引语和间接引语"课进行了探究。今天，江同学为全班呈现了一节改进课，效果非常好，现做一简单的总结。

改进前：

（1）授课内容多、乱。教师尽量想把直接引语和间接引语转换的几个原则全部呈现给学生，结果因为目标太大，使得课堂容量过大、时间较短，直接导致学生课堂思维高度集中却收获甚微。

（2）授课时间分配不合理。在导入和处理授课中的重难点时，出现了时间向导入环节一边倒的情况，忽略了课堂的重难点解释以及课堂反馈。

（3）板书的问题。未能充分利用黑板资源进行有效信息的展示和利用，导致板书形式化。

（4）教学语言略不规范。教学语言（尤其是指示语）是否规范决定了课堂上师生能否有效互动。教学语言不规范会影响课堂效果，让学生出现一种似懂非懂的情况。

改进后：

（1）教学内容明确。本节课江同学以"人称代词"为例，对直接引语和间接引语相互转换过程进行剖析，并配合相应习题进行当堂巩固复习。

（2）课堂导入巧妙、自然、连贯。江同学以班级 Martin 同学为例提出"马丁又发表了一篇文章"的话题。这样生活化的话题使得同学能够较好地进行问题回答。但是，在处理的时候，我们认为，江同学再需要对这个句子的内容进行琢磨。因为当让学生回答时，学生很难对"出版"这个词进行翻译。因此，我认为教师在针对周围的情况提出问题时，可以考虑班级学生对词汇的熟悉程度，这样更方便句子的生成，否则，就会导致现实情况与教师的预测产生偏差。

（3）课堂指示语有待改进。教师在课堂上对几个同学及班级进行任务分配或提问时，由于学生不能很好地熟悉教师的问题，可能会影响课程的进度，并干扰或制约课堂融洽的氛围。所以我们在课堂上，务必要用简单的语言，用学生能听得懂的语言进行指令。

（4）肢体语言丰富。这对师生之间的交流十分有益，并能强化学生对教师话语的显性理解。

总的来说，对比两次授课的过程，江同学在授课中表现出的从容、大方、自信以及课堂上的自我调控等，充分地说明"行动课堂"的探究对于实习前的大学生来说是非常有必要的。同时，真诚地对待自己在过程中的不足，及时更正观念也非常重要。

另外，今天我们也欣赏到了张同学的一节阅读课。我总结了一下她在课堂上的优点，大约有三条。

（1）直接点名。提问是课堂中最为普遍的事情，但是关于如何提问及问题的类型有很多说法，我这里更关注采用哪一种方式进行提问。张同学在导入的时候，因为是对学生的作业提问，这就决定了问题的指向性。同时为了节约课堂时间，直接点名是非常有效的。

（2）亲和力。教师的亲和力并不单单是通过教师讲课时声音高低、语音语调来体现，更要看待教师话语的丰富性。在本节课中，张同学在提问的时候，使用"Anyone else?"、"Other choice?"、"Am I clear?"、"Do you agree?"等丰富的话语，在一定程度上从学生认知的角度上对问题的提出做了有效的备课。

（3）反馈形式多样。在对文章进行"细读"的时候，张同学通过发放 handout，并呈现了"填空"和"True or False"的设置，降低了学生对课文理解的难度，也调动了学生主动学习的积极性。更让我觉得突出的是，张同学在对上面问题作答的时候，会明确告诉学生的问题出处。

值得探讨的是，本节课堂共计授课 25 分钟，正常授课为 20 分钟。张同学导入用时 6 分钟，skim 用时 3 分钟，detailed reading 用时 4 分钟，然后是课文理解。我认为，作为微格课，时间的安排上稍有不合理，其实这是大家普遍都有的一个现象。

做学生的学生[1]

还记得八年前走上教学岗位的时候，我带着对教育美好的憧憬开始了我的"理想教育"。带着高中的时候老师留给我的记忆——"严师才能出高徒"和"唯成绩判断学生"，我尽最大努力，想尽各种办法来提高学生的成绩。结果在第一次期中考试成绩公布后，我所执教的两个班级英语成绩均排在年级18个班级后面。年少的我开始了第一次反思：我讲的东西错了吗？方向偏了吗？后来我慢慢地发现，我忽略了一个最大的问题：由于对学生的成绩期待过高，自己过分地想出类拔萃，导致在教学时两极分化严重，完全地忽略了学生这一主体，"我是教师，我说了算"的观念严重阻塞了教学。我为什么不可以听一听学生的建议呢？这是我在阅读伟大的教育家苏霍姆林斯基先生的话时产生启发，他写到"要在很长时间用心灵认识你的学生和心思集中在什么上面，他在想些什么，高兴什么和担忧什么"。

为了更好地开展分层次教学，在取得教学成绩的同时，使学生在思想、道德方面都有所进步，我放下教师的架子，从学生那里找到了答案。

1. 倾　听

曾经有一个学生，他是个后进生，课堂习惯非常不好，又说又闹，还经常在课堂看小说。我从他的初中同学那打听到他原先成绩不错，慢慢地就经常挨老师批评。于是下班后，我找他好好地谈了一次，我让他坐了下来，让他给我讲讲他过去的一些事情。开始的时候，他还有点支支吾吾不好意思，生怕老师知道他的底儿。过了几天，我在班级里面准备把像他这样的孩子的士气带动一下，我把这些孩子分成一组，给他们起了一个名字"魔鬼训练营"，希望让他做这个组长。他高兴地同意了，

---

[1] 本文完成于2011年11月21日。

而且在班级里做了一句话发言:"我们都是向日葵,有太阳就会抬起头来。"后来,他的妈妈在给我的来信中写道:

"作为成绩较差的学生家长,本不想来开家长会。当孩子三年来第一次意识到自己的成绩太差时,我感到震撼。面对他的着急与无奈,我感到压力的同时,又有了一份久违的惊喜。想到他这三年的沉默、三年来的无所谓、三年来的冷漠……我悲喜交加,曾经优秀的孩子,青春期与网络把他糟践得让我感到陌生与无策。终于,我盼来了浪子回头的时刻。虽然有些晚了。在这风口浪尖上,我尽最大努力配合老师。即使他不成功,我感谢上苍,在孩子一生中最重要的人生阶段遇上了您。今天的家长会,让我感受到,是您救了他,让他能"开口说话",也只有您能让他那颗封冻已久心开始融化……衷心感谢您!

2. 沟 通

一天下午,一名学生走进了我的办公室。他让我给他找一些习题来练,说是自己在课下的时候不知道该如何来练习。第二天上午我把东西交给他,下午的时候,他认真完成,并让我给他检查。在交谈的时候,他说道:"班级里面有许多后进生也好好想学习,但是总是不知道该去做些什么。"于是,我马上将课代表和小组长召集到一起。经过反复琢磨,大家决定让学生重新组合学习小组。由学生自我推荐组长,组长和组员进行互选,最终确定小组成员名单。作业的形式和难易度可以根据小组情况而定,在征得学生同意后,确定了作业的次数,每周两次必做题,一次选做题。为了激发他们的参与热情,形成小组间的竞争,将他们的课堂参与学习情况也纳入小组评比之中。

3. 观 察

"老师,你帮我重新讲一下这道试题吧",当班上的一个同学跟我说这句话时,我感到惭愧。事实上,这道单选试题我在课堂中并没有讲过,我只是通过试题的机读卡整答率90%来做了主观判断,觉得这道试题就没有必要重新讲。可是我没有想到的是还有10%的学生不理解。所以,我觉得在分层次教学的时候,要注意到"整体和个体"的关系,哪怕是一个学生有问题,也是教学的失败。英国教育家洛克说过"教育的失误比别的错误更不能轻视"。

我的课堂教学观 [1]

我本一初为人师者,班级教学成绩并非遥遥领先。但是我爱思考,与其说我对教学的思考多,倒不如说我对学生的思考多,甚至是对家长的思考多。下面,来说一说我对课堂教学的理解。

本以为"一桶水和一杯水"是相当正确的,但是当步入了活生生的课堂,我才发现这不是完全正确。因为在你的面前,学生的基础、学生的理解、学生的学习习惯以及思维方式完全不是一个样。那么,对于教师来说,就同一个问题要如何才能完全地教给学生呢?难道只是知识的复制吗?难道要为了赶教学进度而不顾学生的学习效果吗?难道要为了自己的正常教学及"效果",就将大部分的学生当作牺牲品吗?难道要在课堂上仅是对知识上的传授却忽略了思想上的教育了吗?

我记得一位教育名人说过:"教是为了不教。"这话绝对有道理,你教会学生的不应该是教材本身,而是要真正培养学生去挖掘教材的能力,真正培养学生对于单科甚至不同学科的换位思考的能力,真正让学生作为学习教材的主人。

那么,课堂上如何去做才能达到良好的教学效果呢?

1. 记住:在课堂上,不能认为教师是老大,而应该是以学生为主

对于孩子们来说(特别是高中生),还是喜欢听老师讲课的。他们接受知识的效果完全是看教师如何导演这个课堂,如何来驾驭课堂。大家试想一下:伴随着上课铃声,一位大家喜欢的教师缓缓地走进了教室。看着班级乱糟糟的一片,他该做何处理呢?是直接不理上课还是大发脾气,亦或是认真地去教育学生一顿呢?且不

---

[1] 该文完成于2006年4月,时值笔者参加工作第三年,对教学有感而发,便随手而记之。现在来看,部分观点对笔者后期的"做适合学生的教学"有很大帮助。

说这节课讲的如何,就这三种做法,就会导致学生不同的听课状态。所以对教师而言,一堂成功的课并不是你讲了多少,而是要看你的学生掌握了多少,这是衡量一个教师教学的标准之一。

亲爱的教师朋友,当你踏入一个教室的时候,你应该想到的是:这节课堂你能让学生对知识点掌握到什么程度,如何带动学生思考以及如何设置问题。

还有我自己认为是相当关键的一点,那就是对教材的把握。教师要做到"先备后讲",备学生对该知识点的把握,备教材的重点、难点及延伸点,备课堂自己的讲课风格及课堂用语;讲课要重难点突出,思路清晰,并注意学生对知识的吸收程度,适当地利用技巧来调节学生学习氛围,全面调动学生学习积极性。

2. 记住:课不只是讲给那些成绩优异的同学听的

在课堂上,经常会发生这样的事,老师总是让那几个熟悉的面孔来回答问题;在讲课时,同时也会问某某同学"这个问题你明白了吗?";在讲课的间隙,老师时而会走下讲台,也是围着那几个"重点保护对象"转来转去。其他的那些学生难道只是陪衬吗?他们难道不渴望学到知识吗?他们难道不羡慕那些好学生吗?

其实,在每一个学生眼里,他们都渴望老师和他们交流,同时也希望老师走近他们。可是老师却忽略了这些孩子。所以在课堂或是课下,总是发现部分的学生在睡觉、看小说、上吧、打闹等。在老师们看来,这些学生的习惯不好。但是谁曾想过是什么导致他们这么做呢?谁又关注过他们的这些举动呢?总是在学生违纪之后,才去考虑问题,才去责备学生。如果,我们注重观察,稍微找点时间和学生聊上几句,也许他们会有很大的改变。

虽然大家都喜欢好学生,但是也总会有些调皮捣蛋的学生。那么,我们能忽略他们的存在吗?

有几个事例,我记得特别清楚。现在我只讲一个。我所执教的班级有一个叫XXX的同学,在课堂上该生非常不老实,自己不学习也就罢了,还影响他人去学,给我的影响不是很好。一天在"完形填空"限时训练后,我像往常一样找学生来说答案。他却是站了起来说道:"老师,我来回答。"我感到很惊讶!习惯性的思维告诉我,他又是在起哄。可事实上并不是,他开始严肃起来并说道:"我开始说了,请注意听讲,别吱声。"说完了他的答案之后,他异常的兴奋,我还表扬了他。更让我没有想到的是他接下来还说:"老师,我要来翻译。"我停顿了一下,说:"好吧,试一试吧。"就这样,一片感人的文章被他断断续续地翻译完毕,大家给予了热烈的掌声。

由此，我想到了一个问题：他是一个学习不太好、不太遵守课堂纪律的学生。一次偶然的课堂主动回答问题的机会，也许会不同程度地改变他本身，同时会给其他同学树立一个榜样。倘若我当时制止了孩子，也就等于伤了一颗"上进的心"，也不会有接下来的结果。所以这可能就是所谓的"教育艺术"。不同的方式绝对会起到不一样的效果。

在以后的课堂上，我意外地发现这孩子变化很多。上课认真做笔记不说，还主动要求别人听课。所以我们在平时的教学和班级管理中，一定要充分有效地利用"学生资源"，让学生教育学生，让学生教育自己，让他们得到最好的教育效果。这或许就是所谓的"教育奇迹"。

附录二：寄语

一切才刚刚开始 [1]

近日由于论文要开题，我一直忙于对文献进行梳理和分析，所以很少上QQ。今天只见咱们几个同学在QQ签名上写道："高考，快来吧"、"决胜高考！"、"心平气静"，尽管我现在长春读书，与大家有一定的距离，可我还是能猜到大家现在的心情。其实，你们的师兄师姐们在2007年和2010年高考前也有这种感觉。我记得特别清楚，在即将结束高中生活的时候，你们的一位学长还这样说："就让我快点离开高中吧！"结果，在8月份新学期的时候，我和他再次在校园相遇。不一样的是，他已是一名高四的学生，他对我是这样说的："东哥，我要珍惜这一年在校的每一分钟。"付出未必有回报，但是没有付出就根本不可能有任何回报。2011年高考成绩公布的时候，他把好消息告诉了我，他以超国家重点线50分的成绩拟报考自己理想的大学。所以亲爱的同学们，我现在最想对大家说一句话：虽然高考马上就要到来，但一切才刚刚开始。

我理解大家的心情。

十二年来枯燥的校园生活可能让你对校园，甚至对书都有了厌倦之感；高中三年严格的学校及班级管理可能束缚了你的个性；紧张的高中三年学习生活可能让你对轻松、自由的大学生活有了更美好的憧憬；家长的叮嘱和老师们的唠叨可能也让你对"大人们"产生了一定的反感。不过，这一切真的马上就要结束了。作为你们的师长，当然也是你们的朋友，我真的期待和你们分享在离校之后的感觉，你们愿意吗？

---

[1] 该文完成于2013年6月3日。时值笔者所带的第三轮学生毕业之际，我正在东北师范大学攻读硕士研究生。又常常挂念曾带过一年的那批学生，所以书信一封以带去我对学生的寄语。

我想，留给你的不是忘却，更是无限的记忆，是一种难以重新捡起的记忆。从第一次参加军训到第一次班会，三年里你及班级所发生的那么那么多的事情，逃课、传纸条、吃零食、看小说、听MP3、玩手机、打游戏、发短信、抄作业、打闹，课间的时候串班级等，这些，你是否还记得呢？当然了，更多的时候是大家在一起学习的时候。认真听讲、积极回答问题、按时完成作业、严格遵守学校的各项规章制度，就这样班集体一次又一次地赢得了"优秀班集体"称号，每个人都有了一种浓烈的集体观念，那就是"战胜自己，超越奇迹"。不知道大家是否还记得起我讲给你们"战胜自己，超越奇迹"的故事。今天距离高考仅有3天，我想对你们说，你们已经超越了自己的一个奇迹，正努力地向着自己的梦想前进。

我理解大家的心情。

高考，它不是终点，更是起点，是你人生方向的一个起点、一个转折点。成绩，它也不是唯一，更不能用此来对你三年的学习进行评判。所以，给自己一个放松的心态，轻松面对它吧。不要总是为三年的努力进行梳理，更不要纠结于自己的复杂的心结，也不要再说一声sorry。记住，你是一位勇士。在这个无烟的战场上，也只有一位敌人在等待着你，那就是你自己。赢了，是你自己；输了，还是你自己，一切都没什么了不起的，你又为何畏惧呢？

我理解大家的心情。

上大学可能一直是你的梦想，也可能是你全家人的梦想，但是这只是梦想而已。要知道，大学毕业后的你将走向何处？这才是个真正的问题。我和大家一样，从童年时带着家人的希望走进学校，又走进大学，然后参加工作，7年后再次走进我心中的大学。而今，我也即将再次回单位开始我的教学生活。所以说，上一所大学，不是你学习生活的结束，而是一个全新的开始；上一所大学，不是让自己自由，而是让自己多了一份对自己、对家庭、对社会的责任。

好了，就聊到这里吧。

我期待着聆听大家在高考之后的故事。

你行，你一定行！

谨以此文写给在学习上曾一度感到困惑的学子们

组里有位教师休了产假，安排我过去带一阵子课。所教的班级是高三 X 班。

上课那天，班级第一排有个戴眼镜的男孩格外引起我的注意。我第一天上课就在班级说"学科而言，在高三阶段能够大幅度提升成绩的学科只有英语，而对中等以下的同学，提升的幅度会更大，达到 90 分以上还是不成问题的"。下面的同学便发出一致的"啊！啊！啊！"。我又说："你们有没有信心？"他们答道："有！"

正是这次回答，让我认识了林伟，因为他的回答是班级里最响亮的一个。

课下，我打听了一下情况，他说他特别喜欢英语，就是成绩一直没有进步。他还告诉我，他的理科在班级里都是名列前茅的，可每次考试英语就拉后腿，他现在特别迷茫。随后，他主动到我的办公室，向我询问有没有更有效的招。我向他说明了英语学科的特点以及高三这一年学习英语的重点，还特别给他强调了"坚持"的重要性，我给他分享了一下学习英语的感受："学好英语的人，未必是聪明的，但一定是最努力的。"

第二天，我意外地发现办公桌上放着一份作文。仔细看了下名字，是林伟的作文。之后的第二天、第三天，直到今天，他都从不间断地每天写一篇作文，而且是完全明白了我的批语所作的。从得分来看，第一篇得 5 分，第二篇 8 分，第三篇 10 分，今天他得了 14 分，难道这不是进步吗？为了给他更大的鼓励，到了班级，我马上向大家报告一个好消息："林伟用了 4 天的时间，在作文上有了惊人的进步。大家想一想，如果我们每天都有点滴的收获，哪怕是一分，我们的成绩还有不能提高的理由吗？我们每天进步一点点，我们的知识还能得不到夯实吗？"

  一个曾经在学习英语上那么困惑、那么迷茫的孩子，在面对自己的进步时是多么的兴奋，尽管他还与自己理想的成绩有一段距离，但是我相信他一定会在不远的将来取得更大的成绩，收获自己那份辛勤的付出！

  那么，是什么给了他力量呢？是自信，是自己对自己的认识，是自己不懈的努力，是那可永不泯灭的、积极的、渴求上进的心灵！

孩子，咱不说累？[1]

谨以此文写给奋斗在高考征途上的勇士们

孩子，你好！

看到这封特殊的信的时候，你或许是被我的题目"孩子，咱不说累？"所吸引，那么，欢迎你继续阅读，同时预祝你在六月取得自己的收获。你看到了悬挂在教室的"高考倒计时牌"了没有？看着数字在一天天变化，你或喜悦，或担忧，或什么都不在乎，但是这终究也改变不了高考的日期。那么，应该做些什么呢？

一、努　力

作为一名学生，而且是一名即将奔赴考场的学生，你还有何理由不去努力呢？明明知道前方就是自己理想的归属地，却依然在课堂上做小动作、说悄悄话、递小纸条、看小说、听MP3，这怎能算得上是努力呢！到头来，自己还不断发牢骚"哎呀，高三真累"，孩子，这样做你能不累吗？明明看到老师精心地准备、认真耐心地讲解、缜密地思考，你却给自己找借口说"这些东西，我全懂，再说，考试能出这样的题吗"？孩子，你是明白还是糊涂呀，你怎么能用猜测的心态来面对高考。高考是考查对基础知识的综合运用，倘若我们对任何一个知识点都不加以梳理，我们怎么能做到心中有数；倘若我们不去研究高考真题，我们又如何明白考试的方向呢？

你常常在学习的时候，眼神不由自主地漫游起来，时而还发呆，难道此时此刻还有比高考还重要的吗？你总说你成绩差，如果你就这样下去，知识点又怎么会自

---

[1] 该文完成于2010年4月10日。

已跑进你的耳朵里呢?

二、再努力

你可以说:"老师,听说我的高考高原期到了。"那么你就宁可困扰,也不愿意继续努力吗?殊不知,高考的脚步仍在前行,它绝不会因为你的"高原期"而放慢了脚步,也正如在2008北京奥运会110米跨栏比赛中,虽然刘翔在起跑后发现自己身体出了问题,但是比赛仍在进行,比赛不会为了任何人有片刻的停留。你或许在抱怨:"老师们怎么总是反复强调这个错误呢?"你怎么不问自己"就这么一个问题,我还反复出了问题呢"?高考备考紧张又激烈,可以称得上是"无烟的战场"其实有时候,老师也知道大家的不容易,也期待大家能取得令自己满意的成绩,所以每当你犯错误的时候,他能不给你指出错误吗?他这样做,难道不是为你负责的表现吗?所以呢,对于老师说的话,自己要选择性地用心去聆听,因为我们真的需要这些。

三、还要努力

孩子,请不要对高考说累。你说,哪一个经历过高考的人不说累,你不是期待收获吗?收获的背后怎能没有汗水呢?高考难!太难了!不难的话,它就不值得让中国上千万考生为之而拼;不难的话,那还能称作高考吗?不难的话,你将来的就业怎么办呢?

孩子,可爱、辛苦的孩子,你的累,父母、老师、社会都知道,但是这种事情,是他们无法代替你去做的。

后　　记

《基于语言测试的中学外语教学研究》这本书主要辑录了我在学术刊物上发表过的部分文章和过去教学中的一些反思及随笔。

出版此书有两个目的：一是交流学习。作为中学一线教师，我在一定程度上还是存在"为考试而教"的教学倾向，但是为了避免"题海战术"，我近几年不断地对高考试题进行了系统的研究，有的是共时研究，有的是历时研究，都客观地研究了试题的内容效度，这为试题研究人员、教研员及中学一线英语教师均有很大启示。文中同时刊出我的部分教学实践及反思，这正好也回答了我为什么要做试题研究。目前，高中英语教学任务繁重，学校和社会期望值较大（高考必考科目），英语教师在一定程度上存在职业倦怠，这不得不引起广大教育行政部门和教师们注意。所以，促进英语教师专业持续成长的唯一途径就是让教学行为变成一种研究，在教学研究中反思、学习、成长，将教学研究成果在教学中实践并改进。二是学术引领。学术文章有别于教学随笔、教学总结，它有一定的规范性。从文献综述到研究背景、研究方法、研究结果的范式，再到文稿的语言规范、文献的引用等，这值得进一步学习。书中已发表的文章多数为实证性研究，这对一线教师来说会有一定的帮助。

如今，这本书即将付梓。我非常感谢为这本书出版提供了资助的各位师友，他们是（按姓氏拼音排序）：曹培丰、柴源、陈国利、邸云升、房晓玲、付建国、高海、高于敏、韩玲、李海龙、李少勇、李树平、李学增、廖梦、刘怀辰、刘会珍、邱东慧、邱爽、邵永文、石宇、孙海、孙红霞、王大伟、王会莹、王丽丽、武常蕾、杨国胜、杨然、于洪军、于江磊、张明伟、张淑梅、赵凯。特别感谢的是内蒙古赤峰市元宝山区挚城中学杨承志校长和夏雪副校长的大力协助，更要感谢的是内蒙古赤峰市元宝山区平煤高级中学计秀林校长给我搭建了一个又一个专业发展的平台。也要感谢国家基础教育实验中心外语教育研究中心包天仁教授为本书作序，感谢东北师范大学孔德惠教授、东北师范大学博士生导师刘宏刚副教授、国家基础教育实验中心外语教育研究中心李永大老师合力推荐，还要感谢世界图书出版广东有限公司学术出版中心宋焱编辑认真、负责地策划编校。当然，更要感谢我的爱人、女儿还有我的家人，他们一直在默默地支持着我，给了我无尽的动力。

  本书的出版，只是我一个教学科研阶段性总结，也是我专业发展的一个新的开始。相信本书也会成为我和相关领域专家、学者及教师沟通的一个开始。

付向东

于塞北古高州

2016 年 6 月